Innovativ und kompakt – gesellschaftliche
Herausforderungen der Gegenwart

Reihe herausgegeben von
Wolfgang Aschauer
Fachbereich Soziologie und
sozialwissenschaftliche Geographie
Universität Salzburg
Salzburg, Österreich

Thomas Herdin
Fachbereich Kommunikationswissenschaft
Universität Salzburg
Salzburg, Österreich

In den Sozialwissenschaften wird der Ruf nach mehr Öffentlichkeitswirksamkeit immer lauter, dominante gesellschaftliche Diskurse sollen durch wissenschaftliche Einsichten bereichert werden. Es gibt sie ja durchaus noch – die originären Ideen und fundierten Analysen – jedoch finden diese in der Regel wenig Eingang in die Alltagswelt. Hochwertige Publikationen werden deshalb meist nur in der Scientific Community rezipiert. Kritisch bis ironisch ausgedrückt könnte man von einer „akademisch-rezeptiven Echokammer" sprechen.

Wir als Sozialwissenschaftler_innen sind aber gerade angesichts der aktuellen gesellschaftlichen Entwicklungen gefordert, unsere Erkenntnisse aus den Kernaufgaben Forschung (first mission) und Lehre (second mission) auch in die Gesellschaft (third mission) zu tragen. Es geht dabei um die gezielte Bekanntmachung und Nutzung wissenschaftlicher Erkenntnis zum adäquaten Umgang mit aktuellen gesellschaftlichen Herausforderungen (Stichwort: Wissenstransfer). Im Idealfall sollen auch Entscheidungsträger_innen durch die innovativen sozialwissenschaftlichen Analysen angeregt werden, Schritte hin zu einer positiven gesellschaftlichen Entwicklung zu leisten.

Abualwafa Mohammed

Der europäische Islam

Grundlagen – Hürden – Konturen

Abualwafa Mohammed
Religionspädagoge und
muslimischer Theologe
Lehrbeauftragter – PH Freiburg
Freiburg im Breisgau, Deutschland

ISSN 2662-1568 ISSN 2662-1576 (electronic)
Innovativ und kompakt – gesellschaftliche Herausforderungen der
Gegenwart
ISBN 978-3-658-45928-4 ISBN 978-3-658-45929-1 (eBook)
https://doi.org/10.1007/978-3-658-45929-1

Die Deutsche Nationalbibliothek verzeichnet diese Publikation in der Deutschen
Nationalbibliografie; detaillierte bibliografische Daten sind im Internet über https://
portal.dnb.de abrufbar.

© Der/die Herausgeber bzw. der/die Autor(en), exklusiv lizenziert an Springer
Fachmedien Wiesbaden GmbH, ein Teil von Springer Nature 2025

Das Werk einschließlich aller seiner Teile ist urheberrechtlich geschützt. Jede
Verwertung, die nicht ausdrücklich vom Urheberrechtsgesetz zugelassen ist, bedarf
der vorherigen Zustimmung des Verlags. Das gilt insbesondere für Vervielfältigungen,
Bearbeitungen, Übersetzungen, Mikroverfilmungen und die Einspeicherung und
Verarbeitung in elektronischen Systemen.
Die Wiedergabe von allgemein beschreibenden Bezeichnungen, Marken,
Unternehmensnamen etc. in diesem Werk bedeutet nicht, dass diese frei durch jede
Person benutzt werden dürfen. Die Berechtigung zur Benutzung unterliegt, auch
ohne gesonderten Hinweis hierzu, den Regeln des Markenrechts. Die Rechte des/
der jeweiligen Zeicheninhaber*in sind zu beachten.
Der Verlag, die Autor*innen und die Herausgeber*innen gehen davon aus, dass die
Angaben und Informationen in diesem Werk zum Zeitpunkt der Veröffentlichung
vollständig und korrekt sind. Weder der Verlag noch die Autor*innen oder die
Herausgeber*innen übernehmen, ausdrücklich oder implizit, Gewähr für den Inhalt
des Werkes, etwaige Fehler oder Äußerungen. Der Verlag bleibt im Hinblick auf
geografische Zuordnungen und Gebietsbezeichnungen in veröffentlichten Karten
und Institutionsadressen neutral.

Planung/Lektorat: Cori Antonia Mackrodt
Springer ist ein Imprint der eingetragenen Gesellschaft Springer Fachmedien
Wiesbaden GmbH und ist ein Teil von Springer Nature.
Die Anschrift der Gesellschaft ist: Abraham-Lincoln-Str. 46, 65189 Wiesbaden,
Germany

Wenn Sie dieses Produkt entsorgen, geben Sie das Papier bitte zum Recycling.

Für Djamila (1959–2023)
In ewiger Dankbarkeit

Geleitwort von
Prof. Johannes Lähnemann

Seit drei Jahren begleite ich Abualwafa Mohammed auf seinem Weg als islamischer Theologe und Religionspädagoge. Er hat sich an mich gewandt aufgrund meiner langjährigen Bemühungen im Feld der Friedenserziehung in und mit den Religionen. Nach seiner Dissertation „Der Koran und seine Bedeutungsebenen für das Hier und Jetzt. Zeitgemäße theologisch-didaktische Annäherungen an den Koran in der Auseinandersetzung mit dem Dschihad-Begriff", die vielfältige Anerkennung gefunden hat, wollte er sich der Entfaltung eines positiven Friedensbegriffes für die Bildung auf islamischer Grundlage widmen. Aus diesem Anfangsimpuls hat such ein lebendiger geistiger und geistlicher Austausch zwischen uns entwickelt, in dem sich unser interreligiöses Engagement in mehrfacher Hinsicht vertieft hat. Wir arbeiten zusammen in der von mir geleiteten Arbeitsgruppe Interreligiöse Bildung-Friedenspädagogik von *Religions for Peace* Deutschland, in der wir uns regelmäßig mit Kolleginnen und Kollegen aus dem ganzen deutschsprachigen Raum treffen, uns über relevante Projekte informieren und Kooperationen anregen. Eine Grundfrage ist dabei, wie wir die Lebens- und friedensfördernden Wurzeln unserer je besonderen Glaubensformen für eine positive Religions- und Gesellschaftsentwicklung bewusst und bekannt machen können. Dem dient auch die vorliegende Arbeit. Abualwafa Mohammed hat sich dazu ein großes Thema vorgenommen, das er vielfältig, differenziert und gleichzeitig sehr verständlich entfaltet. Die Thema-Formulierung ist dabei Programm: Die Schilderung dessen, was einen europäischen Islam ausmacht, wird mit einer positiven Vorstellung von Frieden in Europa in Verbindung gebracht. Der Untertitel akzentuiert die Zielvorstellung so, dass er Musliminnen und Muslime selbst anspricht, aber auch nichtmuslimischen Leserinnen und Lesern eine Vorstellung vermittelt, von welchen Maßstäben europäischer Islam geleitet sein sollte und welche Handlungsoptionen sich daraus ergeben. Insofern ist das Buch – mit all seiner Vielfalt an Informationen und Reflexionen – gleichzeitig ein Plädoyer und ein Appell.

Wie erreicht der Abualwafa Mohammed sein Ziel? Er hinterfragt alle Pauschalvorstellungen, was denn der Islam sei und vor allem das Vorurteil, der Islam sei inkompatibel mit europäischen Traditionen und Wertvorstellungen. Dabei spart er nicht mit Kritik an erneuerungs- und integrationsresistenten Kräften in Teilen der islamischen Gemeinschaft.

Er wirft einen ausführlichen Blick auf die Geschichte und versteht ihn als „Rückblick für die Zukunft". Dabei wird deutlich, dass die verbreitete Rede, Europa habe in Werten und Kultur vorrangig jüdisch-christliche Wurzeln, angesichts der Brückenfunktion, die islamische Philosophie, Wissenschaft, Kunst – häufig in der Begegnung mit Judentum und Christentum – gespielt hat, viel zu kurz greift. Der Verfasser schildert Modelle des Islam, wie sie sich in verschiedenen Ländern Europas entwickelt haben und weiter entwickeln, und schildert Hürden, die den Weg zu einem europäischen Islam erschweren. Dazu gehören Identitätsängste ebenso wie politische Instrumentalisierungen. Immer wieder geht es dabei um den Koran und die Chancen einer pluralitätsfähigen Auslegung seiner Inhalte. Das wird an den menschenrechtlich zentralen Begriffen der Menschenwürde, der Freiheit (besonders auch der Religionsfreiheit in umfassenden Sinn), der Sicherheit und des Friedens durchreflekiert. Und natürlich spielt dabei die Rolle der Frauen, spielten Demokratie und Rechtsstaatlichkeit eine wichtige Rolle. Zu den auf Zukunft hin zu fördernden Merkmalen eines europäischen Islam gehören demgemäß, dass er sich als pluralitätsfähig, demokratiefördernd, friedensbildend darbietet – und dass dies auch mit Korrespondenzen und Fundierungen in der Spiritualität, den geistlichen Grundlagen der Religion verbunden ist.

Nüchtern wird das mit faktischen Problemerscheinungen von muslimischen Gemeinden im europäischen Gesellschaftszusammenhang konfrontiert: Wie steht es um Fragen der Vertretung, wie um politische Abhängigkeiten, wie um finanzielle Transparenz, wie um die Rolle der Frauen in Moscheen und Gemeinden, wie um die Förderung von fundierter Urteilsbildung gerade auch in der jüngeren Generation??

Besondere Herausforderungen ergeben sich bei den theologischen Entwicklungen, ein Feld, in dem sich gerade in Europa eine Dynamik gebildet hat, die vor wenigen Jahrzehnten noch nicht denkbar war. Skizziert werden verschiedene Zugänge: in anthropologischer, komparativer, sozialethischer und interreligiöser Hinsicht. Abualwafa Mohammed vereint dazu in seinem Konzept Theorie und

Praxis durch seine langjährige Erfahrung als Imam, Lehrer und die Arbeit mit Studierenden.

Es ergibt sich als Fazit: „Europa und der Islam sind keine Gegensätze" und „Der Islam ist pluralitätsfähig" und die These, die gleichzeitig ein Appell ist: „Nur durch die Eigenverantwortung der Muslim:innen in Europa wird es nachhaltig einen zukunftsfähigen Islam geben."

Nürnberg/Goslar Johannes Lähnemann
im März 2024

Prof. Dr. Johannes Lähnemann hatte von 1981–2007 den Lehrstuhl für Religionspädagogik und Didaktik des Evangelischen Religionsunterrichts Universität Erlangen-Nürnberg inne. Er gilt als Nestor des Interreligiösen Lernens in Deutschland. Als einer der ersten hat er theologisch und pädagogisch Brücken zum Islam gebaut und den Islam im Kontext von Schule und Gesellschaft untersucht und gefördert. Seit seiner Habilitationsschrift im Jahr 1977 hat er sich für eine Didaktik der Weltreligionen, für die Etablierung eines islamischen Religionsunterrichts und zunehmend für Friedenserziehung in und durch die Religionen eingesetzt. Mit den insgesamt 13 Nürnberger Foren einer Erziehung zur Kulturbegegnung und sein Engagement Religions for Peace, vor allem als Chairman der Peace Education Standing Commission (PESC), hat er international Forschung, Lehre und praktisch pädagogischer Arbeit wichtige Impulse gegeben. Ausgezeichnet wurde er mit dem Bundesverdienstkreuz, dem Tschelebi-Preis für Verdienste im christlich-islamischen Dialog, dem Höffmann-Wissenschaftspreis für interkulturelle Kompetenz der Universität Vechta, dem INTRA-Projektpreis für Komplementarität der Religionen und zusammen mit dem Oxford Interfaith Forum mit dem von König Abdullah II. von Jordanien gestifteten Interfaith Award 2023.

Danksagung

Dankbarkeit ist für mich einer der höchsten Werte und für das Zusammenleben unerlässlich.

Ich möchte mich bei allen bedanken, die zur Entstehung und Weiterentwicklung meines Konzepts des europäischen Islams beigetragen haben – insbesondere den vielen Menschen aus der muslimischen Gemeinde und Freund:innen, die meine Vorträge, Predigten und Workshops besucht haben. Für die offenen Gespräche, Interaktionen und die Kritik bin ich sehr dankbar. Ebenso danke ich den Freund:innen aus dem interreligiösen Dialog und den Kolleg:innen für den wissenschaftlichen Austausch und den Perspektivwechsel. Ihre Beiträge haben die Arbeit erweitert, konkretisiert und das Konzept bereichert. Dafür bedanke ich mich herzlich.

Mein besonderer Dank gilt meiner Frau.

Liebe Meriem, ich danke dir für dein wunderbares Verständnis und deine Unterstützung, für deinen tiefen und nuancierten Blick auf das Konzept. Deinen humorvollen Vorschlag: „Ich widme diese Arbeit meiner Frau und meinen Töchtern, ohne die ich die Arbeit vor zwei Jahren fertig geschrieben hätte." Werde ich jedoch nicht übernehmen.

Ein herzliches Dankeschön auch an Michaela Lanzenberger für das Lektorat, die akribische und pünktliche Zusammenarbeit sowie den Austausch und Deinen humanen Zugang zu gesellschaftlichen Fragen. Ebenso danke ich Mag.ª Eva Freisleben herzlich für die Unterstützung bei der Überwindung von Schreibblockaden bzw. für die Motivation und für den vielen – vielleicht zu viel – Kaffee.

Ich danke Dr.in Cori Antonia Mackrodt (Springer Verlag) für das große Interesse am Buchprojekt und die hochkompetente Begleitung. Besonderer Dank dafür, mich dazu motiviert zu haben, kein Büchlein oder, wie ich ursprünglich plante, ein 40-seitiges Essentials zu erstellen, sondern ein Buch zu schreiben. Das war im Lichte meiner Beschäftigung mit anderen wissenschaftlichen Projekten kaum vorstellbar, aber Ihre Überzeugungskraft war dabei hilfreich, was sich während der Forschungs- und Schreibphase als sinnvoll und notwendig erwiesen hat.

Nicht zuletzt möchte ich mich bei Prof. Johannes Lähnemann für den wertvollen Austausch und die investierte Zeit bedanken – auch wenn das Thema nicht auf unserem Arbeitsprogramm stand. Das weiß ich sehr zu schätzen. Vielen Dank, lieber Johannes.

Mein Dank gilt auch den Herausgebern der Reihe „Innovativ und kompakt – Gesellschaftliche Herausforderungen der Gegenwart", Prof. Wolfgang Aschauer und Prof. Thomas Herdin. Danke für die ausführliche, fundierte und präzise Begutachtung meiner Arbeit, die angenehme Zusammenarbeit und den konstruktiven Austausch, der die Arbeit um weitere sozialwissenschaftliche Aspekte bereichert hat.

Abschließend danke ich Ihnen, werte Leser:innen, dass Sie es ermöglichen, meinen Gedanken und Ideen weiteres Leben und Nutzen zu verleihen.

Wien   Abualwafa Mohammed
am 10.10.2024

Hinführung

Die Präsenz von Musliminnen und des Islam in Europa ist Gegenstand intensiver Debatten in Wissenschaft, Politik und allgemeinen gesellschaftlichen Diskursen. Diese werden vielfach emotional, mit wenig fundiertem Kontextwissen und mangelnder Differenzierung geführt. Die Angst vor „Islamismus" und „Überfremdung" ruft bei vielen Europäer:innen eine grundsätzlich ablehnende Haltung dem Islam gegenüber hervor (vgl. Aschauer 2020, S. 200; Mohammed 2020a, S. 1 f.), während „Islamfeindlichkeit", „Assimilationsdruck" und die Angst vor dem Verlust der eigenen kulturellen und religiösen Identität vielen Muslim:innen Sorgen bereiten. Wenn aber eine Debatte von Angst beherrscht wird, kann sie keine fruchtbaren Ergebnisse für die Zukunft hervorbringen; im Gegenteil, Angst und Misstrauen verhindern die Erarbeitung von tragfähigen Lösungen und den Aufbau eines gesellschaftlichen Friedens (vgl. Mohammed 2020b). Das Zusammenleben mit Muslim:innen ist deshalb eine der entscheidendsten Zukunftsfragen Europas (Schmid 2012, S. 13).

Neben Vorurteilen und Ängsten belasten auch die Orientierung an der Vergangenheit und die Wahrnehmung des Islam und Europas als zwei „getrennte Welten" die Debatte um den europäischen Islam. Ich selbst war in meiner Arbeit als Imam und Religionslehrer, aber auch im wissenschaftlichen Diskurs immer wieder mit dieser Problematik konfrontiert worden. So mahnte beispielsweise eine deutsche Kollegin nach meinem Vortrag zum Thema „Europäische Werte und Ziele des Koran als Rahmen für die digitale Fatwa" bei einer Konferenz der Universitäten Münster und Tübingen[1] zu großer Vorsicht mit dem Begriff „europäische Werte" mit der Begründung, dass europäische Staaten in der Kolonialzeit muslimische Gebiete ausgebeutet hätten – eine Aussage, die bei den Zuhörenden auf große Zustimmung stieß. Für mich wurde in dieser Situation deutlich, dass es an der Zeit ist, die Auseinandersetzungen der Vergangenheit – auch wenn sie oft bis in die Gegenwart nachwirken – nicht völlig aus der Debatte zu verdrängen, aber ihnen endlich die Dominanz zu nehmen.

Ein weiteres Erlebnis hatte ich im Jahr 2022, als ich mit zwei Kollegen, die an einer wissenschaftlichen Tagung in Wien teilnahmen, den Heldenplatz besuchte. Ich erzählte ihnen, wie schön es ist, dass heute Kunst, Freiheit, Demokratie und Bildung auf dem Platz dominieren und dass sich dort die imposante Österreichische Nationalbibliothek befindet. Da kam eine Gruppe von Männern auf uns zu und sagte sinngemäß, ohne uns zu grüßen: „Sie haben

---

[1] Die Konferenz befasste sich mit dem Thema „Religiöse und kulturelle Transformationen zwischen Theorie und Praxis: Religiöse Institutionen in Krisenzeiten vom Arabischen Frühling bis zum Covid-19". Sie fand vom 1. bis 3. Juli 2021 statt (siehe Mohammed 2024b).

das sehr gut erklärt, aber Sie haben vergessen, dass Prinz Eugen (dessen Denkmal direkt vor der Nationalbibliothek steht und unter anderem den historischen Sieg über die Osmanen symbolisiert) immer noch präsent ist. Er lebt. Ihre schöne Darstellung wird also bald Geschichte sein." Solche Begegnungen unterstreichen die Notwendigkeit, die historische Aufarbeitung in den Dialog über den europäischen Islam einzubeziehen, ohne dabei die Zukunft aus den Augen zu verlieren.

Die Diskussion über Feindschaften und Kriege in der vielfältigen Geschichte Europas und des Islam – seien es die Kreuzzüge, die Türkenbelagerungen oder auch der Kolonialismus – wird keine Lösungen für die Zukunft liefern. Stattdessen ist es an der Zeit, die aktuelle Lebenssituation und die Bedürfnisse von Muslim:innen in Europa in den Vordergrund zu stellen und darauf aufbauend ein zeitgemäßes und zukunftsfähiges Konzept für einen europäischen Islam zu entwickeln.

Für mich, als Europäer muslimischen Glaubens, als Theologe und Pädagoge ist die Frage danach, wie der Islam in Europa gelebt werden kann, schon lange von großer Bedeutung. Als ich im Jänner 2019 einen Gastbeitrag für die Wiener Zeitung zum Thema „Österreich und seine Muslime" verfasste, stimmte mich das politische Klima alles andere als optimistisch: Die Pläne der damaligen Regierung, Gesetze dahingehend zu ändern, dass die religiöse Freiheit von Muslim:innen in Österreich eingeschränkt werden kann,[2] wurden von gesellschaftlichem Misstrauen und Unsicherheit begleitet. Schon damals habe ich mich auf die Suche nach tragfähigen Überlegungen für einen

---

[2] Geplante Gesetzesänderungen wie etwa das Verhüllungsverbot an Volksschulen sowie die Überlegungen zur Einführung eines Tatbestandes „Politischer Islam" wurden als verfassungswidrig identifiziert und vom Verfassungsgerichtshof aufgehoben (vgl. Verfassungsgerichtshof Österreich 2020; Leitlein 2020).

österreichischen bzw. europäischen Islam gemacht. Und schon damals war klar, dass ein solches Konzept für die Zukunft frei von tagespolitischen Momentaufnahmen und vor allem unter Einbeziehung der Muslim:innen gestaltet werden sollte (vgl. Mohammed 2019b).

Heute gibt es mehr denn je Umstände, die die Verwirklichung eines europäischen Islam erschweren und zugleich seine Notwendigkeit unterstreichen. Die schrecklichen Terroranschläge in einigen europäischen Hauptstädten ab 2015 schürten nicht nur eine berechtigte Angst der Bevölkerung vor Terrorismus, sondern verschlimmerten auch Vorurteile und Verdächtigungen gegen Muslim:innen. Einige dieser Vorurteile werden in dem vom deutschen Bundesinnenministerium in Auftrag gegebenen Bericht „Muslimfeindlichkeit – eine deutsche Bilanz" beschrieben; dabei werden neben der Zuschreibung eines erhöhten Gewaltpotentials auch die Annahmen, Muslim:innen seien grundsätzlich nicht integrationswillig, rückständig und „bedrohlich" für die Gesellschaft als Facetten der Muslimfeindlichkeit identifiziert (vgl. Bundesministerium des Innern und für Heimat 2023a, S. 46). Eine im Bericht vorgestellte Studie belegt, dass über 50 % der Befragten den Islam pauschal ablehnen (vgl. ebd., S. 51). Eine in Österreich durchgeführte Studie aus dem Jahr 2020 zeigt zudem, dass fast 60 % der Befragten Sorge haben, unter den Muslim:innen in Österreich seien Terrorist:innen (vgl. Aschauer 2020, S. 200) und 80 % eine Überwachung muslimischer Gemeinschaften durch den Staat befürworten (vgl. ebd.).

Während die Generalverdächtigung von Muslim:innen falsch ist, darf jedoch nicht übersehen werden, dass es auch in Europa islamische Gruppierungen und Individuen gibt, die sich gegen zeitgemäße gesellschaftliche Werte positionieren und radikales Gedankengut vertreten. Da diese Gruppen oft besonders im Internet sehr aktiv sind und versuchen, ihre Gesinnung möglichst weit zu verbreiten, besteht die Gefahr, dass sie eine Art Vormachtstellung in der Repräsentation und Deutung des Islam erreichen und besonders junge Muslim:innen mit ihrer skeptischen Haltung gegenüber Europa beeinflussen. Zudem sind in einigen Bereichen muslimischer Gemeinschaften Fehlentwicklungen oder zumindest ein Stillstand etwa in Bezug auf Transparenz, die Förderung von Jugendlichen und Frauen sowie auf gesellschaftliche Integration festzustellen. Obwohl vereinzelt Stimmen in der Öffentlichkeit eine rhetorische PR-Sprache verwenden, zeigt eine genauere und langfristige Betrachtung, dass es sich dabei lediglich um Lippenbekenntnisse handelt. Muslim:innen können diese Situation jedoch verändern und eine offene, vertrauensbildende Kultur etablieren.

Friedens- und menschenorientierte Haltungen, die Lösungsvorschläge für die Fragen und Anliegen der Muslim:innen in Europa anbieten, fehlen oft im Angebot vor allem für junge Muslim:innen.

Problematische politische und gesellschaftliche Umstände sollten meines Erachtens die Entwicklung eines europäischen Islam nicht behindern – im Gegenteil, auch in herausfordernden Situationen sollten durch konstruktive Zusammenarbeit und fruchtbare Debatten Ideen für die Zukunft gestaltet werden. Es ist das Recht Europas und seiner Muslim:innen, gegenseitiges Vertrauen aufzubauen und dieser Prozess darf durch kein politisches Kalkül gefährdet werden (vgl. Mohammed 2019b).

In der Debatte um den Islam in Europa werden Muslim:innen häufig als eine homogene Gruppe betrachtet. Dies trifft jedoch nicht zu und wird der tatsächlichen Vielfalt muslimischen Lebens in Europa nicht gerecht. Nur unter Berücksichtigung der Pluralität der Muslim:innen ist ein realistisches Friedenskonzept möglich, weshalb dieser auch im Rahmen der dargestellten Vision Rechnung getragen wird.

Viele Akteur:innen in Europa beanspruchen, den Islam zu definieren oder für Muslim:innen zu sprechen, seien es Wissenschaftler:innen, religiöse Autoritäten, Verbandsfunktionär:innen, Imam:innen, Aktivist:innen, Islamkritiker:innen oder andere Personen. Der Diskurs und die Entwicklung des Islam werden zudem von Akteur:innen außerhalb Europas maßgeblich beeinflusst (vgl. Schmid 2012, S. 14).

Die Muslim:innen in Europa sind in der Lage, in Eigeninitiative Konzepte zu entwickeln und ihre Religiosität, ihr Gemeindeleben sowie ihre Lebenswirklichkeit selbst zeitgemäß und verantwortungsvoll zu gestalten. Diese Selbstständigkeit ist von zentraler Bedeutung für die Umsetzung eines europäischen Islam, der von den Muslim:innen ernsthaft mitgetragen wird. Die Gestaltung von Konzepten ohne die aktive Beteiligung der Muslim:innen führt dazu, dass sie sich als Spielball verschiedener in- und ausländischer politischer Mächte fühlen und Reformen aus ideologischen Gründen und aus Misstrauen ablehnen. Ein bekanntes Format für die Zusammenarbeit von Muslim:innen und Politik ist die Deutsche Islamkonferenz. Dennoch braucht es dringend eine innermuslimische Aufklärungs- und Bildungsarbeit zur Öffnung des Islam und des Gemeindelebens in Europa.

Das Buch zeigt, dass es weniger um starre Begrifflichkeiten geht, sondern vielmehr um die Entwicklung eines tragfähigen und seriösen Modells, das sowohl den europäischen als auch den muslimischen Anliegen gerecht wird. Die Muslim:innen sind eingeladen, die Deutungshoheit über den unbelasteten Begriff „Der europäische Islam" zu besitzen und diesen weiterzuentwickeln. In zahlreichen Begegnungen, Workshops und offenen Diskussionen mit Muslim:innen aus unterschiedlichen Bildungs- und Herkunftskontexten wurde mir immer wieder deutlich, wie schwierig es ist, einen Konsens über die positive und facettenreiche Verbindung zwischen Europa und dem Islam zu finden. So leitete ich im Winter 2019 einen Workshop zur „Theologie des europäischen Islam" mit einer bunt gemischten Gruppe von Muslim:innen. Trotz anfänglicher Skepsis gegenüber dem Thema erkannten viele nach logischen und theologischen Diskussionen die Notwendigkeit eines europäischen Islam und dass sie viele Elemente davon bereits leben. Solche Begegnungen und Erkenntnisse sowie die Auseinandersetzung mit Kritik führten zu einer weiteren Präzisierung und wissenschaftlichen Ausarbeitung meines Konzeptes.

Im vorliegenden Buch erfolgt zunächst ein kurzer historischer Überblick, wobei der Fokus auf den positiven und friedlichen Begegnungen in der gemeinsamen islamisch-europäischen Geschichte liegt und von vergangenen Ereignissen stets eine Verbindung zur heutigen Zeit hergestellt wird. Frühe Einflüsse islamischer Kultur sind bis heute in unserer Lebenswirklichkeit präsent, ihre Facetten reichen dabei von Alltäglichem wie dem Kaffee bis zu Komplexem wie dem Algorithmus. Das Wissen, dass der Islam nicht nur heute ein Teil Europas ist, sondern auch einen entscheidenden Beitrag zur Genese der europäischen Zivilisation geleistet hat, ist eine historische Tatsache und kann das Zugehörigkeitsgefühl von Muslim:innen zu Europa stärken.

Anschließend werden aktuelle Modelle des Zusammenlebens mit dem Islam in Europa rezipiert und analysiert. Hürden auf dem Weg zu einem zeitgemäßen und zukunftsfähigen europäischen Islam werden nicht nur identifiziert und beschrieben, sondern auch kritisch hinterfragt und diskutiert. Im darauffolgenden Abschnitt des Buches erfolgt die Darlegung, warum bedeutende europäische Werte zugleich auch islamische Werte sind; dabei wird einerseits auf die Charta der Grundrechte der Europäischen

Union und andererseits auf die Hauptquellen des Islam (Koran und Sunna) und die muslimische Gelehrsamkeit zurückgegriffen. Der letzte Teil enthält schließlich den Entwurf eines Konzepts für einen europäischen Islam – dabei werden Ideen für die Ausrichtungen, die Theologie und die Gemeinde vorgestellt. Das Werk ist interdisziplinär orientiert. Es bezieht dabei Quellen aus Theologie, Politikwissenschaft, Sozialwissenschaft, Geschichte und Friedensforschung ebenso ein wie Aussagen von Politiker:innen und Medienberichte, die die aktuelle Debatte widerspiegeln.[3]

Europa ist ein Friedensprojekt, zu dem der Islam und die Muslim:innen einen bedeutenden Beitrag leisten können. Weder Europa noch die Muslim:innen, die gerade dabei sind, ihre Zukunft in Europa zu gestalten, dürfen diese Chance verpassen. Konkurrenzdenken, Intransparenz und Vorurteile sind hier fehl am Platz.

Ganz in diesem Sinne ist auch dieses Buch zu lesen: Es untersucht die Zukunft des Zusammenlebens in Europa und betont die Bedeutung, die die Entwicklung des Islam für die Zukunft des Kontinents hat. Dabei werden Europa

---

[3] Um Wiederholungen zu vermeiden, werden die Konzepte des interreligiösen Dialogs und der religiösen Bildung in diesem Buch ausgeklammert. Diese Konzepte spielen in der Vision eines europäischen Islam eine zentrale Rolle. In anderen Publikationen habe ich diese Themen vertieft und ausführlich behandelt. Darüber hinaus habe ich in diesem Zusammenhang Ansätze zur Islamdidaktik, zur Friedensbildung sowie zum interreligiösen und trialogischen Lernen entwickelt. Nähere Einblicke können exemplarisch in den folgenden Beiträgen nachgelesen werden: Mohammed, Abualwafa. 2023a. Die Konzeption der Menschenwürde im Koran. Ein theologisch-anthropologischer und pädagogischer Approach (183–199). In Humanität als religionspädagogisches und -didaktisches Leitmotiv, Hrsg. Sandra Anusiewicz-Baer, Christian Hild und Abdel-Hafiez Massud. Stuttgart: Kohlhammer; Mohammed, Abualwafa. 2021. Mit der Korandidaktik zum abrahamitischen Trialog in Schule und Bildungsarbeit. In Wort und Antwort: Dominikanische Zeitschrift für Glauben und Gesellschaft. 62/4: 160–166; Mohammed, Abualwafa. 2023b. Die Zukunft der Interreligiösen pädagogischen Kooperation am Beispiel der Arbeitsgruppe Interreligiöse Bildung – Friedenspädagogik bei Religions for Peace Deutschland. Hikma. Zeitschrift für islamische Theologie und Religionspädagogik 14: 89–103.

und der Islam gleichberechtigt gewürdigt und ganzheitlich, jenseits von Prägungen und Identitätskämpfen, betrachtet.

Idealiter stellt mein Beitrag einen Schritt in Richtung eines Zukunftskonzeptes dar, das sich an den Bedürfnissen der europäischen Muslim:innen orientiert und von Muslim:innen getragen wird. Es ist ein offenes Angebot und hat das Ziel, eine konstruktive Debatte anzuregen und Muslim:innen dazu zu motivieren, sich aktiv an der Gestaltung des europäischen Islam zu beteiligen. Denn nur durch Engagement und Zusammenarbeit kann gesellschaftlicher Frieden erreicht und gesichert werden.

Inhaltsverzeichnis

1 **Historischer Rückblick für die Zukunft – Geschichte eines Missverständnisses**   1
  1.1 Der Islam als Geburtshelfer Europas   4
      1.1.1 Wissenschaft in der Blütezeit des Islam   5
      1.1.2 Nicht-Muslim:innen in islamischen Reichen   10
      1.1.3 Zivilisatorischer Fortschritt in islamischen Gebieten   11
      1.1.4 Zusammentreffen der Kulturen – Reaktionen auf die zivilisatorischen Unterschiede   12
  1.2 Kriege und Begegnungen   13
      1.2.1 Wirkung von islamischer Wissenschaft und Kultur auf Europa   13
      1.2.2 Exkurs: Der Jakobsweg – vom Kriegssymbol zur spirituellen Reise   16

	1.2.3	Europa und das Osmanische Reich – eine pragmatische Wechselwirkung	18
	1.2.4	Das Erbe des Osmanischen Reichs in Europa heute	20
1.3	Historische Bilder der Toleranz		24
	1.3.1	Saladin – Symbol der Toleranz	25
	1.3.2	Friedrich II	26
	1.3.3	Franz von Assisi und Sultan al-Kamil	26
1.4	Der Koran blickt solidarisch nach Europa – Die Sure al-Rum		31
1.5	Muslimische Präsenz im europäischen Haus		33
	1.5.1	Muslim:innen als Individuen und Gemeinschaften in Europa heute	35
	1.5.2	Zeitgenössische Entwicklung	39

2 Modelle des Zusammenlebens – auf der Suche nach einem zukunftsfähigen Islam — 41

2.1	Der Euro-Islam	42
2.2	Europäische islamische Identität	46
2.3	Donau-Islam bzw. Islam in Österreich	49
2.4	„Islam de France" statt „Islam en France"	53
2.5	Islam europäischer Prägung	58
2.6	Resümee	62

3 Hürden auf dem Weg zu einem europäischen Islam — 65

3.1	„Es gibt nur einen Islam"		66
	3.1.1	Aktuelle Realitäten	67
	3.1.2	Der Koran und seine Exegese als Basis eines europäischen Islam?	69
	3.1.3	Die Sunnah und die Praxis des Propheten fördern freies Denken	70

	3.1.4	Systematische Grundlage aus Normenlehre und Usul-Wissenschaften	72
3.2		Politische Agenda und Angst vor Vereinnahmung	74
3.3		Unschärfe der Debatte und das fehlende Gesamtkonzept eines europäischen Islam	75
3.4		Gründe für die Ablehnung der Begriffe und Konzepte	76
	3.4.1	Skepsis gegenüber Veränderungen	76
	3.4.2	Politische Einflussnahme, in- und ausländisch	79
3.5		Exkurs: Dichotomie der Werte-Debatte	84

4 Wertegrundlagen und Rahmenbedingungen für das Zusammenleben in Europa — 87

4.1	Menschenwürde		89
	4.1.1	Menschenwürde im Islam	91
	4.1.2	Recht auf Leben	93
4.2	Freiheit		94
	4.2.1	Religionsfreiheit – europäischer Zugang	94
	4.2.2	Glaubensfreiheit im Islam	97
	4.2.3	Persönliche Freiheiten	98
	4.2.4	Freiheit in der Lebensführung im Islam	102
	4.2.5	Meinungsfreiheit	104
4.3	Sicherheit		106
4.4	Exkurs: Der Islam in Europa darf keine Sicherheitsfrage sein		109
4.5	Frieden		112
	4.5.1	Gewaltlosigkeit im Islam	116
	4.5.2	Der Prophet als Friedensstifter und Brückenbauer	117

	4.5.3	Er ist Gott – der Friede, der Sicherheit Verleihende	119
	4.5.4	Friede sei mit euch! – Der islamische Gruß	120
	4.5.5	Dschihad des Friedens	121
	4.5.6	Bildung und Frieden – Wissen schafft Frieden	122
4.6	Exkurs: Gewalt an Frauen		127
4.7	Demokratie und Rechtsstaatlichkeit		128
	4.7.1	Demokratie – europäischer Zugang	128
	4.7.2	Rechtsstaatlichkeit	132
	4.7.3	Demokratie und Rechtsstaatlichkeit im Spiegel des Islam	134
	4.7.4	Rechtsstaatlichkeit im Islam	139
	4.7.5	Instrumentalisierung von Muslim:innen in Wahlen	139
	4.7.6	Einbürgerungspolitik als Hindernis für die demokratische Teilhabe	141

5 Der europäische Islam – Konturen und Zukunft   143

5.1	Tragesäulen und Merkmale		144
	5.1.1	Pluralitätsfähiger Islam	144
	5.1.2	Demokratiefördernd	147
	5.1.3	Friedensbildend	148
	5.1.4	Spirituell ausgerichtet	150
	5.1.5	Menschenorientiert	154
5.2	Die Gemeinde im europäischen Islam		156
	5.2.1	Herausforderung I: Fragen der Finanzierung und der finanziellen Transparenz	159

	5.2.2	Herausforderung II: Sektenähnliche Organisationsstruktur einiger islamischer Vereine	160
	5.2.3	Herausforderung III: Muslim:innen als Spielball (politischer) Mächte	161
	5.2.4	Herausforderung IV: Frage der Integration von Muslim:innen	164
	5.2.5	Herausforderung V: Frage der Vertretung	165
	5.2.6	Herausforderung VI: Die Frage der Diaspora im europäischen Islam	166
	5.2.7	Herausforderung VII: Die Rolle der Frauen in Moscheen und Gemeinden	168
5.3	Theologie des europäischen Islam		171
	5.3.1	Europäisierung der islamischen Theologie	171
	5.3.2	Islamische theologische Studien: von „Madrasa" zu „ECTS"	171
	5.3.3	Fünf Zugänge zur islamischen Theologie in Europa	174
	5.3.4	Zukunft: Mainstream-Chancen eines europäischen Islam	183
5.4	Exkurs: Kein Tabu in der islamischen Theologie		190
	5.4.1	Der Diskurs der Gelehrsamkeit zur „Frau als Imamin"	190
	5.4.2	Hauptmeinungen zu Frauen als Imamin im Gebet	196

6 Conclusio und Ausblick — 197

6.1 Nutzen des Buches & Handlungsempfehlungen — 200

6.1.1 An die Gemeinden und Vertreter:innen der Muslim:innen — 201
6.1.2 An die Imam:innen & Religionslehrer:innen — 203
6.1.3 An die Politik — 204
6.1.4 An Wissenschaft, Theologie & Religionspädagogik — 205

6.2 Schlussbemerkung — 206

Literatur — 209

Abbildungsverzeichnis

Abb. 4.1 Wertegrundlagen für das Zusammenleben
in Europa 88
Abb. 5.1 Tragesäulen und Merkmale des
europäischen Islam 144
Abb. 5.2 Zugänge zur Theologie des
europäischen Islam 175
Abb. 5.3. Entwicklung der islamischen Theologie
und Normenlehre in Europa 184

1

Historischer Rückblick für die Zukunft – Geschichte eines Missverständnisses

Der Islam, das Christentum und das Judentum sind monotheistische Religionen mit gemeinsamen abrahamitischen Wurzeln (vgl. Koran 42:13).[1] Alle drei Religionen sind im Nahen Osten entstanden; Christentum und Judentum sind auch einst nach Europa gekommen und zu einem wichtigen Bestandteil der Kultur und des Lebens auf dem Kontinent geworden. Wenn man sich auf diese Geschichte besinnt, erscheint es nicht ungewöhnlich, dass auch der Islam zu einem immer wichtigeren Bestandteil des europäischen Lebens wird.

In Europa ist das Vorurteil, die islamische Kultur sei der abendländischen bzw. der christlich-jüdischen

---

[1] „Gott hat euch von der Religion das vorgeschrieben, was Er Abraham, Moses und Jesus geboten hat: Haltet zusammen und spaltet euch nicht!" (Eigenübersetzung von Koran 42:13). Anmerkung: Für die Koranzitate werden in diesem Buch hauptsächlich die Übersetzungen von Bobzin herangezogen.

© Der/die Autor(en), exklusiv lizenziert an Springer Fachmedien Wiesbaden GmbH, ein Teil von Springer Nature 2025
A. Mohammed, *Der europäische Islam*, Innovativ und kompakt
– gesellschaftliche Herausforderungen der Gegenwart,
https://doi.org/10.1007/978-3-658-45929-1_1

grundsätzlich unterlegen, weit verbreitet. Diese Theorie wird dadurch gestützt, dass die meisten muslimischen Länder bis heute autoritär regiert werden und wirtschaftlich wenig entwickelt sind.[2] Die Entwicklung eines Landes ist aber nie allein auf die Religion zurückzuführen. Dies beweist ein Blick in die Vergangenheit (Schweizer 2016, S. 28): Im Mittelalter und darüber hinaus waren die Gebiete im Nahen Osten deutlich weiter entwickelt als jene in Europa. Das betraf Bereiche wie Philosophie, Kunst, Kultur und Wissenschaft, und wurde auch im Alltag der Bevölkerung deutlich (vgl. Bauer 2018, S. 118).

In Zusammenhang mit der angeblichen Rückständigkeit der islamischen Kultur wird – auch wenn über die heutige Zeit gesprochen wird – häufig der Begriff „mittelalterlich" verwendet. Die Gründe, warum dieser Begriff unpassend ist, werden im folgenden Abschnitt in Anlehnung an Bauer (2018, S. 31 f.) dargelegt.

Der Islam – eine „mittelalterliche" Religion?
Zum Mittelalter existieren viele Vorurteile: Es wird oft mit Rückständigkeit, Bildungsferne und Gewalt assoziiert (vgl. ebd., S. 40 f.). Die Vorstellung, im Mittelalter sei die Religion die alles dominierende Instanz gewesen und die Wissenschaft und Fortschritt hätten nicht existiert, ist weit verbreitet (vgl. ebd.). Diese Vorurteile werden oft dafür genutzt, Gesellschaften oder Regionen als „mittelalterlich" und damit als anders und als unterlegen darzustellen. Während in Europa die „dunkle" Epoche Mittelalter allgemein als vergangen und der Kontinent als in der aufgeklärten Moderne angekommen gilt, wird anderen Staaten nachgesagt, noch im Mittelalter „steckengeblieben" zu

---

[2] Diese Annahme ist nicht stichhaltig, da sich zahlreiche Staaten mit islamischer Bevölkerungsmehrheit zu bedeutsamen Wirtschaftsnationen entwickelt haben.

sein. Auch in Bezug auf den Islam findet man solche Mittelaltervergleiche immer wieder. Wie unpassend der Vergleich ist, zeigt Thomas Bauer in seinem Buch „Warum es kein islamisches Mittelalter gab: Das Erbe der Antike und der Orient" anhand von alphabetisch geordneten Vergleichen zwischen der Lage in islamischen Gebieten und Europa (vgl. Bauer 2018).

Seine Darstellung verdeutlicht: Das islamische Mittelalter war nicht mit dem europäischen vergleichbar. In islamischen Gebieten war die Zeit zwischen 800 und 1200 n.Chr. eine Blütezeit der Wissenschaft, Kunst und Kultur und damit das Gegenteil dessen, was wir heute oft mit „mittelalterlich" assoziieren. Welche Errungenschaften und Erkenntnisse in dieser Zeit gemacht wurden, wird in Abschn. 1.1.1 noch detaillierter ausgeführt.

Die Vorurteile gegen den Islam haben eine lange Geschichte. Sie werden seit Jahrhunderten genutzt, um den Islam – etwa in den Zeiten der Kreuzzüge (vgl. Lüders 2012) – zu diffamieren und ein Feindbild zu konstruieren und zu verbreiten. Auch heute sind islamfeindliche Vorurteile verbreitet und werden strategisch genutzt, um Meinungen zu beeinflussen (vgl. Bielefeldt 2012, S. 26 ff.): Sie werden als „Fakten" bezeichnet, mittels derer kulturimperialistische Meinungen sowie bestimmte politische Ansichten scheinbar begründet werden (vgl. Benz 2011, S. 205 f.). Um diesen Vorurteilen effektiv gegenzusteuern, braucht es Anstrengungen sowohl von Muslim:innen als auch von allen anderen Europäer:innen. Ein gemeinsamer Blick in die Geschichte kann einen wesentlichen Beitrag dazu leisten, gegenseitige Wertschätzung zu erreichen. Der Einsatz gegen Muslimfeindlichkeit ist ein wichtiges Anliegen der Deutschen Islam Konferenz und des Bundesministeriums des Innern. Politische und muslimische Vertreter:innen trafen sich daher im Dezember 2012 zu einer Tagung, bei der neben Prävention von islamistischer

Radikalisierung das Vorgehen gegen Muslimfeindlichkeit das zentrale Thema war. Probleme für Muslim:innen, die in dem Bericht angesprochen werden, sind etwa Diskriminierung am Arbeits- und Wohnungsmarkt, die stereotype Darstellung von Muslim:innen in Medien sowie die Zuschreibung von (oft negativen) Eigenschaften (vgl. Bielefeldt 2012, S. 25 f.).

Der „Unabhängige Expertenkreis Muslimfeindlichkeit (UEM)" in Deutschland legte Ende Juni 2023 sein umfassendes Lagebild zur Muslimfeindlichkeit in der deutschen Gesellschaft vor. Dieses Bild basiert auf wissenschaftlichen Erkenntnissen und Auseinandersetzungen, auf der polizeilichen Kriminalstatistik sowie auf der Dokumentation muslimfeindlicher Vorfälle durch Antidiskriminierungsstellen, Beratungsstellen und NGOs. Der Bericht kommt zu dem Ergebnis, dass antimuslimischer Rassismus in der Gesellschaft weit verbreitet und Teil der Alltagsrealität ist. Der Bericht schlussfolgert mit konkreten Handlungsempfehlungen, die sich an alle staatlichen und gesellschaftlichen Ebenen richten (vgl. Bundesministerium des Innern und für Heimat 2023a).

1.1 Der Islam als Geburtshelfer Europas

Der Geschichtsphilosoph Arnold J. Toynbee ist der Ansicht, dass Europa vor allem „wegen des Islam" entstanden sei; die muslimischen Einflüsse waren ein „Wachstumsimpuls" für die europäische Zivilisation (vgl. Toynbee 1963, S. 124). Andere Historiker:innen und Wissenschaftler:innen unterstützen diese These und bezeichnen den Islam als „Geburtshelfer Europas" (Cardini 2000, S. 12; Borgolte 2011) und den Propheten als

„Gründungsvater" (Cardini 2000, S. 12).[3] Rainer Tetzlaff (2005, S. 9) spricht vom Islam als „fünfte Wurzel des Abendlandes", da dieser neben dem christlich-jüdischen und dem griechisch-römischen Erbe die Kultur Europas erheblich beeinflusst habe.

1.1.1 Wissenschaft in der Blütezeit des Islam

Die Wissenschaft war in muslimischen Gebieten in der Zeit des Mittelalters weit entwickelt und muslimische Gelehrte spielten für die Aufklärung eine wichtige Rolle (vgl. ebd.). So waren antike griechische Schriften, die eine wichtige Basis für die Erkenntnisse der Renaissance bildeten, islamischen Gelehrten vertraut, während sie in Europa in Vergessenheit geraten waren (vgl. Cardini 2000, S. 143). Die Schriften wurden zunächst im Auftrag des Kalifen von Bagdad ins Arabische und dann erst ins Lateinische übersetzt und so für die christliche Welt neu entdeckt. Mathematische Erkenntnisse muslimischer Gelehrter legten zudem den Grundstein für Berechnungen von Newton und Kopernikus. Der Grund, warum sich Naturwissenschaften und Medizin in islamischen Territorien so gut entwickeln konnten, lag darin, dass es dort nicht als „ketzerisch" galt, zu forschen (vgl. Bauer 2018, S. 94 f.). So konnten islamische Gelehrte griechische, indische und persische wissenschaftliche Texte übersetzen und weiterentwickeln, während im christlichen Europa die Wissenschaft als „gottlos" galt und folglich fast völlig zum Erliegen kam (vgl. ebd.).

---

[3] Zu berücksichtigen ist auch der Aspekt, dass das europäische Identitätsbewusstsein durch den Widerstand gegen ein „muslimisches Europa" (Cardini 2000, S. 13) in West- und Zentraleuropa sozusagen „ex negativo" (Cardini 2000, S. 12) gestärkt wurde.

Eine Errungenschaft, die islamischen Gelehrten schon länger bekannt war und sich über die zu diesem Zeitpunkt unter muslimischer Herrschaft befindliche Iberische Halbinsel ins christliche Europa ausbereitete, ist das Papier (vgl. Cardini 2000, S. 149). Täglich kommen wir auch noch mit einer weiteren aus dem arabischen Raum übernommenen Erkenntnis in Berührung: mit den Ziffern. Die heute in den arabischen Ländern verwendeten Zahlen stammen ursprünglich aus Indien (vgl. al-Khalili 2011, S. 169); durch eine Verbindung indischer und arabischer Erkenntnisse konnte sich die Mathematik in islamischen Gebieten besonders weit und schnell entwickeln (vgl. Bauer 2018, S. 117), während in Europa noch nicht einmal die Zahl Null eingeführt war (vgl. Cardini 2000, S. 150).

Einige muslimische Gelehrte haben die Wissenschaft geprägt und einen wesentlichen Beitrag für Europa und die Menschheit geleistet. Sie waren meist Universalgelehrte, die sich mit einem breiten Spektrum an Wissensbereichen auseinandersetzten, machten sich oftmals aber auch in der Gründung bzw. Weiterentwicklung einzelner Disziplinen verdient. Hier werden exemplarisch Beispiele aus den Bereichen Medizin, Philosophie und Mathematik herausgegriffen.[4]

Gesundheit und Krankheit wurden in der Blütezeit des Islam sowohl im Sinne einer „ganzheitlichen Medizin", die sich aus Wissen über Heilkräuter, Philosophie und Lehren

---

[4] Weiterführende Informationen: Bauer, Thomas. 2018. *Warum es kein islamisches Mittelalter gab*: Das Erbe der Antike und der Orient. München: C.H. Beck; al-Khalili, Jim. 2010. *Pathfinders*. The Golden Age of Arabic Science. London: Allen Lane. Deutsche Ausgabe: al-Khalili, Jim. 2011. *Im Haus der Weisheit*. Die arabischen Wissenschaften als Fundament unserer Kultur (trans: Vogel, S.). Frankfurt am Main: S. Fischer; Cardini, Franco. 1999. *Europa e Islam*: Storia di un Malinteso. Rom / Bari: Laterza. Deutsche Ausgabe: Cardini, Franco. 2000. *Europa und der Islam*: Geschichte eines Missverständnisses (trans: Seuß, R.). München: Beck.

aus dem Koran zusammensetzte, als auch auf objektive, wissenschaftliche Art untersucht (al-Khalili 2011, S. 227). Die Einstellung zum Thema unterschied sich dabei erheblich von der im christlichen Europa – dort wurden Krankheiten im Mittelalter meist als Strafe Gottes verstanden, während in der islamischen Welt nach Behandlungsmöglichkeiten gesucht wurde und die Pflege von Kranken sogar eine religiöse Pflicht war (ebd., S. 231 f.). Ein sehr bekannter islamischer Universalgelehrter, der besonders für seine Arbeit im Bereich der Medizin Berühmtheit erlangte, ist Ibn Sina (in Europa in der latinisierten Schreibweise Avicenna bekannt).[5] Er verfasste ein medizinisches Lehrbuch, den „Kanon der Medizin", der bis ins 17. Jahrhundert auch in Europa für die Ausbildung von Ärzt:innen verwendet wurde (Oswalt 2021). Als der „größte Arzt des Islam und sogar des gesamten Mittelalters" (al-Khalili 2011, S. 227) gilt Abu Bakr Muhammed ibn Zakarriyya al-Razi, der zahlreiche Teilgebiete der Medizin quantitativ erforschte (ebd.). Er wandte dabei teilweise bis heute aktuelle wissenschaftliche Standards an, so etwa die Forschung mit einer Versuchs- und einer Kontrollgruppe (ebd., S. 283). Al-Razis Schriften beeinflussten neben denen von bekannten griechischen Medizinern wie Galen die medizinische Wissenschaft in Europa im Mittelalter und darüber hinaus maßgeblich (ebd., S. 232 f.). Der muslimische Gelehrte Ibn an-Nafis (1288) war der erste, der den kleinen Blutkreislauf theoretisch beschrieben hatte, lange bevor dies im Westen anerkannt wurde (vgl. Meyerhof 1935, S. 37 ff.).

Ein einflussreicher muslimischer Philosoph ist der als *Averroes* bekannte Ibn-Ruschd. Er beschäftigte sich

---

[5] Bekanntheit erlangte er im Besonderen durch Noah Gordons 1986 veröffentlichten Roman *Der Medicus*.

insbesondere mit Schriften des Aristoteles, die er nicht nur studierte, sondern durch das Verfassen von Anmerkungen auch weiterentwickelte (Yousefi 2016, S. 108). Seine Kommentare zu den aristotelischen Werken wurden durch Übersetzungen ins Lateinische nach Europa gebracht und beeinflussten dort die Philosophie maßgeblich (Ben-Abdeljelil 2005, S. 11). Averroes verstand das Philosophieren für Muslim:innen, die intellektuell dazu in der Lage sind, sogar als verpflichtend – dies sah er im Koran begründet (Rudolph 2004, S. 70 f.).[6]

Ein bekannter muslimischer Denker aus noch früherer Zeit ist der im Jahr 780 im damaligen Persien geborene al-Chwarizmi (Latein: Algorismi), der sich mit Astronomie, Geometrie und Mathematik befasste und zudem sehr exakte kartographische Werke erstellte (vgl. Yousefi 2016, S. 45 f.). Sein wichtigstes Werk war eine Art Handbuch über Algebra, das damals nur einer sehr kleinen Minderheit an Gelehrten bekannte mathematische Gesetze enthält (vgl. al-Khalili 2011, S. 186 f.). Die große Bedeutung seiner Bücher über Arithmetik und Algebra für die Nachwelt liegt vor allem darin, dass in ihnen das aus Indien stammende dezimale Stellenwertsystem und die darauf beruhenden Rechenoperationen detailliert beschrieben werden (vgl. Barth 2013, S. 13). Seine Mathematikwerke verbreiteten sich auch nach Europa, im 12. Jahrhundert entstanden zwei lateinische Übersetzungen, von denen eine

---

[6] Weitere muslimische Gelehrte, die die islamische Philosophie maßgeblich beeinflusst haben, sind al-Farabi, al-Ghazali sowie die Mutaziliten. Vgl dazu: Cardini (2000, S. 151–153); Debeuf, Koert. 2017. *Der Großvater der Aufklärung war ein Muslim.* https://de.qantara.de/inhalt/der-andalusische-philosoph-averroes-der-grossvater-der-aufklaerung-war-ein-muslim?nopaging=1. Letzter Zugriff 28. August 2023; weiterführende Informationen zum Mu'tazilismus und Neo-Mu'tazilismus: Hildebrandt, Thomas. 2007. *Neo-Mu'tazilismus?* Intention und Kontext im modernen arabischen Umgang mit dem rationalistischen Erbe des Islam. (Islamic Philosophy, Theology and Science LXXI). Leiden: Brill.

heute in der Bibliothek in Cambridge aufbewahrt wird (vgl. al-Khalili 2011, S. 189 f.). Der heute im Kontext von Digitalisierung und Sozialen Medien viel diskutierte Begriff Algorithmus geht auf den latinisierten Namen Algorismi zurück.

Der ägyptische Großdenker Abbas Al-Aqad spricht in seinem Werk „Die Auswirkung der Araber auf die europäische Zivilisation" über „zivilisatorischen Schulden", die Europa aus der Zeit des Mittelalters und der Renaissance gegenüber der arabischen Zivilisation hat. Al-Aqad argumentiert, dass die Entwicklung Europas wie beschrieben in den Bereichen Wissenschaft, Mathematik, Medizin, Philosophie sowie Kunst und Musik maßgeblich von der arabischen Welt beeinflusst wurde und viele bedeutende Fortschritte und Errungenschaften in diesen Disziplinen auf die Übernahme und Anpassung von Wissen und Ideen aus der arabischen Kultur zurückzuführen sind.[7] Heute kann die arabische Kultur seiner Ansicht nach viel von der europäischen lernen und übernehmen – und es ist gemäß seiner Argumentation die Aufgabe Europas, der arabischen Zivilisation bei der Übernahme und Entwicklung zu helfen, um so die „zivilisatorischen Schulden" zurückzubezahlen.

„[…] Oft wird die Rückzahlung von Schulden schwer und ohne Dankbarkeit sein, nicht in finanzieller Hinsicht, sondern in Bezug auf die menschlichen Zivilisationen, die Nationen zwischen Geben und Nehmen. Das moderne Nahost lernte von Europa, genauso wie Europa vom alten Nahen Osten lernte." (Al-Aqad 2013, S. 99)

Kulturelle und wissenschaftliche Fortschritte Europas, die die arabische Kultur übernehmen sollte, sieht er besonders

---

[7] Dabei beruft er sich mehrfahr auf den Koran (2:216, (2:251 sowie 22:34).

in den Bereichen Soziologie, Politikwissenschaften, parlamentarische Demokratie, Ethik und Werte, Reform der Religion, Kunst und Kultur.

Aus Al-Aqads Idee lässt sich erkennen, dass alle Nationen sowohl Schuldner als auch Geber im Erbe der menschlichen Zivilisation sein. Keine Nation hat eine Geschichte, ohne in diesem Erbe gegeben und genommen zu haben. (Vgl. Al-Aqad 2013, S. 99)

1.1.2 Nicht-Muslim:innen in islamischen Reichen

Über die Entwicklung des Islam im Mittelalter berichtet auch Stefan Heidemann, Professor für Islamwissenschaften an der Universität Hamburg, in der Folge „Warum der mittelalterliche Islam viel moderner war, als viele heute denken" des Podcast Spiegel Geschichte (2022).[8] Er weist dabei etwa auf die in der Zeit des Mittelalters in muslimischen Gebieten übliche Trennung zwischen Staat und Religion und die damit verbundene Tatsache, dass religiöse und politische Herrschaft nicht in einer Person vereint waren, hin. Außerdem wurden die Einwohner:innen des arabischen Reiches zwar dazu motiviert, nicht aber gezwungen, zum Islam zu konvertieren. Die Andersgläub8igen wurden als *Dhimmi* bezeichnet, was so viel wie „Schutzbefohlene" bedeutet (vgl. Schweizer 2016, S. 95).

---

[8] Der Podcast ist ein Beispiel dafür, dass Informationen zu dem Thema mittlerweile neben wissenschaftlichen Publikationen auch für eine breitere Masse aufbereitet und zugänglich gemacht wird. Die gleichen Informationen findet man auch in den bereits erwähnten Werken von Cardini (2000) und Bauer (2018).

Der Podcast ist aufrufbar unter: Stefan Heidemann im Gespräch mit Spiegel Podcast, https://www.spiegel.de/geschichte/warum-der-mittelalterliche-islam-erstaunlich-modern-war-geschichte-podcast-a-eeb49dce-734c-41c8-a3c8-8c221cf672e8 Letzter Zugriff 23. November 2023.

Sie hatten zwar gewisse finanzielle und soziale Nachteile, wurden aber – anders als etwa Angehörige des Judentums im europäischen Mittelalter – nicht verfolgt. Außerdem waren sie vom Militärdienst ausgenommen und hatten beispielsweise im Bereich des Erbrechts ein unabhängiges Gerichtssystem (vgl. Schweizer 2016, S. 95). Zudem waren sie zu fast allen Berufen zugelassen und hatten teilweise hohe Positionen in der Regierung inne (vgl. ebd.). Das Zusammenleben mit Angehörigen anderer Religionen war für Muslim:innen in dieser Zeit also üblich (vgl. Bauer 2018, S. 80 ff.). Viele der Benachteiligungen, die theoretisch für Andersgläubige galten, wurden de facto nie angewendet. Diese friedliche Koexistenz manifestierte sich auch in den Stadtbildern, hier existierten Moscheen neben Kirchen und Synagogen (vgl. ebd., S. 106).

1.1.3 Zivilisatorischer Fortschritt in islamischen Gebieten

Die zivilisatorische Entwicklung der Muslim:innen macht sich im Alltag und im Lebensstandard der Bevölkerung bemerkbar. Im folgenden Abschnitt werden einige Bereiche des Alltagslebens, in denen der Nahe und Mittlere Osten im Mittelalter und darüber hinaus weiter entwickelt waren als Europa, genannt.

So waren etwa in Europa meist nur Geistliche vom vorherrschenden Analphabetismus ausgenommen, während man in Ägypten Zeugnisse davon fand, dass die Fähigkeit des Schreibens anscheinend so weit verbreitet war, dass sogar Kaufverträge für Tierfutter schriftlich ausgeführt wurden (vgl. Bauer 2018, S. 57). Es gab zudem öffentliche Schulen, die auch Kinder aus armen Verhältnissen besuchen konnten (vgl. Schweizer 2016, S. 98). Der höhere Bildungsstandard der Bevölkerung wirkte sich wiederum positiv auf die Weiterentwicklung der Zivilisation aus.

In zahlreichen Städten und Dörfern im Nahen Osten fand man Häuser aus der Zeit des Mittelalters, die – wie es zuvor auch in der Antike üblich gewesen war – aus Steinen errichtet und deren Dächer mit Dachziegeln gedeckt waren. Im Gegensatz dazu wurde in Europa der Baustil der Antike aufgegeben und es wurde aus wenig beständigen Materialien wie Holz gebaut (Bauer 2018, S. 64 f.). Eine Fortführung und Weiterentwicklung der antiken Handwerkskunst im Nahen Osten sieht man auch am Beispiel der Herstellung von Glas, in Europa hingegen ging diese Fähigkeit für lange Zeit fast vollständig verloren (ebd., S. 72). Weitere Beispiele für ein nahtloses Weiterführen und Weiterentwickeln des antiken Erbes in islamischen Territorien, welche in Europa zeitweise in Vergessenheit gerieten, sind die Bäderkultur, die Liebesdichtung sowie die Verwendung der Rechenmaschine Abakus.

1.1.4 Zusammentreffen der Kulturen – Reaktionen auf die zivilisatorischen Unterschiede

Als christliche Kreuzritter und Handelsvertreter in den Nahen Osten kamen, war der hohe Entwicklungsgrad der muslimischen Zivilisation für sie wohl sehr irritierend: Sie waren der Ansicht, dass ihre Religion die einzig richtige sei und waren nun damit konfrontiert, dass eine Gesellschaft mit einer „falschen" Religion deutlich weiter entwickelt war als die eigene (vgl. Watt 2010, S. 78 f.). Damit vergleichbar ist auch die Verunsicherung vieler Muslim:innen heute beim Kontakt mit westlichen Gesellschaften: Auch viele von ihnen sind überzeugt davon, der „richtigen" Religion anzugehören. Dass jedoch „ungläubige"

Gesellschaften international in vielen Bereichen (etwa Wirtschaft und Technologie) dominieren, kann für sie schwer zu akzeptieren sein. (vgl. Schweizer 2016, S. 28).

Aus der Betrachtung der Vergangenheit ist zu folgern, dass weder der Islam grundsätzlich für die heute vergleichsweise geringe Entwicklung von nahöstlichen und nordafrikanischen Staaten noch das Christentum für die Überlegenheit Europas verantwortlich gemacht werden kann (vgl. Schweizer 2016, S. 28).

1.2 Kriege und Begegnungen

Der Islam und Europa werden oft als Gegensätze dargestellt. Dabei wird die Abgrenzung zum Islam sogar für die Identitätsbildung Europas herangezogen. Ein Blick in die Geschichte zeigt allerdings ein differenziertes Bild:

Im siebten bis zehnten Jahrhundert breitete sich der Islam unter anderem in Europa sehr rasch aus. Das geschah jedoch zum Großteil nicht auf kriegerischem Weg. Viele Menschen konvertierten damals freiwillig zum Islam. Andere blieben ihrer Religion treu, waren jedoch trotzdem damit einverstanden, in einem islamisch regierten Territorium zu leben, da sie von ihren eigenen Herrschern enttäuscht waren und auf positive Veränderungen hofften (vgl. Cardini 2000, S. 13 f.). So wurde auch die islamische Eroberung der iberischen Halbinsel von der Bevölkerung teilweise positiv aufgenommen (vgl. Cardini 2000, S. 20).

1.2.1 Wirkung von islamischer Wissenschaft und Kultur auf Europa

Es ist allgemein anerkannt, dass der Einfluss der islamischen Wissenschaft und Kultur auf Europa – der den Grundstein für die Aufklärung legte und zudem Europa zu einer neuen Einheit verhalf (Borgolte 2011) – durch drei Hauptkanäle stattfand: über Sizilien und Süditalien, durch die Kreuzzüge und über Al-Andalus. Ein weiterer wichtiger Austausch erfolgte zwischen Europa und dem Osmanischen Reich. Im folgenden Kapitel wird ein kurzer Überblick über diese Berührungspunkte gegeben.

Drei Schnittstellen der zivilisatorischen Wirkung des Islam auf Europa

Sizilien und Süditalien

Die muslimische Präsenz in Sizilien begann mit dem Jahr 827, es vergingen jedoch Jahrhunderte, bis die Insel erobert war (vgl. Kislinger 2013, S. 53 ff.). Die arabischen Muslim:innen verbreiteten ihre Zivilisation bis 1092 n. Chr., als ihre Herrschaft durch die Normannen beendet wurde. Diese waren in religiöser Hinsicht nicht weniger tolerant als die Muslim:innen und förderten den wissenschaftlichen Fortschritt und die Fürsorge für die Menschen (vgl. ebd. S. 57). So konnte sich das zivilisatorische Erbe der muslimischen Kultur in Süditalien weiterentwickeln.

Die arabische Sprache blieb mindestens ein Jahrhundert nach dem Beginn der normannischen Herrschaft eine Regierungs- und Verwaltungssprache, und ihre Spuren sind in der Sprache Siziliens, so etwa in Ortsnamen (vgl. Rill 1995, S. 86 f.) und noch stärker in der Sprache Maltas zu finden. Die Muslim:innen behielten auch ihre Vorherrschaft in Industrie, Handel und Produktion, gleichzeitig war muslimisches Expertenwissen in Regierung und Verwaltung sehr gefragt (vgl. El-Gibali 1996, S. 33).

Nach dem Tod König Wilhelms II. im Jahr 1189 wurde der königliche Schutz aufgehoben und die Tür für weitreichende Angriffe gegen die Muslim:innen der Insel geöffnet. Diese sahen sich vor die Wahl gestellt, freiwillig auszuwandern oder sich der christlichen Herrschaft zu unterwerfen. Viele Muslim:innen entschieden sich dafür, die Insel zu verlassen, sofern sie die Mittel dazu hatten. Die Umwandlung Siziliens in eine christliche Insel wurde dadurch beschleunigt (vgl. Abulafia 2014, S. 104 ff.).

Die Kreuzzüge
Die Kreuzzüge, die im Zeitraum von 1097 bis 1291 n. Chr. stattfanden, ermöglichten es den Europäer:innen, die islamische Zivilisation und ihre Fortschritte in den Bereichen Architektur, Landwirtschaft, Industrie und soziales Leben kennenzulernen. Es kam zu einem intensiven kulturellen Austausch zwischen den beiden Welten.

Während ihrer Aufenthalte im Nahen Osten entdeckten die Kreuzfahrer die fortgeschrittene Technologie, die Mathematik, die Medizin und die Philosophie der Muslim:innen und nahmen viele dieser Erkenntnisse mit nach Europa. Die intellektuelle Vorarbeit für Renaissance und Aufklärung wurde also im Orient geleistet (vgl. Le Bon 2013, S. 339).

Andalusien
Die muslimische Herrschaft verbreitete sich im Jahr 709 n. Chr. nach Spanien und dauerte bis zum Fall des letzten arabischen Königreichs in Granada im Jahr 1492 n. Chr. – genau 400 Jahre, nachdem die Muslime Sizilien verlassen hatten. Während dieser acht Jahrhunderte breitete sich die blühende islamische Zivilisation im Land aus und hinterließ ihre Spuren in allen Aspekten des Lebens, sowohl geistig als auch materiell.

Das bemerkenswerteste Gut, das die arabische Zivilisation neben Handwerk und Wissenschaft nach Spanien brachten, war die Toleranz. Die Menschen in den eroberten Gebieten, die nicht zum Islam konvertierten, hatten sogar das Recht, religiöse Konferenzen zu organisieren – so etwa die Konzile von Córdoba und Sevilla; zudem wurden Christ:innen nicht daran gehindert, auch unter arabischer Herrschaft weiterhin Kirchen zu bauen (vgl. ebd., S. 276).

Wie bereits dargelegt, galten zur Zeit des europäischen Mittalalters muslimische Städte als Zentren von Bildung und Wissenschaften. Viele Europäer:innen reisten an muslimische Bildungsstätten, vor allem nach Al-Andalus. Grafen, angesehene Familien und Adelsfamilien schickten ihre begabten Kinder und klugen Köpfe dort hin, damit sie eine bessere Bildung genießen konnten (vgl. Lüders 2012). Eine in der arabischen Welt weit verbreitete Legende besagt, dass der britische König George II. dem Kalifen Hisham III. einen Brief geschickt haben soll, in dem er um einige Studienplätze in Andalusien bat. Im 10. Jahrhundert war unter denen, die aus Europa kamen, um in den arabischen Instituten von Al-Andalus Wissen zu erwerben, auch ein Mönch namens Gerbert von Aurillac (vgl. Wilson 2022, S. 15). Er lernte Arabisch, erwarb arabisches Wissen und wurde später Papst Silvester II., der von 999 bis 1003 Oberhaupt der katholischen Kirche war. Sein Aufenthalt in der Nähe von Córdoba ermöglichte es ihm, seine Kenntnisse in Mathematik und Astronomie durch den Kontakt mit der arabischen Wissenschaft zu vertiefen und das Dezimalsystem im christlichen Europa zu verbreiten.

1.2.2 Exkurs: Der Jakobsweg – vom Kriegssymbol zur spirituellen Reise

Die Entstehung des Jakobswegs ist auf das Zusammentreffen zwischen Muslim:innen und Christ:innen zurückzuführen. Während im 8. und 9. Jahrhundert die iberische Halbinsel unter muslimischer Herrschaft stand und sowohl die Bevölkerung als auch christliche religiöse Führungspersonen zum Großteil mit den neuen Herrschern kooperierten, gab es im heutigen Spanien auch Gebiete, in denen die christliche Religion und Kultur noch besonders stark gelebt und konserviert wurde. Dazu gehört die Stadt Compostela. Ein dort aufgefundener Leichnam wurde dem Apostel Jakobus, dem „Missionar der iberischen Halbinsel" zugeordnet und das Königreich Asturien, in dem Compostela liegt, erhielt folglich innerhalb der christlichen Kirche eine besondere Stellung (vgl. Cardini 2000, S. 54 f.). Der heutige Name „Santiago" leitet sich von „Sanctus Jakobus" ab.

Die Gegend rund um Compostela wurde nun stärker besiedelt und der Kult um den Heiligen Jacobus bewusst gefördert. Als die Mauren schließlich die Stadt Compostela – wenn auch erfolglos – angriffen, blieb dies nicht ohne Folgen: Die Verbreitung der Nachricht in Europa bestärkte den Jakobus-Kult, immer mehr Menschen pilgerten in der Hoffnung auf Heilung und Vergebung Richtung Süden nach Compostela (vgl. ebd., S. 56 f.). Zusätzlich hatten die Pilgernden auch das Ziel, die von den „Heiden" angegriffene religiöse Stätte zu schützen. Das einflussreiche Kloster von Cluny plante Pilgerrouten aus unterschiedlichen Orten in Europa, entlang dieser Routen wurde entsprechende Infrastruktur für die Pilgernden erbaut (vgl. ebd.). Der so entstehende Jakobsweg wurde immer mehr zu einem Zeichen des Kampfes gegen die muslimische Herrschaft, der Apostel Jakobus wurde immer öfter als Krieger dargestellt.

Heute hat sich die Bedeutung des Jakobswegs wieder verändert. Für Pilger:innen heute bedeutet der Weg ein spirituelles Erlebnis (vgl. Ruch 2021): eine Möglichkeit, zu sich selbst und zu Gott zu finden, aber auch, alleine zu sein, die Stille zu genießen und innezuhalten (vgl. Frutuoso 2023). Dieser Transformationsprozess zeigt, dass historisch konfliktbezogene Stätten zu konfliktfreien Begegnungszonen werden können. Mittlerweile gehen auch Muslim:innen den Jakobsweg (vgl. Böhling 2013).

1.2.3 Europa und das Osmanische Reich – eine pragmatische Wechselwirkung

Als vierter Berührungspunkt im zivilisatorischen Austausch zwischen dem Islam und Europa kann das Osmanische Reich genannt werden. Es handelt sich hier um ein islamisches Großreich in Europa, Asien und Nordafrika. Im 14. und 15. Jahrhundert gehörten schon Anatolien und weite Teile des Balkans und des Schwarzmeerraums zu diesem Reich. Die Eroberung Konstantinopels im Jahr 1453 markierte den Aufstieg des Osmanischen Reichs zu einer neuen Großmacht (vgl. Kreiser 2008, S. 24).

Die Berücksichtigung der gemeinsamen Geschichte Europas und des Osmanischen Reichs ist auch deshalb wichtig, weil heute viele Menschen türkischer Abstammung in Europa leben und in einigen europäischen Staaten, etwa in Deutschland und Österreich, die Mehrheit der Menschen muslimischen Glaubens stellen.

In der Zeit, als Europa seine Wiedergeburt (Renaissance) erlebte, war das Osmanische Reich eine starke Kraft, und der Austausch zwischen den zwei Mächten erfolgte in beide Richtungen, man kann hier also von einer Wechselwirkung sprechen. Das Verhältnis zwischen den beiden Machtzentren war pragmatisch und von Machtdemonstration geprägt. Neben Handel und diplomatischem Austausch gab es vor allem geopolitische und territoriale Machtverschiebungen.

Mit der Thronbesteigung *Süleymans des Prächtigen* begann eine breite Westexpansion (vgl. Faroqui 2021, S. 33), die das Osmanische Reich zu einem Akteur der europäischen Entwicklung und Politik machte. Er beeinflusste damit die Situation in Europa stärker als jeder andere muslimische Herrscher (vgl. Cardini 2000, S. 203). Bereits 1521 eroberten die Osmanen Belgrad, zwischen 1541 und 1547 wurde der Großteil Ungarns zur osmanischen Provinz (vgl. Faroqui 2021, S. 34). 1529 und 1683 belagerten die Osmanen Wien.

Jedoch war das Verhältnis zwischen Österreich und dem Osmanischen Reich nicht immer ein feindliches: Die beiden Reiche standen während des Ersten Weltkriegs auf der gleichen Seite als Teil der Mittelmächte (vgl. Brandt 2014, S. 648 f.). Dies zeigt die Vielschichtigkeit der Beziehungen, die nicht nur von Konflikten und Belagerungen, sondern auch von Frieden[9] und Bündnissen geprägt waren. Diese positiven Aspekte sollten wir auch heute nicht aus den Augen verlieren, denn eine Besinnung darauf kann als Basis für einen Einsatz für Frieden und gesellschaftliche Integration dienen.

Ein besonders reger Austausch erfolgte zwischen dem Osmanischen Reich und Osteuropa. Auch mit den westeuropäischen Großmächten wurden diplomatische und bilaterale Beziehungen geknüpft. Französische Botschafter kamen ab 1534 nach Istanbul, und englische Kaufleute waren gegen Ende des 16. Jahrhundert im osmanischen Gebiet wirtschaftlich aktiv (vgl. Faroqui 2021, S. 35).

Im 19. Jahrhundert verloren die Osmanen die Kontrolle über große Gebiete, es kam zur Ausbildung von National-

---

[9] 1699 wurde mit dem Friedensschluss von Karlowitz das Ende des Großen Türkenkrieges besiegelt (vgl. Molnár 2013, S. 197 ff.).
Die WELT. 2018. *Friedensvertrag markiert Niedergang des Osmanenreichs*. https://www.welt.de/geschichte/article172629502/Tuerken-und-Oesterreicher-schliessen-Frieden.html#:~:text=Friedensvertrag%20markiert%20Niedergang%20des%20Osmanenreichs&text=Der%20Friedensschluss%20von%20Karlowitz,schwer%20geschlagene%20Sultan%20Selim%20III. (letzter Zugriff 01. 12.2023).
Deutschlandfunk 2024. Friede von Karlowitz 1699: „Wendepunkt der europäischen Geschichte. https://www.deutschlandfunk.de/26-01-1699-mit-dem-frieden-von-karlowitz-endet-der-grosse-tuerkenkrieg-dlf-ba67409d-100.html Letzter Zugriff 18. Juni 2024.

staaten auf dem Balkan[10] und dem Ausgreifen der europäischen Kolonialmächte in den arabischen Provinzen (vgl. Faroqui 2021, S. 84 f.).

1.2.4 Das Erbe des Osmanischen Reichs in Europa heute

Das Osmanische Reich hatte insbesondere während seiner langen Herrschaft über Teile des Kontinents vielfältige zivilisatorische Auswirkungen auf Europa. Hier fand ein reger kultureller Austausch statt. Die Spuren dieser Wirkung haben die Geschichte des Osmanischen Reiches überdauert und sind teilweise bis heute lebendiger Bestandteil des europäischen Kulturlebens und Alltags. Das ist am sichtbarsten in Osteuropa und am Balkan, aber auch in Mittel- und Westeuropa finden wir einige Beispiele für osmanische Kulturgüter, die feste Bestandteile unseres Alltags und unserer Kultur geworden sind. Hierfür wird exemplarisch auf zwei Bereiche hingewiesen:

Architektur: Die osmanische Architektur beeinflusste die Gestaltung von Gebäuden in einigen europäischen Ländern. Ein Beispiel dafür sind Moscheen und Paläste mit ihren charakteristischen Kuppeln und Minaretten. An touristischen Wahrzeichen Wiens wie die Karlskirche oder das Schloss Belvedere sind die Auswirkungen sichtbar.[11] Der Architekt der Karlskirche nannte als eine seiner

---

[10] Diese gehören heute zu Europa und haben teils eine muslimische Bevölkerungsmehrheit.

[11] Weiterführende Informationen dazu: Faroqui, Suraiya. 2021. *Geschichte der osmanischen Reiches*. 8. Aufl. München: C.H.Beck;

Schmidt-Haberkamp, Barbara. 2011. *Europa und die Türkei im 18. Jahrhundert*. Göttingen: V&R unipress [u. a.].

Caravias, Claudius. 2008. *Die Moschee an der Wien*. 300 Jahre islamischer Einfluss in der Wiener Architektur. Eichgraben: Luna Verlag.

Inspirationsquellen die Süleyman-Moschee in Konstantinopel. Bei der Erbauung der Kirche im Jahr 1716 war die Belagerung Wiens durch die Türken allgemein noch im Gedächtnis, trotzdem wurde die optische Ähnlichkeit mit einer Moschee anscheinend nicht negativ gesehen (vgl. Caravias 2008).

Kaffee und kulinarische Traditionen: Die Verbreitung von Kaffee und osmanischen kulinarischen Traditionen wie dem Apfelstrudel hat die europäische Esskultur nachhaltig beeinflusst. Auch heute zeigt sich der Einfluss der türkischen Küche auf Österreich und ganz Europa etwa bei der Beliebtheit von Speisen wie Kebab und Baklava.

1.2.4.1 Unser Kaffee – der Wein des Islam und die Freiheit

Kaffeehäuser haben in Wien eine lange kulturhistorische Bedeutung. Hier wie auch in den meisten anderen europäischen Städten gehört Kaffee zu den täglichen Genussmitteln.

Der ursprünglich aus dem Jemen stammende Kaffee wurde ab Mitte des 16. Jahrhunderts auch in Ägypten sowie in Istanbul und Anatolien populär. Der Handel war auch sehr lukrativ. Im 17. Jahrhundert wurde der Kaffeegenuss mehrfach verboten (vgl. Faroqui 2021, S. 48 ff.). Man bezeichnet Kaffee auch als „muslimischen Wein" oder „Wein des Islam" (Islamische Zeitung 2020). So wurde er von den Muslim:innen bezeichnet, da der Wein im Islam verboten ist (Koran 5: 90–91) und Kaffee ihn ersetzte: Koffein statt Alkohol[12]. Die heutige Bezeichnung

---

[12] Der Kaffee wurde im 17. Jahrhundert zeitweise als Rauschmittel betrachtet und in einigen muslimischen Gebieten (z. B. Mekka) verboten; dieses Kaffeeverbot hielt nicht lange an und wurde vom osmanischen Sultan aufgehoben.

„Kaffee" geht auf das arabische Wort *qahwa^b* zurück (Pfeiler 1993). In der arabischen Literatur wurde dieser Begriff sowohl für Kaffee als auch für Wein gebraucht.[13] Übersetzt steht er für „das Anregende, Belebende".

Kaffeehäuser waren historisch mit Freiheit und freier Meinungsäußerung assoziiert – sie wurden also nicht nur zum Kaffeetrinken genutzt, sondern waren auch Orte, an denen über politische Themen diskutiert und durchaus auch Kritik am Sultan geübt wurde. Die Folge war eine immer stärkere Überwachung, die dazu führte, dass sich das Kerngebiet der Kaffeehäuser weiter nach Europa verlagerte. Im Jahr 1685 wurde das erste Kaffeehaus in Wien eröffnet (Wien Museum 2023).

1.2.4.2 Apfelstrudel – die Sterne am Himmel Wiens

„Ein Tag ohne Strudel ist wie eine Nacht ohne Sterne am Himmel", soll Kaiser Franz Joseph gesagt haben (Deutsche Welle 2016). Dass der Apfelstrudel ein Zeichen muslimischer kulinarischer Kultur ist, ist ebenso unbestritten wie die Tatsache, dass der Apfelstrudel heute ein Wahrzeichen der wienerischen Kaffeehauskultur und der österreichischen Esskultur ist. Ob er wie vermutet aus Arabien bis in die Türkei kam, wobei die Osmanen ihn schließlich bei ihren Feldzügen nach Österreich brachten oder ob er im Zuge der Türkenkriege über Ungarn nach Österreich gelangte – der Apfelstrudel wurde auf jeden Fall 1696 erstmals schriftlich erwähnt (vgl. Wien Geschichte Wiki 2019).

---

[13] Berühmtes Beispiel dafür in der arabischen Literatur: Al- Aşmaʿī, ʿAbd-al-Malik b. Quraib: Das Gedicht: *Ṣawut Ṣafir al-bulbuli*: https://www.aldiwan.net/poem26279.html Letzter Zugriff 25. August 2023).

Valentin Groebner schreibt in dem Band „Café Europa: Vorträge und Debatten zur Identität Europas" über die kulturelle Inklusion von Elementen, die unter anderem aus dem osmanischen Reich stammen und die kulinarische Kultur Europas heute noch prägen. Der Titel des Beitrags „Europas Grenzen? Über Seife, Apfelstrudel, Cafés, Zigaretten und historische Ressourcen" (vgl. Hohmann & Monnet 2021) verrät bereits einige der Produkte, die dazu zählen.

Auch das Croissant könnte ein Ergebnis der Interaktion zwischen dem Osmanischen Reich und Europa sein. Der Legende nach wurde dieses Gebäck nach der zweiten Türkenbelagerung im Jahr 1683 erfunden. Als die türkischen Angreifer frühmorgens einen Tunnel unter der Stadtmauer gruben, bemerkte dies ein Wiener Bäcker, der bereits wach war, und schlug Alarm. Zur Feier des Sieges wurde ein Gebäck in der Form des türkischen Halbmondes erfunden (vgl. Heimannsberg 1997, S. 21 f.).

1.2.4.3 Vielvölker-Sultanat: Toleranz und Nebeneinander der Religionen

Toleranz und das Zusammenleben von verschiedenen Religionsgemeinschaften und Völkern wird als ein positives Merkmal des Osmanischen Reich gesehen. Das Osmanische Reich hat auch Schutz für in Europa verfolgte Religionsgemeinschaften geleistet (vgl. Ekinci 2017).

Im Osmanischen Reich lebten vor allem ab dem späten 16. Jahrhundert Religionsgruppen, die als nichtmuslimische Minderheiten galten. Die Autonomie der Religionsgemeinschaften, die freie Gestaltung und Verwaltung ihrer eigenen Angelegenheiten und die grundsätzliche freie Religionsausübung waren überwiegend gewährleistet (vgl. Maier 2002).

Die Griechisch-Orthodoxen stellten den größten Teil dieser religiösen Minderheiten im Reich. Katholische „Untertanen" lebten vor allem in Bosnien und Ungarn, evangelische Calvinisten gab es nur in Ungarn und im heutigen Rumänien. Die jüdische Gemeinschaft nahm eine Sonderstellung ein, da es sich vor allem um Einwanderer aus Spanien und Portugal, aber nicht selten auch aus Italien handelte, die im Osmanischen Reich Schutz und Heimat fanden. Das unterscheidet sie von anderen etablierten Gemeinschaften, die historische Wurzeln in den jeweiligen Regionen haben (vgl. Faroqui 2021, S. 46).

Das Millet-System des Osmanischen Reiches, das unter der Verantwortung von Bischöfen, Priestern und Rabbinern das umfassende Alltagsleben der jeweiligen Religionsgruppe regeln sollte, wird vor dem Hintergrund der damaligen Verhältnisse heute gelobt und soll in manchen Integrationskonzepten als Vorbild dienen (vgl. Zaffi 2006, S. 132 ff.). Garant der Religionsfreiheit nach aktuellen Standards sind heute aber das internationale Völkerrecht und der demokratische Rechtsstaat.

1.3 Historische Bilder der Toleranz

Eindrucksvolle Beispiele für die Begegnung zwischen Islam und Europa sind für ihre Toleranz bekannte historische Persönlichkeiten wie Saladin, Franz von Assisi und Friedrich II. Diese Vorbilder dienen als Wegbereiter für den Dialog und die Verständigung zwischen Islam und Europa. Mit wechselnden Machtpositionen wird gezeigt, wie Toleranz gelebt wurde und auch wie religiöse Menschen Toleranz verkörpern können – inmitten von Kriegen und Auseinandersetzungen. Die Begegnungen werden in diesem Kapitel mit Blick auf Gegenwart und Zukunft skizziert.

1.3.1 Saladin – Symbol der Toleranz

Als ein Symbol der islamischen Toleranz in der Zeit des Mittelalters gilt Sultan Saladin (vgl. Cardini 2000, S. 142). Er galt als Förderer von Wissenschaft und Kunst – unabhängig von der Religion der Forschenden und Kunstschaffenden (vgl. Schweizer 2016, S. 97). Sein Leibarzt war der bekannte jüdische Mediziner Maimonides (vgl. Cardini 2000, S. 153).

Nachdem Saladin Jerusalem wieder unter seine Herrschaft gebracht und über die Kreuzritter gesiegt hatte, nahm er keine Rache an dem christlichen Heer und ließ die Soldaten mit wenigen Ausnahmen unbeschadet gehen (vgl. Schweizer 2016, S. 98). Zudem ließ er jene Christ:innen, die sich der islamischen Herrschaft unterordneten und als *Dhimmi* leben wollten, weiter in seinem Territorium bleiben und dort unbehelligt ihr Leben führen (vgl. ebd., S. 99).

Diese Toleranz stand in klarem Gegensatz zu dem Verhalten der Kreuzritter, die, als sie Jerusalem erobert hatten, Andersgläubige in großem Stil getötet hatten (vgl. Schweizer 2016, S. 98 f.). Sie waren der Ansicht, dass nur Christ:innen ein Recht darauf hatten, im „Heiligen Land" zu leben.

Saladin machte durch seinen Umgang mit den geschlagenen Kreuzrittern deutlich, dass er die Christ:innen nicht aufgrund von religiösem Hass bekämpfte, sondern seine Beweggründe rein politischer Art waren: Er kämpfte gegen die christliche Eroberung von islamischem Gebiet, nicht gegen die Christ:innen an sich (vgl. ebd., S. 99).

Saladins Toleranz und Großzügigkeit wurden schon bald zu einem Mythos, der in der christlichen Literatur weiterverbreitet wurde (vgl. Hillenbrand 2022, S. 149). Sein Umgang mit Andersgläubigen war zwar deutlich friedlicher als jener der Kreuzritter, trotzdem entspricht sein Verhalten nicht dem, was wir heute unter Toleranz verstehen: Saladin war überzeugt, dass der Islam allen anderen Religionen überlegen war (vgl. Schweizer 2016, S. 100 f.). Christ:innen und Jüd:innen durften zwar in seinem Reich leben, waren aber nicht gleichberechtigt mit den Muslim:innen (vgl. ebd., S. 101).

1.3.2 Friedrich II

Auch auf christlicher Seite gibt es einen Herrscher, der deutlich toleranter und offener war als die anderen: Friedrich II., der unter anderem über Sizilien herrschte, wo er sich auch aufhielt. Die Insel war lange unter muslimischer Herrschaft gewesen und die Eroberer erkannten, dass die muslimische Zivilisation ihrer eigenen überlegen war (wie in Abschn. 1.2.1 dargelegt). Das war womöglich ein Grund dafür, dass Friedrich II. diese so sehr schätzte. Er stand in Austausch mit christlichen, muslimischen und jüdischen Gelehrten. Sein Umgang mit anderen Religionen wurde jedoch von der Führung der katholischen Kirche nicht toleriert, er wurde von päpstlicher Seite als „Antichrist" bezeichnet (vgl. Schweizer 2016, S. 119 f.).

1.3.3 Franz von Assisi und Sultan al-Kamil

Zu einem friedlichen Austausch zwischen Islam und Christentum kam es auch bei der Begegnung zwischen Franz von Assisi und dem ayyubidischen Sultan al-Kamil (c.1177–1238). Als der Mönch in Syrien und Ägypten unterwegs war und mit dem Sultan zusammentraf, wurde er von diesem eingeladen und beschenkt (vgl. Cardini 2000, S. 161). Diese Begegnung, die als der bekannteste interreligiöse Dialog des Mittelalters gilt, fand vor der belagerten

Hafenstadt Damiette in Ägypten während der Kreuzzüge statt (Riedl 2012, S. 224).

Der Sultan wollte das spätere Blutvergießen und die Brutalität der Kreuzfahrer verhindern und machte mehrere Friedensangebote, die von den Kreuzrittern abgelehnt wurden. Offenbar versuchte er, über den Geistlichen die interreligiöse Begegnung als Weg zum Frieden vorzuschlagen und fand in Franz von Assisi einen authentischen und verlässlichen Dialogpartner. Auch Franz von Assisi, der das Heer des Kreuzzugs begleitete, war es augenscheinlich ein Anliegen, sich in das „feindliche" Lager zu begeben und einen Schritt für den Frieden zu tun (vgl. Feld 1994, S. 297). Franz von Assisi verfasste nach der Begegnung die sogenannte „Regula non bullata", die zu einem friedlicheren Zusammenleben zwischen Christ:innen und Muslim:innen aufruft. Diese Regel besagt, dass es die Aufgabe von Christ:innen sei, unter „Ungläubigen" „weder Zank noch Streit [zu] beginnen", sondern nur zu ihrem Glauben zu stehen (ebd.). Diese Regel widerspricht damit der Ideologie der Kreuzzüge, bei denen gewaltsam gegen Nicht-Christ:innen vorgegangen wurde. Zudem sah Franz von Assisi die Muslim:innen als „Teil der göttlichen Vorsehung" (ebd., S. 163) und als Brüder der Christ:innen. Trotz seiner ablehnenden Haltung gegenüber den Kreuzzügen unternahm Franz von Assisi jedoch nichts, um diese zu verhindern, denn das hätte als ein Verstoß gegen die Pflicht, sich dem Papst unterzuordnen, gegolten (vgl. ebd., S. 162). Obwohl das Zusammentreffen zwischen Franz von Assisi und Sultan al-Kamil zur damaligen Zeit nicht von allzu großer Bedeutung war, entstand um die Geschehnisse im Laufe der Zeit eine Legende und Franz von Assisi gilt heute als Vorbild im interreligiösen Dialog und in der Friedensarbeit (vgl. Heyden 2018, S. 185 f.). Ein Zeichen dafür, dass das Thema bis heute aktuell ist und inspirierend wirkt, ist, dass es in dem Emmy-nominierten Film „The Sultan and the Saint" verarbeitet wurde.

Franz von Assisi (1182–1226) wird heute in der römisch-katholischen Kirche als Heiliger verehrt. Der jetzige Papst lässt sich von ihm inspirieren und hat sich daher auch für seinen Namen entschieden: Franziskus. Die Ordensgemeinschaft der Franziskaner und viele mystische Ausrichtungen innerhalb der katholischen Kirche orientieren sich an Franz von Assisi, der sich für die Armen einsetzte und um Frieden bemühte.

Die Sufis und Franziskus haben viele Gemeinsamkeiten
Ägypten war damals ein Zentrum des aufblühenden Sufismus. Viele der muslimischen Mystiker bekleideten sich – ähnlich wie Franziskus – nur mit einem schlichten Wollstoff, lebten asketisch und strebten nach religiöser Ekstase. Der Sufismus, so die Mehrheit der muslimischen Gelehrten, kommt vom arabischen Wort ṣūf (dt. Wollstoff), das das Wollgewand der Asketen bezeichnet (vgl. Schimmel 2014, S. 17). Franziskus und Sultan Al-Kamil teilten also offenkundig die Leidenschaft für die Spiritualität der Mystik. Auf dieser Basis konnte sich alles Weitere ganz natürlich entwickeln, meint der ägyptische Franziskaner Vincenzo Mansour aus Damiette. Er beschreibt, dass es im Mittelalter an den Höfen im muslimischen Orient üblich war, Diskussionen mit Vertretern anderer Religionen zu halten. „Das war normal. Zudem respektiert der Koran Mönche, deren Lebensstil an Sufis, an Derwische erinnert." (Mühlstedt 2019). Daher ist es für ihn plausibel, dass der Sultan in einem fremden Prediger wie Franz von Assisi einen Mystiker erkannte und ihn zu einem Austausch einlud (vgl. ebd.).

Die Wirkung der muslimischen Spiritualität auf Franziskus erkennt man an einem der beiden von dem Mönch handschriftlich verfassten Dokumente. Darin findet man unter anderem ein Gebet, dessen Wortlaut an muslimische Lobpreisungen erinnert. Zudem hat Franz von Assisi viele der 99 Namen Allahs, die von Muslim:innen und insbesondere von den Sufis häufig als Lobgebet gesprochen werden, aufgeschrieben (vgl. ebd.).

Das Treffen zwischen dem Sultan und Franziskus im aktuellen Kontext gelesen
Der Kurator des Heiligen Landes betont gegenüber Radio Vatikan, dass das Treffen zwischen dem Sultan und Franziskus gerade deshalb so viel bedeutet, weil es, damals wie heute, Stimmen gibt, die einen Kampf der Kulturen heraufbeschwören. Die Begegnung demonstriert hingegen, dass es möglich ist, einander auf brüderliche Weise zu begegnen. Der Kurator sieht Parallelen zwischen Franz von Assisi und Papst Franziskus, der uns heute auf ähnliche Art und Weise dieses Modell der Begegnung und des Dialogs vor Augen führt (vgl. Weltkirche 2019).

Ähnlich sieht das Erzbischof Pierbattista Pizzaballa, der lateinische Patriarch von Jerusalem, in einem Gespräch mit Radio Vatikan:

> „Um neue Initiativen einzuführen, ist es heutzutage auch von Bedeutung, auf Bilder und historische Bezugspunkte zurückzugreifen, um ihnen Inhalt und Kontext zu geben. Das Bild von Franziskus und dem Sultan ist heute wichtig, um den Dialog zwischen der Kirche, der christlichen Welt und der islamischen Welt wieder in Gang zu bringen, der immer sehr gelitten hat und heute wichtiger denn je ist." (Seuss und Protz 2019).

Erzbischof Pierbattista Pizzaballa hebt hervor, dass interreligiöser Austausch besonders heute, in der Zeit von „Emigrationsbewegungen, große[n] weltpolitische[n] Veränderungen und sozialen Problemen" (ebd.) von hoher

Bedeutung sei. Dabei sollen jedoch nicht nur ökonomische und politische Aspekte, sondern insbesondere auch Religion und Kultur thematisiert werden. In der Tradition dieses Austausches besucht Papst Franziskus im selben Jahr Abu Dhabi (vgl. ebd.).

In der islamischen Welt, in Demitta, dem Ort der Begegnung zwischen dem Sultan und dem Heiligen, feierten muslimische Theologen der al-Azhar und Franziskaner am 01. März 2019 800 Jahre Begegnung zwischen al-Kamil und Franziskus von Assisi (vgl. Saad 2019).

Die Bemühungen des Papst Franziskus

Die interreligiösen Bemühungen von Papst Franziskus sind von Offenheit und Bescheidenheit geprägt. Dies wird etwa dadurch deutlich, dass er das historische Dokument „Die Geschwisterlichkeit aller Menschen. Für ein friedliches Zusammenleben in der Welt" gemeinsam mit dem Großimam von Al-Azhar, Prof. Ahmad Al-Tayyeb, am 4. Februar 2019 während seiner Reise nach Abu Dhabi unterzeichnete (Papst Franziskus und Al-Tayyeb 2019). Anschließend verfasste er die Enzyklika *Fratelli Tutti* (Alle Geschwister) über die „Geschwisterlichkeit und die soziale Freundschaft" (Papst Franziskus 2020). Hier erkennt man deutliche Parallelen zu Franz von Assisis Einstellungen. Das Dokument *Fratelli tutti* wurde am 3. Oktober 2020 beim Grab des heiligen Franz von Assisi unterzeichnet und in alle Kirchen weltweit verbreitet (vgl. Galgano und De Carolis 2020). Außerdem rief Papst Franziskus zum „Tag der Geschwisterlichkeit" auf (vgl. Vatican News 2021).

Sein Ideal der Bescheidenheit verdeutlicht Papst Franziskus etwa dadurch, dass er nicht nur in luxuriösen Veranstaltungsräumen, sondern genauso auch in staubigen Gassen etwa in der südirakischen Stadt Nadschaf, wohin sich der schiitische Großajatollah Ali al-Sistani zurückgezogen hat (vgl. Pongratz 2021), den Dialog sucht. Im

Zuge der Begegnung meldete der Papst sich mit folgenden lehrreichen Worten: „Man hat erneut verstanden und gesehen, wie wichtig es ist, zusammenzuarbeiten. Und zwar in einem Geist der Geschwisterlichkeit, um die Welt besser zu machen" (ebd.).

Das Beispiel von Papst Franziskus verdeutlicht, dass Toleranz und Geschwisterlichkeit auch in der heutigen Zeit die Basis für den Austausch zwischen den Religionen bilden können. Beispielhafte Persönlichkeiten wie Saladin oder Franz von Assisi können bis heute Vorbilder sein, auch wenn wir in der heutigen Zeit Toleranz und friedliches Zusammenleben natürlich noch weiter tragen müssen.

1.4 Der Koran blickt solidarisch nach Europa – Die Sure al-Rum

Mit al-Rum, nach denen die Sure benannt ist, sind „die Römer" – die christlichen Byzantiner – gemeint, die auf Griechisch *rhomaioi* heißen (vgl. Bobzin 2017, S. 712).

Die Koranexegeten sprechen von den großen Auseinandersetzungen zwischen Römern und Persern in den Jahren 614 als Offenbarungsanlass (vgl. Ibn Ašūr 2008, S. 40). Historiker:innen sehen in diesem Krieg den „letzten Weltkrieg der Antike"; er war in der Wahrnehmung der christlichen Zeitgenossen katastrophal (vgl. Preiser-Kapeller 2014). Das beschreibt der Byzantinist und Globalhistoriker Johannes Preiser-Kapeller aus dem Institut für Mittelalterforschung der ÖAW (Österreichischen Akademie der Wissenschaften). Seiner Einschätzung nach ermöglichte dieser Krieg den Aufstieg des Islam zur Weltmacht; die unter dem Banner des Islam vereinten Araber sieht er als „die wahren Sieger dieses Krieges". Denn weite Gebiete der beiden benachbarten Großmächte waren verwüstet, die Ressourcen durch den langen Krieg erschöpft. Der

Islam sieht sich in Bezug auf diesen Krieg in Solidarität mit den christlichen Römern und ersehnt deren Sieg nach der schweren Niederlage (vgl. Preiser-Kapeller 2014).

Die polytheistischen Mekkaner jubelten und begrüßten den Sieg der Perser und die Niederlage der Römer als Zeichen des Scheiterns und der Niederlage des Monotheismus, an den Muhammad glaubte und für den er sich stark einsetzte. Den Koranexegeten zufolge soll Muhammad sofort gesagt haben, dass die Römer in einigen Jahren wieder siegen würden, und der Koran bestätigte diese Grundeinstellung. Vor diesem Hintergrund und in der Frühzeit des Islam in Mekka sahen sich die Muslim:innen auf der Seite Europas und mit dessen Schicksal verbunden. Das sei als Gottes Versprechen im Koran formuliert.[14]

Der Koran berichtet hierzu von einer „unzweideutigen Voraussage von Ereignissen, die zur Zeit ihrer Offenbarung noch im Nebel der Zukunft verhüllt waren" (Asad 2009, S. 771) und stellt sich unmissverständlich auf die Seite des christlichen Europas.

Die obigen Ausführungen können als ein Streifzug durch die Geschichte des Islam und Europas abseits der Klischees und vorherrschenden Meinungen verstanden werden. Bewusst wurden hier positive Beispiele des kulturellen Austausches, der Toleranz und des friedlichen Zusammenlebens ausgewählt. Natürlich ist nicht zu bestreiten, dass es in der Geschichte des Islam und Europas zu Konflikten und Gewalt gekommen ist – wichtig ist jedoch, nicht außer Acht zu lassen, dass positive Interaktionen Teil der Geschichte sind und dass viele der verbreiteten Vorstellungen über den Islam und seine Geschichte nicht zutreffend sind.

---

[14] „Die Verheißung Gottes! Gott bricht seine Verheißung nicht. Doch die meisten Menschen haben kein Wissen." (Koran 30:6)

Das Wissen über die Geschichte des Islam und Europas und besonders über deren positive Aspekte bildet die Grundlage für ein Verständnis der heutigen Situation und kann damit auch die Basis für ein friedliches Miteinander in Gegenwart und Zukunft schaffen.

1.5 Muslimische Präsenz im europäischen Haus

Immer wieder wird Europa metaphorisch als Haus bezeichnet. Dieser Vergleich soll deutlich machen, dass die einzelnen Staaten eine große Einheit bilden. Das metaphorische Haus verfügt über ein gemeinsames Fundament, hat aber viele verschiedene Räume. Somit vereint es, wie Schmid treffend beschreibt, „Vielfalt und Einheit" (Schmid 2012, S. 16).

Die Haus-Metapher wird traditionell auch im Islam verwendet: Hier wird zwischen dem *Dāral-Islam*, dem „Haus des Islam" – also Gebieten, in denen das islamische Recht gilt – und dem *Dār al-Ḥarb*, dem „Haus des Krieges" – also jenen Staaten, in die sich der Islam noch ausbreiten sollte – unterschieden. In extremistischen Kreisen herrscht die Überzeugung vor, dass es den religiösen Geboten widerspricht, in einem nicht-muslimischen Land zu leben. Daher wird das Auswandern in ein mehrheitlich muslimisches Gebiet, also ins „Haus des Islams" als notwendig angesehen. Zu solchen Auswanderungen kam und kommt es bis heute besonders bei Menschen, die neu zum Islam konvertiert sind oder deren religiöse Überzeugung sich deutlich verstärkt hat. Allerdings kehren die meisten Ausgewanderten wieder nach Europa zurück, da sie vom

Leben in den Zielländern enttäuscht sind.[15] Es gab auch Fälle, zumeist von Jugendlichen, welche aus Europa in den Krieg für den sogenannten Islamischen Staat nach Syrien oder in den Irak zogen. Dabei erfolgte die Radikalisierung meist im Internet (vgl. Sold 2020).

Die Gegenüberstellung von „Haus des Islam" und „Haus des Krieges" kommt jedoch im Koran nicht vor. Ganz im Gegenteil hebt der Koran hervor, dass Gott überall ist, wo jemand nach dem rechten Weg sucht.[16] Diese Meinung wird heute auch von der Mehrheit der muslimischen Gelehrten vertreten. Das liegt zum einen daran, dass der mit der Haus-Metapher verbundene „Eroberungsgedanke", der Plan, letztendlich alle Gebiete der Welt in das Haus des Islam einzugliedern, problematisch ist (vgl. Schmid 2012, S. 18). Zum anderen ist die räumliche Metapher durch die heute übliche Vernetzung durch das Internet nicht mehr zeitgemäß. Als mögliche Lösung dieser Problematik wird der Begriff „Haus der Begegnung" (ebd.) vorgeschlagen. Damit wird das Zusammenleben von Muslim:innen und Nicht-Muslim:innen, wie es für Angehörige der muslimischen Diaspora heute alltäglich ist, beschrieben.

Für beide Haus-Metaphern – das europäische Haus und das Haus des Islam – stellt sich nun die Frage der Definition: Was genau ist das sprichwörtliche Fundament des europäischen Hauses? Während schon die geographische Abgrenzung Europas schwierig ist, ist die Festlegung gemeinsamer kultureller und ethischer Werte noch problematischer. Darauf, welche Werte heute als „europäisch"

---

[15] Dem Autor sind viele solcher Erfahrungen bekannt.

[16] Das belegen folgende Zitate aus dem Koran: „Gottes ist der Osten und der Westen: Wohin ihr euch auch wendet, dort ist Gottes Angesicht. Siehe, Gott ist umfassend, wissend." (Koran 2:115) sowie „Sprich: «Gottes ist der Osten und der Westen. Er leitet, wen er will, auf einen geraden Weg.»" (Koran 2:142).

gelten, wird in Kap. 4 näher eingegangen. Auch über die Definition des Islam herrscht Uneinigkeit: Der Begriff wird kulturell, ethisch, ideologisch und politisch unterschiedlich gedeutet.

1.5.1 Muslim:innen als Individuen und Gemeinschaften in Europa heute

Ein Denkfehler, der nur zu Fehlschlüssen und Halblösungen führt, ist die Betrachtung von Muslim:innen als homogene Gruppe. Jenseits kultureller und geographischer Hintergründe lässt sich die muslimische Existenz in Europa in vier Gruppen einteilen, die nicht zwangsläufig mit Migration und Flucht zu tun haben:

1. Autochthone muslimische Europäer:innen in Osteuropa bzw. am Balkan.[17]
2. Konvertierte Europäer:innen (in einigen europäischen Ländern z. B. der Schweiz ist der Anstieg der Zahl der Konvertit:innen zum Islam höher als der Anstieg der Zahl der Immigrant:innen. (Allenbach und Sökefeld 2010, 15 ff.)[18]

---

[17] Enes Karić spricht im Kontext von Bosnien und Herzegowina vom „Bodenständigen Islam in Europa" (Karić 2023); Weiterführende Literatur zu Muslim:innen am Balkan: Catanzaro, Christl und Oechseln, Rainer (Hrsg). 2023. *Bodenständiger Islam*: Theologische Beiträge aus Bosnien. Berlin / Tübingen: Schiler & Mücke.

[18] Möglicherweise sind die Zahlen aufgrund von Fluchtbewegungen nach Europa und andere Faktoren in Bezug auf die gesamte muslimische Bevölkerung in der Schweiz mittlerweile anders. Aktuelle und zuverlässige Daten zu der genauen Zahl der autochthonen Schweizer:innen muslimischen Glaubens waren dem Autor nicht zugänglich. Die Zahlen des Schweizer Bundesamtes für Statistik beziehen sich auf Personen, die die Schweizer Staatsbürgerschaft – auch durch Erwerb – besitzen und kann keine Aussage über die konvertierten Personen liefern (vgl. Bundesamt für Statistik 2024). Es ist aber wichtig, alle Kategorien von Muslim:innen in Europa wahrzunehmen und zu berücksichtigen.

3. Menschen mit Migrations- und Fluchterfahrung.[19]
4. Menschen mit Migrationshintergrund, die in Europa geboren und aufgewachsen sind.

Die aktuelle Situation des Islam in Europa kann man mit der von heranwachsenden Töchtern und Söhnen vergleichen: So wie sich Kinder eines Tages vom Elternhaus lösen und ihren eigenen Weg gehen, sollte sich auch der europäische Islam von den muslimischen Staaten lösen und seine Zukunft selbstbestimmt gestalten.

Europa hat das Thema Islam bis vor kurzem vernachlässigt. Der Islam wurde in den meisten Ländern Europas als ausländische Angelegenheit betrachtet und die Organisation den Herkunftsländern der zugewanderten Muslim:innen überlassen. Im Gegensatz zu anderen europäischen Staaten wurde der Islam in Österreich seit der Novellierung des Islamgesetzes im Jahr 2015 streng reglementiert, die muslimische Gemeinschaft hatte hier folglich nur sehr eingeschränkte Möglichkeiten, selbstbestimmte Entscheidungen zu treffen.[20]

Um nun den Vergleich wieder aufzunehmen: Für die Entwicklung eines Kindes wäre es nicht optimal, es zu vernachlässigen, seine Erziehung jemandem anderen zu überlassen oder es zu sehr zu behüten und damit einzuschränken. Genauso sind auch alle drei bisher in Europa üblichen Umgangsformen – das Ignorieren, das Über-

---

[19] Die Zusammenfassung von Menschen mit Migrations- und Fluchterfahrung zu einer Gruppe macht in diesem Kontext insofern Sinn, als dadurch die Unterscheidung zu Muslim:innen ohne Migrationsgeschichte ersichtlich wird. Selbstverständlich ist jedoch zu beachten, dass sich die Freiwilligkeit oder Unfreiwilligkeit der Migration auf Lebenssituation und Einstellungen der Menschen auswirken kann.
[20] Nähere Informationen zur Situation in Österreich sind im Abschn. 2.3 zu finden.

tragen der Entscheidungen an die Herkunftsländer und das zu strenge Reglementieren – aus wissenschaftlicher Perspektive schwerwiegende Fehler und können fatale Folgen sowohl für die Individuen als auch für die gesamte Gesellschaft haben.

Dass sich die EU mittlerweile bewusst geworden ist, dass die Frage nach dem Zusammenleben mit Muslim:innen in Europa durchaus wichtig ist, kann man etwa daran erkennen, dass in jüngerer Vergangenheit einige Studien zu diesem Thema in Auftrag gegeben wurden. In einer Erhebung aus dem Jahr 2007 wird beschrieben, dass sich der Islam „von einer Religion von Einwanderern zu einer Religion entwickelt, die rechtmäßiger Bestandteil der europäischen Wirklichkeit ist." (Dassetto u. a. 2007, S. 4). Damit ist gemeint, dass der Islam nicht mehr nur als der Glauben einer gewissen Bevölkerungsgruppe – nämlich muslimischer Migrant:innen – betrachtet werden kann, sondern mittlerweile eine anerkannte Religionsgemeinschaft ist, der neben neu zugewanderten Personen auch viele in Europa geborene und aufgewachsene Menschen angehören und die Rechte und Pflichten in Europa hat. Dem Islam als Religionsgemeinschaft soll es ermöglicht werden, das „Europäische Modell der Beziehungen zwischen Staaten und Religion" (ebd.) anzunehmen. Die Grundsätze dieses Modells sind „Religionsfreiheit, Autonomie der Religionsgemeinschaften und Zusammenarbeit zwischen Staat und Religionsgemeinschaften" (ebd.). Um dies zu erreichen, müssen sich Muslim:innen jedoch organisieren und benötigen eine rechtmäßige Vertretung, die sie vor dem Staat repräsentiert. Indem dem Islam in Europa der rechtliche Status einer Religionsgemeinschaft eingeräumt wird, können auch Fragen über religiöse Recht von Muslim:innen (z. B. in Bezug auf das Errichten von Gebetshäusern) nach dem Vorbild der Richtlinien für andere Religionsgemeinschaften geregelt werden. Zudem wird in der Studie vorgeschlagen, das Studium der Islamwissenschaften an mehr Universitäten anzubieten. Damit soll erreicht werden, dass sich europäische Muslim:innen fundiertes Wissen über ihre Religion aneignen und auf dieser Basis die Zukunft ihrer Religion mitbestimmen können. Im Jahr 2016 wurden die Ergebnisse einer Studie unter dem Titel „Wie ‚islamisch' ist Europa? – Muslimische Perspektiven auf die Vereinbarkeit islamischer Normen mit dem Leben in westlichen Gesellschaften" (Albrecht 2016) veröffentlicht. Diese zeigt mögliche Perspektiven für den Islam in Europa auf und kommt zur Erkenntnis, dass – auch der Meinung der meisten islamischen Gelehrten nach – ein friedliches Zusammenleben von Muslim:innen und Nicht-Muslim:innen in Europa durchaus möglich ist.

Dabei darf diese friedliche Koexistenz jedoch nicht nur auf die Individuen beschränkt werden. So ist der Islam als Religion – inklusive organisierter Vereine, Events, Gebetshäuser und dem islamischen Religionsunterricht – und nicht nur die Muslim:innen als einzelne Menschen ein Teil Europas geworden (Schmid 2012, S. 13 f.). Von religiösen Funktionären wie auch von der Wissenschaft werden Definitionen des Islam vorgegeben (ebd.) – es ist jedoch an der Zeit, dass europäische Muslim:innen selbst Konzepte, Visionen und Ansätze für die Zukunft entwickeln.

Die Basis für ein friedliches Zusammenleben bildet Wissen. Nur wenn sich immer mehr Menschen für die Religion des jeweils anderen interessieren und über deren Beschaffenheit, Regeln und Werte lernen, wird es möglich sein, all die Missverständnisse und Vorurteile, die im Laufe der Zeit entstanden sind, endlich aufzuklären und aufzuheben (vgl. Schweizer 2016, S. 30).

1.5.2 Zeitgenössische Entwicklung

In der jüngeren Geschichte sind die meisten Muslim:innen im Zuge der Gastarbeiterbewegung ab 1955 nach Europa gekommen. Die meisten Gastarbeiter:innen[21] sind in Europa geblieben, haben ihre Familien zu sich geholt und sich ihre Existenz in den unterschiedlichen europäischen Staaten aufgebaut. Obwohl viele noch enge Beziehungen zu ihren Herkunftsländern pflegten und pflegen, haben sie doch ihren Lebensmittelpunkt nach Europa verlagert.

Mittlerweile gibt es in Europa muslimische Familien, die schon seit drei oder vier Generationen hier leben. Dadurch ist der Islam nicht mehr als ein migrationsgebundenes Phänomen zu betrachten, sondern er ist zur gesellschaftlichen Normalität geworden. Viele der seit mehreren Generationen in Europa lebenden Muslim:innen haben auch nur noch eingeschränkte Verbindungen zu ihren Herkunftsländern und identifizieren sich selbst als Europäer:innen (vgl. Sahin 2017, S. 1). Im Gegensatz zu den Gastarbeiter:innen und ihren Nachfahren sind jene Muslim:innen, die im Zuge der Fluchtbewegungen ab 2015 nach Europa gekommen sind, noch weniger stark in Europa verankert. Zusätzlich zu diesen beiden Gruppen sind auch noch die bereits erwähnten autochthonen europäischen Muslim:innen sowie die zum Islam konvertierte Europäer:innen zu beachten, die selbstverständlich ihren Lebensmittelpunkt in Europa haben.

Das zeigt, wie divers die muslimische Bevölkerung Europas heute ist: Die Muslim:innen kommen aus unterschiedlichen Staaten, gehören unterschiedlichen musli-

---

[21] Dabei handelt es sich um Arbeitsmigrant:innen, die ab dem Jahre 1955 freiwillig nach Zentraleuropa kamen (vgl. Schiller 1997).

mischen Rechtsschulen an und sind aus verschiedensten Gründen nach Europa eingewandert. Diese Diversität ist unbedingt zu beachten, wenn an Konzepten für ein friedliches Miteinander gearbeitet wird.

2

Modelle des Zusammenlebens – auf der Suche nach einem zukunftsfähigen Islam

Im ersten Abschnitt dieser Arbeit wurde die gemeinsame Geschichte des Islam und Europas beleuchtet. Diese Geschichte ist von Begegnungen, Faszinationen und zivilisatorischem Austausch geprägt, nicht nur von Konflikten und Kriegen. Eine Besinnung auf die positiven Aspekte der Geschichte des Islam und Europas und die Beispiele von interreligiöser Toleranz, die im ersten Kapitel genannt wurden, können einen Grundstein für ein friedliches Miteinander in der Zukunft Europas legen.

In den folgenden Abschnitten werden die aktuellen Herausforderungen des Zusammenlebens mit Muslim:innen in Europa diskutiert. Es wird dargelegt, welche Modelle und Visionen es gibt, um einen zeitgemäßen und pluralitätsfähigen Islam zu gestalten und wie eine Gemeinschaft aller in Europa lebenden Menschen, die auf Anerkennung und Wertschätzung beruht, möglich ist.

Zunächst werden einige Modelle, die in den letzten Jahren und Jahrzehnten für den Islam in Europa entworfen wurden, vorgestellt und kritisch diskutiert.

2.1 Der Euro-Islam

Das Konzept Euro-Islam hat die Debatte um die Zukunft des Islam in Europa in den letzten 20 Jahren geprägt und gewann große mediale und politische Aufmerksamkeit.

Dieses Konzept wurde in den 1990er-Jahren von dem ursprünglich aus Syrien stammenden Politikwissenschafter Bassam Tibi entwickelt (vgl. Gerlach 2016, S. 10). Tibi kam in den 1960er-Jahren als Student nach Deutschland und lebt seither dort (vgl. Röther 2016). Er forschte und unterrichtete an unterschiedlichen Universitäten in und außerhalb von Europa und veröffentlichte zahlreiche Werke. Seine Sicht auf den Islam wurde vielfach kritisiert, auch in Deutschland fanden Tibis Ideen nur wenige Unterstützer:innen (vgl. ebd.). Bassam Tibi bezeichnet sich selbst als „Schöpfer der Begriffe ‚Euro-Islam' und ‚Leitkultur'" (vgl. Tibi 2020, S. 11).[1]

Tibi vertritt die Ansicht, eine islamische „Völkerwanderung" (ebd., S. 12) nach Europa sei eine „soziale Tatsache" (ebd.). Für den richtigen Umgang mit diesem Phänomen braucht es seiner Meinung nach eine „Policy" – und diese lautet: Muslim:innen in Europa sollen sein Konzept des Euro-Islam leben und sich dabei an der europäischen Leitkultur orientieren.

---

[1] Bei dem 2020 veröffentlichten Werk *Euro-Islam statt Islamismus. Ein Integrationskonzept* handelt es sich um eine Neuauflage des ursprünglich 2009 unter dem Titel *Euro-Islam* erschienen Buches. Im Vorwort geht Tibi bewusst auf die Kritik an seinen Ideen ein und macht deutlich, dass er trotzdem an diesen festhält.

Tibi sieht den Glauben an Gott als Grundlage des Islam und damit auch des Euro-Islam. Doch in seiner Wertvorstellung soll die Vernunft Vorrang vor dem Glauben haben (vgl. Sahin 2017, S. 194).[2]

Alle Zugewanderten sollten sich eine Leitkultur aneignen – diese sei weder durch die Zugehörigkeit zu einem bestimmten Volk noch zu einer Religion definiert. Stattdessen sollten sich in Europa lebende Menschen als Citoyens verstehen, also als Individuen im Sinne der Aufklärung und nicht als Zugehörige einer bestimmten Gruppe. Auf diese Art soll dem Entstehen von Parallelgesellschaften entgegengewirkt werden.

Was genau diese Leitkultur ausmacht, darüber liegen unterschiedliche Meinungen vor. So zählen dazu laut Schönbohm Werte wie „Leistungsbereitschaft, Heimatverbundenheit und kulturelles Bewusstsein" (Schönbohm 2006). Friedrich Merz hingegen sieht „Freiheit, Menschenwürde und Gleichberechtigung" (Merz 2000) als die Grundwerte der Leitkultur.

Dass muslimische Migrant:innen diese Leitkultur – wie auch immer sie letztendlich definiert ist – annehmen müssen, begründet Tibi damit, dass sie als Einwander:innen die „Bringschuld der Anpassung" (Sahin 2017, S. 325) hätten. Im Konzept des Euro-Islam ist es also die Aufgabe der nach Europa gekommenen Muslim:innen, die von Europäer:innen vorgegebenen Werte zu leben.

So formuliert er: „Der Scharia-Kopftuch-Islam steht im Gegensatz zum Euro-Islam" (Tibi 2020, S. 26). Sein Eintreten gegen alle anderen Formen des Islam in Europa sieht er jedoch nicht als Angriff auf die Religionsfreiheit, denn diese beziehe sich nur auf die fünf Säulen des Islam.

---

[2] Die Betonung von Vernunft steht nicht im Gegensatz zu der islamischen Zivilisation und Theologie.

Themen wie das Kopftuch, die Scharia oder der Dschihad seien damit nicht im Recht auf freie Religionsausübung enthalten (ebd., S. 27). In Tibis Konzept sollen sich Muslim:innen auf die islamische Philosophie beschränken und die Rechtslehre (Fiqh) ausklammern (vgl. Gerlach 2016, S. 10).

Außerdem vertritt Tibi die Meinung, Religion sei Privatsache und solle keinen Platz im öffentlichen Raum einnehmen (vgl. Hashas 2018, S. 173). Damit orientiert er sich stark am französischen Modell des Laizismus (vgl. ebd.).

Zusammengefasst wird im Modell des Euro-Islam also von muslimischen Einwander:innen erwartet, bestimmte Teile ihrer Kultur und Religion (also beispielsweise das Kopftuch) aufzugeben. Anstatt die Zeit des Propheten zu idealisieren, soll die Zeit der europäischen Aufklärung zum Vorbild genommen werden (vgl. Sahin 2017, S. 332). Das Konzept setzt somit die islamische und europäische Zivilisation in Konkurrenz zueinander – wie bereits der Titel eines Buches Tibis – „Europäisierung oder Islamisierung" – zeigt (Tibi 2016).

Nur einen Teil der islamischen Tradition zu leben und einen anderen Teil – nämlich die Rechtslehre – wegzulassen, wird von vielen Muslim:innen jedoch abgelehnt. Ein Grund dafür ist die Angst vor einem Identitätsverlust, wenn die Religion zu stark abgeändert und angepasst wird (vgl. Gerlach 2016, S. 10 f.). Auch von Nicht-Muslim:innen wird das Konzept und im Besonderen der Begriff jedoch kritisch gesehen, da aufgrund politischer Vereinnahmung nicht mehr neutral zu sehen ist: Zunächst wurde der Begriff hauptsächlich von rechtsextremen Gruppen verwendet (vgl. ebd., S. 11), im März 2024 veröffentlichte die ÖVP eine umstrittene Kampagne, in deren Zentrum der Begriff der Leitkultur stand; folglich ist der

Begriff nun auch von der Volkspartei politisch besetzt (vgl. Fellner 2024). Alleine dies sollte an sich nicht als Argument für die Ablehnung gelten, da die Debatte entlang von Inhalten und nicht von (eventuell politisch vereinnahmten) Begriffen geführt werden sollte. Kritik an der Art des Einsatzes des Leitkultur-Begriffs sowie den damit vermittelten Werten, wie sie mittlerweile von unterschiedlichen Religionsgruppen, bekannten Österreicher:innen und sogar vom Blasmusikverband geäußert wird, ist jedoch durchaus berechtigt und wird auch begründet dargelegt (vgl. Kurier 2024).

Das Konzept wird von Bassam Tibi selbst als gescheitert betrachtet (vgl. Der Westen 2016). 2022 veröffentlichte er das Buch „Von Damaskus in die deutsche Ghurba"[3], in dem er über Migration und Integration anhand seiner eigenen Erfahrungen berichtet (Tibi 2022). Der Titel steht in Widerspruch zu seinem eigenen Konzept der Citoyens und des Euro-Islam.

Tibis Konzept beruht auf einem mangelnden Verständnis der innermuslimischen Vielfalt: Er beschränkt den Islam in Europa auf Migrant:innen und schreibt diesen eine Leitkultur bzw. einen „Integrationszwang" vor.

Bassam Tibi hat aber insofern zur Bildung eines zukunftsfähigen europäischen Islam beigetragen, als er mit seinen Ideen die Debatte anregte und die Diskussion über wichtige Fragen eröffnete. Auch wenn sein Konzept des Euro-Islam auf Ablehnung stieß und heute als überholt gilt, wurden einige seiner Gedanken in anderen Konzepten weitergeführt.

---

[3] Der Begriff bedeutet so viel wie „Ausland" oder „Emigration".

2.2 Europäische islamische Identität

Im Gegensatz zum ersten Konzept wurde die Idee einer „europäischen islamischen Identität" von muslimischen Organisationen in Europa[4] und muslimischen Persönlichkeiten verbreitet und beworben.

Die Frage nach der Identität von muslimischen Europäer:innen ist sehr komplex. Dabei ist vor allem die innermuslimische Vielfalt zu berücksichtigen. Besonders Muslim:innen, die in Europa aufgewachsen sind und über keine enge Bindung zu ihrem Heimatland verfügen, haben oft eine hybride Identität. Das bedeutet, dass sie sich beispielsweise gleichzeitig als „Muslim:in" und als „Deutsche:r" identifizieren (vgl. Foroutan und Schäfer 2009). Solche hybriden Identitäten können jedoch Unsicherheiten hervorrufen, besonders dann, wenn Betroffene Diskriminierungs- und Ausgrenzungserfahrungen gemacht haben. In diesem Fall besteht auch die Gefahr, dass Muslim:innen eine Opferhaltung annehmen, die nicht zu einer konstruktiven Debatte um die Zukunft des europäischen Islams beiträgt.

In Europa geborene Muslim:innen machen sich oft bewusst auf die Suche nach ihrer Zugehörigkeit, die Religion spielt dabei häufig eine zentrale Rolle. Aufgrund des über die Generationen entstandenen Abstands zum Herkunftsland wird der Islam dabei nicht mehr hauptsächlich als „ein Stück Heimat", sondern als Religion, die im Zielland gelebt wird, betrachtet (vgl. ebd.). Diese Entwicklung ist positiv, da der Islam als Religion nie für ein bestimmtes

---

[4] Die IGGÖ und die CEM (ehemals FIOE) beispielsweise betonen dieses Konzept in ihrer Medienpräsenz und Selbstdarstellung. Beispiele dafür findet man auf den Websites der Organisationen: www.eumuslims.org Letzter Zugriff 12. Dezember 2023) sowie www.derislam.at Letzter Zugriff: 12. Dezember 2023).

Land stehen kann. Zudem geht die Betrachtung des Islams als „Heimat" oft damit einher, dass die Religion, wie sie vor der Migration nach Europa war, idealisiert wird. Es erfolgt dabei oft keine Unterscheidung zwischen Religion und Kultur. Das kann zu einer grundsätzlichen Ablehnung jeglicher Veränderungen führen.

Mit der Frage der europäisch-islamischen Identität beschäftigte sich unter anderem der Islamwissenschaftler Tariq Ramadan.[5] So stellte er die Frage, ob sich Muslim:innen immer in Hinblick auf die Umma (die Gemeinschaft) definieren, oder als europäische Bürger:innen verstehen sollen (vgl. Ramadan 2001, S. 187). Ramadans Auffassung nach werden Religion bzw. religiöse Handlungen in europäischen Gesellschaften immer weiter an den Rand gedrängt (vgl. Ramadan 2005, S. 53). Für Muslim:innen sollte dies aber kein Anlass sein, sich aus der Gesellschaft zurückzuziehen, denn der Glaube wird „geradezu wesenhaft mit gutem Verhalten und guten Taten verbunden" (ebd., S. 55) und kann daher nur in einer Gemeinschaft wirklich ausgeübt werden. Daher ist es von essentieller Bedeutung, dass Muslim:innen sich eine Identität innerhalb der europäischen Gesellschaften bilden. Muslim:innen in Europa sollen seiner Ansicht nach daher „ihre muslimische Identität nicht als Araber, Pakistanis oder Inder, sondern hinfort als Europäer bewahren und erneuern" (ebd., S. 56).

Ramadan weist auch auf die Schwierigkeit der Definition einer „islamischen Identität" hin – denn diese setze sich aus vielen unterschiedlichen Aspekten zusammen, so etwa aus religiösen und kulturellen (vgl. Rama-

---

[5] Tariq Ramadan lebt in der Schweiz, stammt aber aus Ägypten. Als Enkelsohn des Gründers der ägyptischen Muslim-Bruderschaft wird ihm häufig angelastet, dessen Gedankengut weiterzutragen. Er distanzierte sich jedoch öffentlich von den Ansichten und der Politik seines Großvaters (vgl. Schmidinger 2007).

dan 2001, S. 187). Erst wenn diese Faktoren auseinandergehalten werden, ist die Konstruktion einer Identität als europäische:r Muslim:in oder als muslimische:r Europäer:in möglich. Wie zuvor dargelegt, kann der Islam eine Religion, aber keine Heimat und damit auch keine Nationszugehörigkeit sein. Wenn diese Unterscheidung akzeptiert wird, wird der vermeintliche Widerspruch von „Europäer:in-sein" und „Muslim:in-sein" zumindest theoretisch aufgehoben.

Tariq Ramadans Konzept der Europäischen Islamischen Identität orientiert sich sehr stark am Islam, für europäische Werte bleibt dabei wenig Platz. Dass Ramadans Ideen weit verbreitet wurden und – besonders im französischsprachigen Raum – viel Beachtung fanden, wird zum Teil darauf zurückgeführt, dass Lösungen zur Identitätsfrage im Kontext von Migration, zu der sozial häufig problematischen Stellung von zugewanderten Arbeiter:innen und als Reaktion auf rassistische und islamfeindliche Akte sehr gefragt waren (vgl. Avon 2015, S. 269).

Das Konzept erreichte aufgrund der Organisationen, durch die es unterstützt wurde, Akzeptanz bei den Muslim:innen. Allerdings wurde es seit ungefähr 20 Jahren weder weiterentwickelt noch vertieft und ist daher veraltet. Auch wenn manche seiner Parolen von einigen muslimischen Aktivist:innen immer wieder wiederholt werden, scheint das Konzept nicht mehr zur aktuellen Lebensrealität der Muslim:innen zu passen. Das Konzept fokussiert sich außerdem stark auf muslimische Aspekte, während es europäische Werte und Realitäten eher an den Rand stellt (vgl. Avon 2015, S. 269). Insofern zeigt sich ein ähnliches Problem von Eindimensionalität wie beim Konzept des Euro-Islam, bei der die europäischen Haltungen im Vordergrund stehen und muslimische Aspekte nur nebensächlich sind.

Dass der Islam für viele in Europa lebende Muslim:innen – auch wenn sie ihre Religion vielleicht im

Alltag nicht so stark ausleben – einen wichtigen Teil ihrer Identität darstellt, muss in der Debatte um einen europäischen Islam unbedingt beachtet werden.

Bei der Identitätsfrage ist es auch wichtig, zwischen transnationalen Identitäten – also etwa als Deutsch-Türk:in – die oft in Konflikt zueinanderstehen, und der kombinierten Identität beispielsweise als Österreicher:in und Muslim:in unterschieden werden. Zweitere ist in der Realität zwar oft schwierig auszuleben, kann aber grundsätzlich nicht als Widerspruch betrachtet werden, da die Identität aus zwei unterschiedlichen Ebenen (Nation und Religion) aufgebaut wird. Für die Zukunft des europäischen Islam ist es wichtig, dass die Identitätskonstruktion nicht als Reaktion auf Islamfeindlichkeit und nicht aus einer Opfer- oder Trotzhaltung heraus erfolgt.

2.3 Donau-Islam bzw. Islam in Österreich

In Österreich ist – im Gegensatz zu vielen anderen europäischen Staaten – der Islam bereits seit 1912 als Religionsgemeinschaft anerkannt (vgl. Potz 2010, S. 406). Der Wiener Rechtswissenschaftler Richard Potz beschreibt den einzigartigen Umgang Österreichs mit dem Islam auf rechtlicher und staatlich-politischer Ebene[6] als „Donau-Islam".

Die staatliche Anerkennung des Islam ergab sich dadurch, dass Bosnien und Herzegowina von der Habsburger-Monarchie annektiert wurden (vgl. Sejdini 2015). Da diese Region einen großen muslimischen Bevölkerungsan-

---

[6] Viele Kernelemente des Konzepts sind mit der Novellierung des Islamgesetzes in Österreich im Jahr 2015 obsolet geworden.

teil aufwies, musste ein Umgang mit Muslim:innen in Österreich gefunden werden (vgl. Potz 2010, S. 387). Bei der Annexion sicherte Kaiser Franz-Josef den Einwohner:innen Bosniens und Herzegowinas eine gesetzliche Gleichbehandlung unabhängig ihrer Religion sowie unter anderem auch den Schutz ihres Glaubens zu (vgl. ebd., S. 388). Bereits im Jahr 1909 strebte der Wiener Bürgermeister Karl Lueger den Bau einer Moschee in Wien an (vgl. ebd., S. 390). Da das öffentliche Praktizieren der Religion nur anerkannten Religionsgemeinschaften erlaubt war (vgl. Khorchide 2009, S. 27), war die Anerkennung des Islam eine notwendige Grundlage für die Errichtung bzw. die Nutzung einer Moschee in Wien (vgl. Potz 2010, S. 390).

So war die Österreichisch-Ungarische Monarchie das erste europäische Gebiet, das eine autochthone muslimische Bevölkerung hatte. Bei der Diskussion des Islamgesetzes am Beginn des 20. Jahrhunderts wurden Aspekte hervorgehoben, die auf bosnische und herzegowinische Muslim:innen zutreffen. So wurde etwa angeführt, dass Polygamie Teil der islamischen Kultur sei, diese jedoch von der islamischen Bevölkerung der beiden Länder nicht praktiziert werde (vgl. ebd.). Außerdem wurden die Gemeinsamkeiten der islamischen und österreichischen Wertvorstellungen betont, als geteilte Werte galten etwa Ehrlichkeit und Pflichtbewusstsein (vgl. ebd., S. 403). Zur Charakteristik des Modells des Donau-Islam gehört es auch, dass Muslim:innen gesellschaftlich nicht nur toleriert werden, sondern auch gewisse Verpflichtungen haben.

Durch den Donau-Islam haben Muslim:innen und der Staat Österreich in Europa und weltweit ein positives Image erlangt. Österreich hat den Islam als mit anderen Religionen gleichrangige Religion akzeptiert und gefördert und gilt daher als offen und tolerant. Seit 1982 besteht in Österreich für muslimische Schüler:innen die Möglichkeit, islamischen Religionsunterricht an öffentlichen Schulen zu erhalten, was für Muslim:innen in vielen anderen Teilen Europas zwar gewünscht wird, aber noch nicht oder erst seit kurzer Zeit Realität ist. In Deutschland beispielsweise ist diese Möglichkeit erst seit 10 Jahren teilweise vorhanden.

2015 wurde das aus dem Jahr 1912 stammende Islamgesetz erstmals geändert. Dies erfolgte laut Bundeskanzleramt „im Interesse der muslimischen Gemeinschaft und der Mehrheitsbevölkerung" (Bundeskanzleramt 2015) und auf „ausdrückliche[n] Wunsch der Islamischen Glaubensgemeinschaft in Österreich" (ebd.). Eine zentrale Änderung dabei war die Einführung eines Verbots ausländischer Finanzierung religiöser Angelegenheiten (vgl. RIS 2015). Zugleich wurden Muslim:innen durch die Erneuerung aber auch zusätzliche Rechte zugestanden, etwa in Bezug auf Speisevorschriften, Seelsorge und Feiertage (vgl. ebd.).

Als Reaktion auf den Terroranschlag in der Wiener Innenstadt im Jahr 2020 kündigte die Regierung eine weitere Verschärfung des Islamgesetzes an (vgl. Bundeskanzleramt 2020). Die IGGÖ reagierte auf die angekündigten Verschärfungen mit dezidierter Ablehnung und forderte eine „Trennung von sicherheitspolitischen und religionsrechtlichen Regelungen" (IGGÖ 2021).

2021 wurde einer Gesetzesnovelle im Parlament schließlich zugestimmt, diese umfasste etwa eine Verpflichtung der islamischen Religionsgesellschaften zur Offenlegung ihrer Finanzunterlagen und vereinfachte die Schließung von Vereinen im Falle von Verstößen (vgl. Parlament Österreich 2021).

Der Wandel in der Islam-Politik und das Ende des Donau-Islams
In Bezug auf den Wandel in der österreichischen Islam-Politik sind zwei Elemente von Bedeutung: einerseits die politische Ausrichtung der zum Zeitpunkt der Entscheidung

über das Islamgesetz regierenden ÖVP,[7] die die Schwächen der Muslimischen Vertreter:innen in diesem Kontext genutzt hat, und andererseits die Fehlentwicklung in der IGGÖ vor und beim Islamgesetz. Die muslimischen Vertreter:innen wollten das Gesetz ändern, ohne konkrete Vorschläge einzubringen, was genau geändert werden soll.[8] Die Führung der IGGIÖ trug damals nicht zu einem positiven und nachhaltigen Austausch zwischen der österreichischen Politik und den Muslim:innen in Österreich bei. Der damalige Präsident der IGGÖ hielt sich nicht legitimiert noch zwei Jahre nach Ende seiner Amtszeit im Präsidentensessel (vgl. Schmidinger 2009). Dieses undemokratische Vorgehen schadete dem Ansehen der IGGÖ (vgl. Kocina 2007) und indirekt damit einhergehend auch dem der Muslim:innen in Österreich. Sie sind im Streit um das Islamgesetz zum Spielball verschiedener politischer Mächte und Agenden geworden.

Gerade in einer Zeit, in der sich für Muslim:innen in Europa vieles ändert, wäre es wichtig, dass diese von ihrer Glaubensgemeinschaft eine angemessene Unterstützung erhalten und nicht wie damals von ihren Repräsentanten als „unmündig und nachlässig" bezeichnet werden (vgl. Maurer 2010). In Zeiten politischer Auseinandersetzung wäre zudem eine bewusste Öffnung und ein Wille zum überparteilichen Austausch durch die IGGÖ besonders hilfreich.

Österreich kann als ein positives Beispiel für ein Land, in dem der Islam als Religionsgemeinschaft schon lange staatlich Anerkennung genießt, genannt werden. Gleichzeitig wird am Beispiel Österreich auch deutlich, wie fragil die

---

[7] Anmerkung: Die Entscheidungen für das Islamgesetz wurden mit Zustimmung der Koalitionspartner SPÖ und später FPÖ getroffen.

[8] Siehe dazu die Erklärung des Wiener Gemeindepolitikers und Ex-Integrationssprechers der IGGÖ: https://www.facebook.com/photo?fbid=478407516983491&set=a.466508344840075 Letzter Zugriff 15. Juli 2023).

Beziehung zwischen Staat und Islam sein kann. Das Modell „Donau-Islam" gehört der Vergangenheit an, denn die Entwicklung des Islam in Österreich hat seit dem Islamgesetz 2015 viele Chancen verpasst. Misstrauen und Vorurteile verschlechtern die Beziehungen zwischen islamischen und staatlichen Vertreter:innen und führen sowohl bei der muslimischen Bevölkerung als auch gesamtgesellschaftlich zu Ablehnung und Empörung. Ängste der Gesellschaft vor Terrorismus und Extremismus sind verständlich und es ist die Verantwortung der muslimischen Vertretung, diese Ängste ernst zu nehmen und Antworten drauf zu liefern.[9] Eine Vermischung von islamistischem Terror, Politisierung des Islam und dem Islam als Religion führt jedoch zu nichts außer zu gesellschaftlichem Unfrieden. Für die Zukunft muss das Vertrauen zwischen Muslim:innen und Nicht-Muslim:innen unbedingt wiederhergestellt und verbessert werden. Offenheit und Transparenz sind hierbei unverzichtbar und stellen eine Voraussetzung für einen zukunftsfähigen Islam in Österreich dar. Muslimische Organisationen machen sich heute aufgrund von Intransparenz und internen Machtkämpfen erpress- und angreifbar – das sollte sich in der Zukunft unbedingt ändern.

2.4 „Islam de France" statt „Islam en France"

Im Gegensatz zum „paternalistischen" und „kooperativen" Ansatz des Donau-Islam kann das „Islam aus Frankreich"-Modell als ein Wunsch des Staates angesehen werden. Mit

---

[9] Natürlich liegt die Verantwortung genauso auch bei politischen Vertreter:innen sowie bei Akteur:innen der Zivilgesellschaft wie etwa Lehrpersonen und Journalist:innen. Die Verantwortung der muslimischen Vertreter:innen wird im Kontext dieses Kapitels, welches Modelle des Islam in Europa vorstellt, besonders hervorgehoben.

diesem Konzept beabsichtigt der französische Staat, das Modell des „Islam aus Frankreich" (statt der gewöhnlichen Formulierung „Islam in Frankreich") in Europa und der Welt zu etablieren. Es bleibt jedoch fraglich, ob dieser Ansatz durch die politischen Maßnahmen und Strategien des Landes erfolgreich umgesetzt werden kann. Frankreich strebt danach, in vielen Bereichen Vorreiter in Europa zu sein, insbesondere auf intellektueller Ebene. Das Land bemüht sich darum, die Prinzipien der Französischen Revolution zu erhalten und eine geopolitische Führungsrolle zu wahren, was auch die Aufrechterhaltung der Laizität einschließt.

Der Islam hat in Frankreich bereits eine lange Geschichte. So leben in Frankreich nicht nur muslimische Flüchtlinge und Arbeitsmigrant:innen, sondern auch eingewanderte Menschen aus ehemaligen französischen Kolonien im islamischen Nordafrika (vgl. Hervieu-Léger 2003, S. 26). Die erste Moschee in Paris wurde schon 1926 eröffnet (vgl. ebd.).

Seit dem sogenannten Trennungsgesetz aus dem Jahr 1905 gilt Frankreich als laizistischer Staat (vgl. Kokott 2005, S. 347). Es herrscht also eine strikte Trennung zwischen Religion und Staat. Anders als in Österreich erhalten Religionsgemeinschaften von staatlicher Seite nur sehr wenig Förderung (vgl. ebd.). Eine Ausnahme gilt für die Gebiete unter dem „Concordat in Alsace-Moselle" (vgl. Perrault 2013).

Französische Bürger:innen sollen nur eine Identität haben – und das ist die Identität als Franzose bzw. Französin. Doppelidentitäten oder Identitäten als Angehörige:r einer bestimmten Ethnie oder Religion werden abgelehnt. Dieser Zugang ist jedoch weder realistisch noch zeitgemäß. Frankreich ermöglicht es als Zugewanderten, auch über das „Bodenrecht" (also die Geburt und den langen Aufenthalt in Frankreich) die Staatsbürgerschaft zu erwerben. So wird die Identität über den Aufenthalts- und Geburtsort bestimmt und nicht über etwaige ethnische Zugehörigkeiten (vgl. Jahn 2019, S. 83).

Die Trennung von Staat und Religion in Frankreich schließt mit ein, dass im öffentlichen Raum keine religiösen Symbole gezeigt werden dürfen. Dadurch entbrannte in Frankreich eine besonders heftige Diskussion um das Thema Kopftuch – beispielsweise wurden Schülerinnen der Schule verwiesen, wenn sie sich weigerten, das Kopftuch abzulegen (vgl. Amir-Moazami 2015, S. 43). Auch über ein Verbot des Tragens von sogenannten Burkinis an Stränden wurde debattiert (vgl. Khosrokhavar 2017, S. 130). An Universitäten und im öffentlichen Raum darf das Kopftuch nach wie vor getragen werden, in Schulen wurde es hingegen verboten. Laut Artikel 8 der Grundsatzcharta für den französischen Islam, auf die in weiterer Folge noch näher eingegangen wird, hat das Weglassen religiöser Symbole in der Öffentlichkeit das Ziel, Diskriminierung vorzubeugen: So soll etwa das religiös neutrale Auftreten von Angestellten im öffentlichen Dienst dazu dienen, dass Menschen unabhängig von ihrem Glauben fair behandelt werden.

Gerade in Frankreich befinden sich zahlreiche in den Banlieues (Vorstädten) lebende Menschen in einer wirtschaftlich und sozial schwierigen Situation. Diese Schwierigkeiten in Kombination mit dem Gefühl, von der französischen Gesellschaft ausgeschlossen zu sein, führten dazu, dass sich viele dieser Menschen umso stärker dem Glauben zuwandten (vgl. Weigel 2015; Moran 2017, S. 317 ff.).

Die Frage des Umgangs mit dem Islam in Frankreich wurde auch politisch zu einem wichtigen Thema. So berichteten zahlreiche Zeitungsartikel über Äußerungen des ehemaligen Präsidenten Nicolas Sarkozy zum Thema Islam. In der Neuen Zürcher Zeitung etwa wurde berichtet, Sarkozy fordere Einwanderer:innen auf, den Islam möglichst diskret zu praktizieren (vgl. Veiel 2009). Zudem soll sich der Islam an „Werte, die überall in Europa gelten" (Birke 2010) halten: „Gleichheit von Mann und Frau, Polygamie- und Steinigungsverbot, keine Beschneidung und Zwangsverheiratung von Frauen [...]" (ebd.). Die hier genannten Werte werden aber sowieso von der überwiegenden Mehrheit der Muslim:innen in Europa unterstützt.

Auch der amtierende Präsident Frankreichs, Emmanuel Macron, macht die Frage des Umgangs mit den Religionen zu einem wichtigen Thema seiner Politik (vgl. Vöcking 2018). Dabei wünscht er sich einen intensiveren Austausch zwischen religiösen Vertreter:innen und Politiker:innen, denn die veränderten Bedingungen und neue gesellschaftliche Umstände erfordern eine Anpassung des laizistischen Modells (vgl. ebd.).

Im Jahr 2021 schließlich unterzeichnete einige Dachverbände der Muslim:innen auf Initiative von Präsident Macron in Frankreich eine „Grundsatzcharta" für den Französischen Islam (vgl. CFCM 2021). Dabei handelt es sich nicht um eine theologische Schrift, sondern eher um einen Werterahmen, mit dem besonders gegen den politischen Islam und gegen ausländische Einflussnahme Grenzen abgesteckt werden sollten (vgl. Williamson 2020).

Eine deutsche Übersetzung dieser Charta wurde auf der Website islamiq.de veröffentlicht. In der Charta wird zunächst die Vereinbarkeit der islamischen Werte mit dem republikanischen Recht betont (vgl. Krohn 2021). Anschließend werden – im Sinne des Wahlspruches der Republik Frankreich – die Punkte Freiheit, Gleichheit, und Brüderlichkeit behandelt. Bezüglich Freiheit wird besonders auf das Recht, den Glauben selbst zu wählen und – wenn gewünscht – sich vom Islam abzuwenden, hingewiesen (vgl. Islamiq 2021). Unter dem Punkt Gleichheit wird die Gleichheit von Mann und Frau betont und auch mit Zitaten aus dem Koran belegt.[10] Besonders kontroverse und besonders bedeutende Themen werden im Artikel Brüderlichkeit behandelt: Hier wird festgelegt, dass niemand aufgrund von Religionszugehörigkeit, Geschlecht, sexueller Orientierung (vgl. Poyet 2021), Herkunft oder wegen Krankheit bzw. Behinderung (vgl. Islamiq 2021) diskriminiert werden darf. Zudem wird darauf hingewiesen, dass „jede Form des Rassismus, der Diskriminierung und der Hassrede, insbesondere antimuslimische und antisemitische Akte, Homophobie und Frauenverachtung […] Straftatbestände" sind (vgl. ebd.).

Weitere Punkte, zu denen sich die Unterzeichner:innen der Charta bekennen, sind die Ablehnung des politischen Islam und der Weitergabe politischer Meinungen in Moscheen; außerdem erfolgt ein Bekenntnis zur Laizität (vgl. Krohn 2021). Falschinformationen und Hass gegenüber dem Islam und dem französischen Staat werden verurteilt.

Die Inhalte dieser Charta sind sehr stark an den Werten des französischen Staates orientiert, islamische Werte werden weniger thematisiert.

In Frankreich ist die gesellschaftliche Stellung vieler Muslim:innen besonders zu beachten. Als Zuwanderer:innen oder Geflüchtete befinden sie sich teilweise in einer schwierigen sozialen und ökonomischen Situation und sind zudem oft mit Rassismus und Ablehnung konfrontiert. Obwohl in der Charta festgehalten wird, dass solche Einstellungen die von Einzelpersonen bzw. kleinen Gruppen sind und nichts mit dem französischen Staat zu tun haben, muss beachtet werden, dass eine Ausgrenzung aus der Mehrheitsgesellschaft oft als Ausgrenzung durch den Staat oder als Benachteiligung

---

[10] Männer und Frauen sind aus derselben Seele erschaffen (vgl. Koran 4:1).

durch die Regierung verstanden werden kann. Einen französischen Islam zu definieren, der von der Mehrheit der Muslim:innen auch angenommen wird, kann erst funktionieren, wenn diese auch wirklich die Möglichkeit zur gesellschaftlichen Partizipation haben. Für das Gefühl, ein gleichberechtigter Bestandteil der französischen Gesellschaft zu sein, sind gleiche Bildungschancen und ein wenigstens einigermaßen existierendes sozioökonomisches Gleichgewicht Voraussetzung. Dass nur drei islamische Verbände diese Charta unterzeichnet haben, zeigt, dass die Resonanz und Akzeptanz innermuslimisch eingeschränkt sind. Die großen Verbände konnten für die Idee nicht gewonnen werden.

2.5 Islam europäischer Prägung

Dieses Konzept repräsentiert – wie der Islam de France – eine Staatsislam-Vorstellung. Die Entwicklung und das konzeptionelle Projekt wurden von der österreichischen Politik vorbereitet und viele politiknahe muslimische Aktivist:innen und Wissenschaftler:innen sowie Islamkritiker:innen positionierten sich in den vergangenen zehn Jahren dafür. Zudem wird das Projekt medial intensiv beworben. Der österreichische Integrationsfonds organisiert Veranstaltungen und Publikationen zu diesem Projekt, das als eine Alternative zum bisherigen kooperativen und paternalistischen Modell des Donau-Islam gesehen werden kann. Außerdem entspricht es einer Art „Light-Version" von Tibis Euro-Islam und beinhaltet Elemente der „islamischen-europäischen Identität". Das Konzept wurde mit dem Ziel, eine mit europäischen Werten vereinbare Form des Islam zu schaffen, entwickelt. Zu diesen zählen neben der Säkularität auch Freiheit, Gleichheit und Solidarität (vgl. Khorchide 2017, S. 14 ff.). Unter Freiheit versteht Mouhanad Khorchide dabei „die freie Meinungsäußerung, Versammlungsfreiheit, Freiheit, sich zu organisieren, und die Wahlfreiheit" (ebd., S. 16). Zekirija Sejdini sieht als Grundwerte des Islam europäischer Prägung „die Idee der Aufklärung, die allgemeine Menschenrechtserklärung und die Anerkennung der säkulären demokratischen Rechtsstaatlichkeit" (Sejdini u. a. 2017, S. 35).[11] Dieser Ansatz verfolgt jedoch nicht das Ziel, Muslim:innen zur Aufgabe ihrer religiösen Identität oder zur völligen Anpassung an die Mehrheitsgesellschaft zu motivieren (vgl. BMEIA 2015).

Um den Islam und die oben genannten Werte in Einklang zu bringen, ist es wichtig, zu beachten, dass der Koran auf unterschiedliche Weisen gelesen und interpretiert werden kann (vgl. Khorchide 2017, S. 17). Der Islam ist eine sehr heterogene Religion – es gibt also zahlreiche unterschiedliche Formen und die Arten, wie der Glaube gelebt wird, unterscheiden sich regional sehr stark. Diese Unterschiede betreffen nicht die theologischen Grundlagen, sondern kulturelle Aspekte (vgl. ebd., S. 12). Der Islam europäischer Prägung kann daher nicht als „Verfälschung" des Islams gesehen werden – er wäre lediglich eine neue Form unter vielen. Einige der Werte, die dem Islam europäischer Prägung zugrunde liegen, gelten auch in anderen Staaten bereits als selbstverständlich. So ist etwa die Verbindung von Islam und Demokratie in Indonesien ein bewährtes Modell (vgl. Auswärtiges Amt 2023).

Eine weitere Basis für die Möglichkeit der Entstehung des Islam europäischer Prägung ist die Tatsache, dass der Islam – anders als etwa der Katholizismus – über keine

---

[11] Dabei weist er aber auch darauf hin, dass dies eine „kulturalistische Vereinnahmung der Aufklärung, der allgemeinen Menschenrechte und der Trennung von Religion und Staat bedeuten würde" (Sejdini u. a. 2017, S. 35).

Kirchenstruktur verfügt. Während im katholischen Christentum also Antworten auf sensible Fragen wie etwa den Umgang mit Frauenrechten, Homosexualität oder interreligiösen Austausch vom Papst vorgegeben werden, gibt es im Islam zahlreiche unterschiedliche Lesarten und Interpretationen des Koran, die folglich auch unterschiedliche Antworten liefern (vgl. Schmid 2012, S. 13). Schon jetzt gehen verschiedene innerislamische Strömungen mit diesen und anderen gesellschaftlichen Themen unterschiedlich um. Auch in diesem Sinne ist der Islam europäischer Prägung folglich kein Widerspruch zu „dem" Islam, sondern ein zusätzlicher, neuer Ansatz, der neben den anderen existieren kann.

Im Islam europäischer Prägung ist es außerdem wichtig, davon abzusehen, das Recht im Koran als absolut zu verstehen. Es muss beachtet werden, dass diese heilige Schrift im 7. Jahrhundert entstanden ist. Seither hat sich die Menschheit weiterentwickelt und viele der damaligen Moralvorstellungen passen nicht mehr in die heutige Zeit. Anstatt also einzelne juristische Beschreibungen aus dem Koran wörtlich auf die aktuelle Situation zu übertragen, sollte eine Besinnung auf islamische Werte in ihrer Ganzheit erfolgen. „Im Koran sind folgende Prinzipien zu finden: Gerechtigkeit, Freiheit, Gleichheit, Unantastbarkeit der menschlichen Würde und die soziale Verantwortung" (vgl. Khorchide 2017, S. 19).

Weitere Grundsätze des Islam europäischer Prägung nennt Ednan Aslan in einem Gastkommentar in der *Presse* (vgl. Aslan 2015). Er schreibt etwa, dass der Islam mit dem Glaubensbekenntnis jedem Menschen die individuelle Verantwortung für seinen Glauben gegeben hat. Dass sich der/die Einzelne also frei für den Glauben entscheiden kann, impliziert, dass auch eine freie Entscheidung dagegen möglich ist – religiöse Zwänge sind folglich kein Grundsatz des Islam. Außerdem verweist auch Aslan auf die Veränderung der Gesellschaft seit der Entstehung des Koran. Daher ist zwar der Glaube wörtlich zu nehmen, nicht aber die rechtlichen Teile – denn die sind von Zeit und Gesellschaft abhängig und können nicht direkt übertragen werden. Als Grundlage einer islamischen Gesellschaft gilt daher seiner Meinung nach nicht die Scharia, sondern „Barmherzigkeit und Gerechtigkeit" (Aslan 2016). Die Stellung der Frau im Islam ist laut Aslan für die Zeit der Entstehung des Koran (7. Jahrhundert n. Chr.) bereits äußerst fortschrittlich (Aslan 2015).

In dem Ergebnisdokument zu einer Tagung zum Islam europäischer Prägung an der Diplomatischen Akademie in Wien wird unter anderem auch festgehalten, dass sowohl Muslim:innen als auch Nicht-Muslim:innen häufig das Anliegen haben, zu erfahren, was unter dem Islam europäischer Prägung eigentlich verstanden wird (vgl. BMEIA 2015). Daher sollen Vertreter:innen dieses Ansatzes Antworten darauf bieten, um so Vorurteile und Missverständnisse zu vermeiden. Außerdem wird in diesem Dokument festgelegt, dass die Konstruktion eines Islam europäischer Prägung keine Aufgabe von europäischen Regierungen ist – die europäischen Muslim:innen sollen diese Verantwortung selbst übernehmen. Das Konzept des Islam europäischer Prägung wurde vom IGGÖ-Präsidenten Fuat Sanac abgelehnt[12] – und zwar auf der Tagung, im Rahmen derer das zitierte Ergebnisdokument „Tagung Islam europäischer Prägung" erstellt wurde. Begründet wurde dies wiederum mit dem Narrativ vom „einen Islam" – das, wie bereits dargelegt, jedoch nicht der Realität entspricht.

Wie der Name des Konzepts verrät, spielt das Wort „Prägung" hier eine zentrale Rolle. Der Gedanke, dass der Islam europäisch geprägt werden muss bzw. kann,

---

[12] Auch seine Nachfolger positionieren sich dagegen.

impliziert, dass der Islam an sich nicht europäisch ist, was eine problematische Sichtweise ist. Ein weiterer Mangel des Projekts ist, dass die muslimischen Gemeinschaften zu wenig einbezogen wurden.

Dennoch enthält das Konzept des Islam europäischer Prägung viele Ansätze und Ideen, die einen wichtigen Beitrag für ein friedliches Zusammenleben in Europa leisten können. Die Begründer des Konzepts haben ihre Forschungsergebnisse zu theologischen und soziologischen Themen in das Projekt einfließen lassen. So enthält es theologische Begründungen dafür, dass die Werte des Islam mit den zentralen europäischen Werten vereinbar sind. Anstatt also eine Leitkultur vorzugeben, wird hier bewusst nach Konsens gesucht, der – wenn islamische Quellen entsprechend interpretiert werden – bereits vorhanden ist. Aufgrund seiner politischen Ausrichtung und der Tatsache, dass nach einer Phase der intensiven Medienpräsenz das Konzept nun seit etwa drei Jahren nicht mehr im Zentrum der Debatte steht, kann es kein zukunftsträchtiges Modell sein. Die Fokussierung der österreichischen Politik auf Themen wie den politischen Islam und Begriffe wie Segregation bieten keinen Rahmen für einen konstruktiven Beitrag zur Weiterentwicklung des Konzepts des Islam europäischer Prägung, hinter dem Österreich stand und das in keinem anderen Land derartig präsent war.

2.6 Resümee

Alle hier beschriebenen Ansätze sind Versuche, Formen des Islam zu schaffen, die mit den Werten Europas kompatibel sind und friedliche Zukunftslösungen bieten. Viele der Modelle sind nicht zu Ende gedacht und teilweise auch populistisch formuliert, trotzdem beinhalten sie wichtige Argumente, die die Basis für neue Lösungen bilden können.

Inhaltlich wird in den Modellen hervorgehoben, dass es nicht *den* Islam gibt, sondern sich bereits kurz nach der Entstehung der Religion unterschiedliche Strömungen herausbildeten und die Vielfalt eine „gottgewollte" Tatsache war. Zudem wird darauf hingewiesen, dass Aussagen aus dem Koran unterschiedlich gedeutet werden können. Viele Grundwerte des Islam – etwa Nächstenliebe und Gerechtigkeit – sind dabei deckungsgleich mit europäischen Grundsätzen.

Obwohl alle hier vorgestellten Konzepte von Bemühungen für ein friedliches Zusammenleben und einen fortschrittlichen Islam zeugen, gelten sie als „gescheitert" oder werden zumindest von vielen Muslim:innen abgelehnt. Außerdem verlieren teilweise auch die Vordenker:innen und Unterstützer:innen mit der Zeit das Interesse an den Konzepten und ihr Einsatz für diese lässt nach. Ein weiteres Problem ist, dass in der Fachliteratur und in den Medien die Begriffe für die einzelnen Ansätze nicht selten synonym verwendet und Ideen miteinander vermischt wurden. So schließt die Ablehnung des Euro-Islam oft auch die Ablehnung des Islam europäischer Prägung mit ein, da keine ausreichend klare Abgrenzung gegeben ist.

Zudem teilen die Ansätze die Problematik, von der Politik ohne vorherige Diskussion auf Augenhöhe mit den Muslim:innen gefordert und verbreitet geworden zu sein. Das Konzept des französischen Islam etwa entstand auf Aufforderung des französischen Präsidenten und der Islam europäischer Prägung ist Teil eines politischen Projektes des ehemaligen österreichischen Integrationsministers Kurz. Diese Entstehungshintergründe können dazu führen, dass die Ideen von manchen Muslim:innen schon aus Prinzip nicht angenommen werden – einfach, weil sie nicht möchten, dass ihnen bezüglich ihrer Religion etwas vorgeschrieben wird. Daher ist es unbedingt nötig, dass Muslim:innen selbst, aus eigener Initiative und unter Partizipation von möglichst vielen, ihre eigenen Konzepte entwerfen – alles andere ist eine „Zeit- und Ressourcenverschwendung" (Mohammed 2019b). Diese Einschätzung aus dem Jahr 2019 hat sich in der weiteren Entwicklung bestätigt.

Zu beachten ist außerdem die schwierige Situation, in der sich ein Teil der Muslim:innen in Europa befindet und die im Kontext des „Islam aus Frankreich" (Kapitel 2.4) bereits angesprochen wurde. Obwohl viele Muslim:innen bereits in Europa geboren sind, die Staatsbürgerschaft eines europäischen Landes besitzen und sozial und wirtschaftlich sehr erfolgreich sind, gibt es immer noch eine große Gruppe von Flüchtlingen und Migrant:innen, die einen niedrigeren Lebensstandard haben als der Durchschnitt der Bevölkerung. Sprachliche und institutionelle Barrieren sowie finanzielle Schwierigkeiten führen zu geringeren Chancen auf Bildung und am Arbeitsmarkt (vgl. Agentur der Europäischen Union für Grundrechte 2006). Eine im Jahr 2023 veröffentlichte Studie zeigte etwa, dass Flüchtlinge in Österreich durchschnittlich erst drei Jahre nach ihrer Ankunft ihre erste Anstellung bekommen (vgl. Jestl und Tverdostup 2023, S. 34). All das erzeugt ein Gefühl des „Ausgeschlossenseins". Um einen europäischen Islam auf Augenhöhe aushandeln zu können, müssen erst sowohl europäische Politiker:innen und Funktionär:innen als auch muslimische Vertreter:innen das Gefühl haben, einander wirklich auf Augenhöhe zu begegnen. Dann sind neue Konzepte auch für beide Seiten annehmbar.

3

Hürden auf dem Weg zu einem europäischen Islam

Der Islam in Europa ist heute Gegenstand zahlreicher Debatten und Diskussionen, sei es auf privater, politischer oder theologischer Ebene. Aus diesen Auseinandersetzungen gingen unterschiedliche Modelle hervor, wie der Islam in Europa gelebt werden kann – diese wurden in Kap. 2 vorgestellt. In der umfangreichen Debatte fehlt jedoch oft die Klarheit, es kursieren Falschinformationen und Vorurteile und oftmals werden zwar Probleme angesprochen, jedoch keine Lösungen vorgeschlagen. Ziel dieses Abschnitts ist eine Auseinandersetzung mit den Gründen, warum viele Muslim:innen einem europäischen Islam skeptisch gegenüberstehen.

Fußfassen kann ein europäischer Islam nur, wenn er von den Muslim:innen getragen und von ihnen selbst sowohl theologisch als auch lebenspraktisch weiterentwickelt wird. Die meisten Muslim:innen können sich mit den Inhalten des europäischen Islam (so beispielsweise mit einer

Theologie im Einklang mit Werten wie Frieden, Rechtsstaatlichkeit, Demokratie, Geschlechtergerechtigkeit und humanistischem Bemühen sowie der konstruktiven Teilnahme und Teilhabe an einer pluralen Gesellschaft) durchaus identifizieren. Auf den Begriff europäischer Islam aber reagieren viele Muslim:innen ablehnend bzw. mit (manchmal unbegründeter) Angst. Diese Ablehnung ist jedoch nicht nur bei Muslim:innen auszumachen, auch bei nicht-muslimischen Europäer:innen herrscht in Bezug auf den europäischen Islam Skepsis vor. Aber Angst und Misstrauen sind „schlechte Berater", sie leisten keinen konstruktiven Beitrag und können den Weg zu einem friedlichen Zusammenleben verbauen.

Die Ablehnung wird auf muslimischer Seite meist mit Angst *um* den Islam begründet, während auf europäischer Seite Angst *vor* dem Islam verbreitet ist (vgl. Mohammed 2019b). Im Zentrum dieses Beitrags steht die Angst *um* den Islam. Doch beide dieser Haltungen verbindet eine falsche Annahme: die, dass es nur *einen* Islam gäbe. Dieser existiert aber nur in der Vorstellung, während in der Realität – in der historischen ebenso wie in der gegenwärtigen – immer verschiedene Interpretationen, Auffassungen und Praxen des Islam nebeneinander, miteinander und teilweise auch in Konkurrenz zueinander bestanden und bestehen.

3.1 „Es gibt nur einen Islam"

Die Annahme, es gäbe nur *einen* Islam, ist also der Hauptgrund für die ablehnende Haltung vieler Muslim:innen gegenüber der Idee eines europäischen Islam. So wird vielfach behauptet, der Islam sei immer der gleiche, egal wo auf dieser Welt er gelebt wird – ob in Europa oder Afrika, in der Türkei oder in den USA – es sei immer die gleiche Religion, der gleiche Glaube, das gleiche Ritual.

Dieses Bild wird auch von muslimischen Vertreter:innen verbreitet. So forderte etwa der Großscheich der al-Azhar, Ahmad al Tayyeb, in einer Rede vor dem deutschen Bundestag am 15. März 2016 Muslim:innen in Europa auf, sich gesellschaftlich zu integrieren und sich an die europäischen Regeln und Gesetze zu halten (vgl. Gerlach 2016, S. 7 f.). Er betonte, dass eine europäische und eine islamische Lebensführung nicht im Widerspruch zueinander stünden und wies darauf hin, dass europäische und islamische Gesetze auf den gleichen Werthaltungen beruhen (vgl. Al-Tayyeb 2017).

Dennoch lehnte er es strikt ab, diese Form des nach europäischen Gesetzen und im Rahmen europäischer Gesellschaften gelebten Islam als europäischen Islam zu bezeichnen (vgl. Gerlach 2016, S. 7 f.). Denn es gibt seiner Ansicht nach keine regionalen Formen des Islam, auch keinen asiatischen oder arabischen Islam. Der Islam sei „immer eins" und aufgrund der Einfachheit des Islam sei es gar nicht nötig, diesen zu ändern – er könne immer und überall praktiziert werden.

3.1.1 Aktuelle Realitäten

Obwohl die Aussagen Al-Tayyebs zum Frieden und zur Integration beitragen sollen und teilweise auch hilfreich sind, fällt bei genauerem Hinsehen auf, dass doch nicht alle seine Äußerungen der Lebensweltrealität der Muslim:innen in Europa entsprechen und einige davon Irritationen auslösten (vgl. Habermalz 2016).

Den *einen* Islam gibt es de facto in der Praxis nicht. Werden die Länder mit muslimischer Mehrheit betrachtet, so ist deutlich zu erkennen, dass sich viele „Versionen" des Islam auffinden lassen (vgl. Mohammed 2019b). Jedes Land hat seine Besonderheiten bezüglich kultureller

Prägungen, Traditionen und muslimischer Orthopraxie (vgl. ebd.). Die Unterschiede sind offensichtlich, es lässt sich etwa nicht bestreiten, dass sich die traditionelle Kleidung in Saudi-Arabien deutlich von etwa der in Jordanien unterscheidet. Auch die Rolle der Frau unterscheidet sich in den unterschiedlichen islamischen Gesellschaften stark.[1]

Dabei variieren jedoch nicht die islamischen Grundsätze, sondern die Art der Religionsausübung, die von kulturellen und traditionellen Aspekten beeinflusst wird (vgl. Takim 2023, S. 64). Trotz der kulturellen Unterschiede zählen alle diese Ausprägungen – sei es türkisch oder syrisch, saudi-arabisch oder europäisch – zum Islam, denn sie alle berufen sich auf die gleichen islamischen Quellen. Der Großimam betont in mehrere Interviews, dass man das islamische Denken reformieren kann, nicht aber den Islam selbst (vgl. Al-Tayyeb 2017). So lässt er den Rahmen für die Entwicklung eines europäischen Islam (teilweise) offen. Beim europäischen Islam handelt es sich tatsächlich nicht um einen „neuen" Islam, sondern um ein Neudenken des Islams im europäischen Kontext auf einer fundierten Basis. Eine tiefgründige Auseinandersetzung auf theologischer Ebene ist nötig, um einen fundierten Rahmen für den europäischen Islam zu schaffen und den Muslim:innen darzulegen, dass der europäische Islam seine Wurzeln in der gleichen muslimischen Philosophie, Theologie und Sozialethik hat wie jene Formen des Islam, die in mehrheitlich muslimischen Ländern praktiziert werden. Um eine Akzeptanz des europäischen Islam unter

---

[1] Als Indikator für die gesellschaftliche Stellung der Frau kann etwa die Erwerbsquote herangezogen werden. Dabei muss jedoch beachtet werden, dass diese auch von vielen anderen Faktoren, wie beispielsweise der wirtschaftlichen Situation eines Landes – abhängig ist. So lag – trotz gesellschaftlicher Änderungen in den letzten Jahren – die Erwerbsquote von Frauen in Saudi-Arabien im Jahr 2022 bei ca. 27 %, in Indonesien bei über 50 % (vgl. WKO 2023a, WKO 2023b, Sons 2014).

Muslim:innen zu erreichen, muss der Fokus auf der theologischen Ebene liegen – und nicht etwa auf bestimmten Traditionen oder kulturellen Praktiken, die in den unterschiedlichen Ländern verschieden ausgeübt werden. Denn Traditionen und Bräuche aus anderen Ländern können mit den europäischen Werten und Gesetzen in Widerspruch und Konflikt stehen, es muss daher ein Kompromiss zwischen Tradition und Moderne gefunden werden. Die theologischen Hintergründe des Islam – also das, was die Religion eigentlich ausmacht – ist jedoch auf jeden Fall mit den europäischen Werten vereinbar.

Eine wichtige Grundlage für die Auseinandersetzung mit den theologischen Hintergründen sind die Grundsätze und Traditionen der muslimischen Gelehrsamkeit, die im Folgenden näher beschrieben werden.

3.1.2 Der Koran und seine Exegese als Basis eines europäischen Islam?

Bereits im Koran, der wichtigsten Quelle des Islam, gibt es eine klare Unterscheidung zwischen zwei Teilen: Dem mekkanischen und dem medinensischen Teil. Diese Einteilung basiert auf den Orten, an denen die jeweiligen Abschnitte offenbart wurden. Sie verdeutlicht, dass den geografischen und kulturellen Gegebenheiten sowie den jeweiligen Adressaten bereits in der frühsten islamischen Geschichte für die Theologie zentrale Bedeutung beigemessen wurde. Das Wissen um die Offenbarungsorte Mekka und Medina ist eine wichtige Basis für jede Annäherung an den Koran.[2]

---

[2] Weiterführende Informationen dazu sind hier zu finden: Mohammed, Abualwafa. 2020a. *Der Koran und seine Bedeutungsebenen für das Hier und Jetzt*. Zeitgemäße theologisch-didaktische Annäherungen am Beispiel des Begriffs Dschihad. Wiesbaden: Springer Verlag. 73–79.

Die *Asbab an-Nuzul* (dt. Offenbarungsanlässe) sind ein grundlegendes Element der Koranexegese. Dabei wird bei der Auslegung der Texte nicht nur auf den Ort, sondern auch auf den historischen Kontext und den Anlass für die Wortmeldung Bezug genommen. Der politische und gesellschaftliche Hintergrund unterschied sich in den beiden Orten bedeutend: Während in Mekka keine Religionsfreiheit herrschte und Muslim:innen mit Unterdrückung konfrontiert wurden, stand die Gemeinde in Medina dem islamischen Glauben positiv gegenüber.[3]

Eine Berücksichtigung des kulturellen und sozialen Umfelds findet man auch in den Hadithen. Das Leben des Gesandten selbst war geprägt von der Rücksichtnahme auf die jeweiligen Umstände. So werden auch in den Hadithwissenschaften nicht nur Zeit und Ort, sondern auch die gesellschaftlichen Umstände und Regeln beachtet.

3.1.3 Die Sunnah und die Praxis des Propheten fördern freies Denken

Die Sunnah, die Lebensweise des Propheten, bildet die zweite Hauptquelle des Islam. Dieser Quelle ist anhand mehrerer Beispiele zu entnehmen, dass sich rechtliche Regelungen abhängig von Ort und gesellschaftlichem Kontext ändern und sich den soziokulturellen Gegebenheiten anpassen sollten.

Der Prophet lebte dies vor: Sein Lebensstil in Mekka war ein anderer als der in Medina. Auch in Medina hat er die Grenzen der Religion offenbart und gezeigt, dass seine

---

[3] Weiterführende Informationen dazu sind hier zu finden: Mohammed, Abualwafa. 2020a. *Der Koran und seine Bedeutungsebenen für das Hier und Jetzt*. Zeitgemäße theologisch-didaktische Annäherungen am Beispiel des Begriffs Dschihad. Wiesbaden: Springer Verlag. 41–51.

3 Hürden auf dem Weg zu einem europäischen ...

Taten und seine Aussagen reflektiert werden müssen und widerlegt werden können. Das wird etwa an folgendem Beispiel deutlich: Als Dattelbauern in Medina dem Ratschlag des ortsfremden Propheten, wie die Dattelpalmen zu behandeln seien, folgten, und daraus eine schlechte Ernte resultierte, scheute sich der Prophet nicht, einzuräumen: „In weltlichen Angelegenheiten verfügt ihr über besseres Wissen." (Sahih Muslim, 2363). Daraus lassen sich bedeutende Schlussfolgerungen ziehen, auch wenn sich der Hadith auf weltliche Angelegenheiten bezieht. Der Prophet stellt hier nämlich nicht den Anspruch, über alles am besten Bescheid zu wissen. Er gibt zu, dass es Fragen gibt, die von anderen aufgrund deren kultureller und örtlicher Expertise besser entschieden werden können.[4]

Schon der Name des Hadithkapitels in anerkannten Hadithsammlungen „Die Verpflichtung, dem zu gehorchen, was er in Bezug auf religiöse Angelegenheit sagt, aber nicht dem, was er in Bezug auf weltliche Angelegenheiten sagt" (Sahih Muslim, 2363), sagt aus, dass wir die Hadithe heute kritischer und vor allem differenzierter lesen sollen. Es muss also unbedingt eine Unterscheidung zwischen religiösen und weltlichen bzw. kulturellen Aspekten getroffen werden.

Diese Unterscheidung erklärt auch, warum es verschiedene Ausrichtungen und regionale Varianten des Islam gibt. Wie bereits erläutert, stimmen diese unterschiedlichen Aus-

---

[4] Anas berichtete, dass der Gesandte Allahs zufällig an einer Gruppe einheimischer medinensischer Bauern vorbeikam, die mit der Palmenbefruchtung beschäftigt waren.
Er sagte: „Es könnte von Vorteil für euch sein, wenn ihr es unterlasst." Daraufhin gaben sie diese Praxis auf und die Ernte wurde geringer. Als der Prophet erneut an ihnen vorbeikam, fragte er: „Was ist mit euren Palmen los?" Die Leute berichteten ihm von seinen früheren Aussagen. Daraufhin sagte er: „Ihr wisst mehr über die Angelegenheiten des täglichen Lebens als ich." (vgl. Sahih Muslim, 2363).

prägungen in Bezug auf religiöse Grundsätze überein, unterscheiden sich jedoch hinsichtlich weltlicher und soziokultureller Praktiken voneinander. Der Prophet hat die Vielfalt der Gemeinde in Medina und die Besonderheiten jeder Gruppe bzw. jedes Bezirks teilweise vertraglich festgelegt. Sein Lob für bestimmte Regionen und Teile der Gemeinde sowie sein Lob für die Einheimischen Medinas (die Ansar) und beispielsweise für Bani-Tamim oder Bani al-Haris (vgl. Sahih Muslim, 2511, 2512, 2514 und 2523) ist in vielen Hadithen zu finden. Die Berücksichtigung von Ort und Zeit war für den Propheten also eine Selbstverständlichkeit.

3.1.4 Systematische Grundlage aus Normenlehre und Usul-Wissenschaften

Mit der Systematisierung und Normenlehre des Islam entstanden die Rechtsschulen, sowohl im sunnitischen als auch im schiitischen Islam. Jede Rechtsschule war dabei regional geprägt. Regionale Unterschiede erkennt man nicht nur in der Normenlehre, sondern auch in anderen Bereichen wie etwa der Koranexegese.

Die sunnitisch-schafiitische Rechtsschule *(Maḏhab)* ist ein Paradebeispiel dafür. Innerhalb dieser einen Rechtsschule ist zwischen der alten und der neuen Schule zu unterscheiden. Die alte Maḏhab gründet auf der Meinung des Maḏhab-Gründers al-Schafii im Irak. Die neue Rechtsschule bezeichnet die Rechtsschule in Ägypten – als al-Schafi'i dorthin umzog, aktualisierte er seine Meinungen und Auffassungen in Bezug auf viele Fragen und passte sie den kulturellen und sozialen Gegebenheiten an. Dieses Beispiel zeigt, wie flexibel die islamische Normenlehre ist.

Es ist unter muslimischen Gelehrten und Theologen bekannt, dass die Fatwa (die Rechtsauffassung) an Zeit, Ort und persönliche Umstände angepasst werden soll. Im Usūl

3 Hürden auf dem Weg zu einem europäischen ...

al-fiqh (dt. Grundlagen der islamischen Normenlehre) gibt es fünf grundlegende Fiqh-Regeln, die die gesamte Normenlehre bestimmen. Die fünfte Regel heißt: *al-ʿādat muḥkama* (dt.: Die Sitte ist maßgebend). Eine Teilregel darunter gibt wiederum an, dass „die Fatwa sich nach Ort und Zeit ändern soll"[5].

Dieser Regel widerspricht der „Import" von Fatwas aus mehrheitlich muslimischen Ländern nach Europa, denn diese können die Gesellschaft, die Lebensrealität und die kulturellen Gegebenheiten der europäischen Länder nicht berücksichtigen. Dieses Problem ist der muslimischen Gemeinschaft offensichtlich bekannt, wie ein Zitat des IGGÖ-Präsidenten Ümit Vural zeigt: „Ich will nicht, dass von Saudi-Arabien oder der Türkei Fatwas erstellt werden". Dasselbe ist in den letzten fünf Jahren von muslimischen Vertreter:innen unterschiedlicher europäischer Länder zu hören (vgl. Guénois und Gonzalés 2021). Importierte Fatwas können für Verwirrung sorgen und den Muslim:innen in Europa das Leben erschweren. Daher sollten nicht die Standards und Gegebenheiten in anderen Ländern, sondern die aktuelle, regionale Situation die Basis und das gesellschaftliche Gemeinwohl das Ziel der Fatwas bilden. (vgl. Rauscher 2019).

Ein zentraler Aspekt in der islamischen Rechtsgrundlage ist das Konzept von al-maṣāliḥ al-mursalh. Das Wort Maslaha bedeutet so viel wie Gemeinwohl (vgl. Schmid 2012, S. 490; Rifai 2021). Das Maslaha-Konzept besagt, dass es gewisse Prinzipien gibt, nach denen man zum Schutz des Gemeinwohls handeln soll und die die Basis der Scharia[6] bilden (vgl. Khadduri 2012). Diese Prinzipien können an Ort und Zeit angepasst werden, sie sind nicht im Koran

---

[5] Taġyur al-Fatwā bi-taġyur al-Zamān wa al-Makān.
[6] Damit ist in diesem Kontext das islamische Recht gemeint.

festgeschrieben, aber trotzdem herrscht im Islam Einigkeit über sie (vgl. Schmid 2012, S. 493). Die Prinzipien werden dabei in drei Ebenen unterteilt: Notwendigkeiten, Bedürfnisse und Verbesserungen (vgl. Schmid 2012, S. 494). Als Notwendigkeiten werden jene Regeln bezeichnet, die für das Zusammenleben unerlässlich sind. Die fünf notwendigen Prinzipien des Islam lauten: „Religion bzw. islamische Lebensführung, menschliches Leben, Nachkommenschaft, Eigentum, Vernunft bzw. Verstand" (Schmid 2012, S. 495). Dass der Schutz dieser Prinzipien einen rechtlichen Rahmen braucht, wird in allen Rechtsschulen großgeschrieben (vgl. Rifai 2021).

3.2 Politische Agenda und Angst vor Vereinnahmung

Viele Muslim:innen haben Angst, ihre Religion aufzugeben, denn diese stellt für sie einen zentralen Wert dar und gibt ihnen Halt. Diese Tatsache ist einer der Gründe für die Ablehnung von Konzepten eines europäischen Islam. Insbesondere wenn politische Interessen im Spiel sind, stellt dies ein mehrfaches Hindernis dar. Ideologien, die den Islam politisieren und instrumentalisieren sowie populistische Politiker:innen nutzen dies aus, um die Menschen zu beeinflussen, ohne langfristige, allgemein anerkannte und durchführbare Lösungen zu bieten. Was das in diesem Buch vorgestellte Konzept des europäischen Islam jedoch von anderen unterscheidet, ist, dass es von Muslim:innen entwickelt wird und ihre Lebensrealität im Zentrum hat. Außerdem ist das Konzept notwendig, da es eine Lösung für die Weiterentwicklung des muslimischen Lebens in Europa braucht (Schmid 2012, S. 13). Muslim:innen in Europa haben das Bedürfnis nach einer

Vision und einem Rahmen für ihre islamische Praxis. Dieser Rahmen muss ihrer Lebensrealität entsprechen und gleichzeitig mit islamischen und europäischen Werten vereinbar sein. Nur so kann ein europäischer Islam von Muslim:innen gestaltet und angenommen werden.

3.3 Unschärfe der Debatte und das fehlende Gesamtkonzept eines europäischen Islam

Der Begriff des Euro-Islam und andere ähnliche Konzepte wirken auf viele Muslim:innen deshalb als Provokation, weil sie durch politische Akteur:innen vorgegeben werden, jedoch über kein Gesamtkonzept und keinen Umsetzungsplan, der von Muslim:innen selbst gestaltet wurde, verfügen (vgl. Mohammed 2019b). Dass die Ideen von Personen stammen, die sich selbst als „liberal" oder als „Ex-Muslime" bezeichnen, wird in der öffentlichen Debatte situativ betont. Dabei ist zu beachten, dass Vorschläge vonseiten dieser Gruppen einen wichtigen Beitrag in der Debatte um einen europäischen Islam leisten können. Ein religiöses Konzept kann aber nur dann authentisch wirken, wenn es von Menschen entwickelt wird, denen der Islam am Herzen liegt und die den anstrengenden Aufklärungsweg mit Muslim:innen gehen wollen.

Aus mehreren Workshops und offenen Diskussionen mit Muslim:innen konnte ich schließen, dass die Muslim:innen überwiegend nicht inhaltlich in Opposition zu dem Konzept eines europäischen Islam stehen, aber Begriffen wie „Euro-Islam" oder „Islam österreichischer Prägung" gegenüber skeptisch sind. Der Grund liegt darin, dass diese Begriffe mit bekannten „Islam-Kritiker:innen" verbunden werden, was für eine emotionale „Blockade" dem Begriff gegenüber sorgt. Im Feld der Gemeindearbeit – wie ich aus eigener Erfahrung berichten kann – braucht es zur Auflösung dieser Blockade vor allem das direkte Gespräch, Offenheit und Überzeugungsarbeit. Im Islam soll es vorrangig um die Inhalte gehen, wie es im Hadith bei al-Tirmiḏī und Ibn Māǧa heißt: „Die Weisheit ist es, was ein:e Muslim:in sucht, ganz gleich wo oder bei wem man sie findet, soll man ihr als erster folgen." Auch im Koran wird die Wichtigkeit einer fairen und sachlichen Auseinandersetzung betont. Dies gilt für alle Menschen, auch für die ‚Gegner:innen' (vgl. Koran 5:8).

3.4 Gründe für die Ablehnung der Begriffe und Konzepte

3.4.1 Skepsis gegenüber Veränderungen

Veränderungen innerhalb der Religionsgemeinschaften werden oft mit Skepsis betrachtet. Das Thema Religion im Allgemeinen ist mit vielen Emotionen verbunden. Daher scheint es sicherer zu sein, bei alten und bekannten Mustern zu bleiben. Der Koran kritisiert genau dies: „Sie sagten: Wir fanden, dass schon unsere Väter so handelten" (Koran 26:74). Gemeint ist mit dem Handeln der Väter, über die bisherige Praxis zu reflektieren und sich Gedanken zu machen. Diese Reflexion ist Teil der Tradition des islamischen Denkens. Der Koran begründet seine Kritik damit, dass ein solches Verhalten – also das grundlose Festhalten an althergebrachten Verhaltensmustern – keine Logik hat und zu keiner Rechtleitung führt (vgl. Koran 2:170).

Der Islam war und ist – wie ich ihn erlebe – kritikfähig und das soll er auch unbedingt bleiben. Muslim:innen sollten sich also nicht auf festgefahrene Positionen versteifen. Die Debatte sollte nicht um Personen oder Begriffe geführt werden, sondern der Inhalt soll entscheiden und für Ablehnung oder Annahme von Ideen maßgeblich sein. Der Koran fordert in der „eröffnenden" Sure (al-Fātiḥa) von den Gläubigen eine jeden Tag aufs Neue unternommene Bemühung um den rechten, den geraden Weg *(aṣ-ṣirāṭa l-mustaqīm)*. Das ist gleichbedeutend mit der Offenheit gegenüber Veränderung und Neuem.

Die Gründe für die Ablehnung von Veränderungen und Neuerungen kann man folgendermaßen einteilen:

Sorge um Assimilation: Ein Teil der Muslim:innen könnte besorgt sein, dass ein europäischer Islam zu stark auf Assimilation setzt und ihre religiöse Identität gefährdet. In der öffentlichen Debatte gibt es immer wieder Wortmeldungen von Politiker:innen, die diese Ängste schüren und die gesellschaftliche Integration gefährden, indem sie etwa diskriminierende gesetzliche Verbote fordern (Öser 2019).[7]

Auch Wertekurse und die Forderungen nach einem Fach „Staatskunde" (vgl. Mittnik 2019) erwecken bei vielen Muslim:innen den Eindruck, dass sie zwangsweise assimiliert werden sollen und ihnen eine „Anleitung" für die korrekte Lebensführung in Europa aufgezwungen wird. „Vertiefte Kenntnisse […] der demokratischen Ordnung und der daraus ableitbaren Grundprinzipien" (Bundeskanzleramt 2023) wurden von der österreichischen Regierung als Integrationsziele festgelegt. Das kann bei zugewanderten Menschen den Eindruck erzeugen, dass ihnen unterstellt wird, pauschal keine Kenntnisse über

---

[7] Viele solche Gesetze, etwa Kopftuchverbote, sind verfassungswidrig und wurden vom Höchstgericht aufgehoben (vgl. Verfassungsgerichtshof Österreich 2020).

Demokratie zu haben, was natürlich nicht den Fakten entspricht. Trotz der Bedenken ist die Auseinandersetzung mit Werten des Landes, in dem man um leben möchte, grundsätzlich als positiv zu bewerten. Die Kurse können den Menschen Orientierung geben, sie über geltende Gesetze aufklären und ihnen den Start in ihr Leben in Europa erleichtern. Wichtig ist dabei jedoch, auch in den Kursen einen wertschätzenden Umgang miteinander zu pflegen und auf Dialog statt Assimilationszwang zu setzen.

Wiederholte Aussagen von Politiker:innen, der Islam gehöre nicht zu Österreich (vgl. Thalhammer 2019) bzw. zu Deutschland (vgl. Kaleta, Reimann und Weiland 2016), führen dazu, dass Muslim:innen Sorge haben, die Freiheit, ihre Religion auszuüben, zu verlieren.

Auch in anderen europäischen Ländern werden Muslim:innen – und dabei oft ganz explizit – von der Politik mit Vorurteilen konfrontiert. Ein drastisches Beispiel dafür sind Äußerungen des niederländischen Rechtspolitikers Geert Wilders, der nicht nur ein weitgehendes Verbot des Islam in den Niederlanden wünschte, sondern die Religion sogar mit dem Nationalsozialismus verglichen hat – wodurch er Muslim:innen und alle Opfer des Nationalsozialismus in einem Atemzug beleidigt (vgl. Kurier 2017).

Die genannten Beispiele verdeutlichen, dass in der Politik immer wieder Aussagen getätigt werden, die Muslim:innen Angst um ihre Religion machen. Im Hintergrund solcher Äußerungen sinkt die Offenheit für einen europäischen Islam, stattdessen kommt es zur Hinwendung zu den jeweiligen Herkunftsländern. Angst und Ausgrenzungserfahrungen verleiten Muslim:innen zudem eher dazu, mit politisierten Ideologien des Islam bzw. Islamismus zu sympathisieren. Solche radikalen Strömungen sind stets auf der Suche nach Anhänger:innen und profitieren von der negativen gesellschaftlichen Stimmung.

Verlust kultureller Identität: Viele Muslim:innen haben Bedenken hinsichtlich ihrer kulturellen Identität und befürchten, dass ein europäischer Islam ihre Verbindung zu ihren Herkunftsländern und ihren traditionellen Werten gefährde. Diese Angst betrifft besonders kürzlich zugewanderte Muslim:innen und Flüchtlinge.

Fakt ist jedoch, dass die Demokratie und die Charta der europäischen Grundrechte die kulturelle Vielfalt schützen und Menschen unterschiedlicher Herkunft vor ethnischer Diskriminierung bewahren (vgl. Amtsblatt der europäischen Union 2012). Entsprechend sollen sich Menschen jeglicher Herkunft an den in Europa geltenden Werterahmen halten und einer pluralen Gesellschaft offen gegenüberstehen. So können sie sich darauf verlassen, dass auch ihre eigene Kultur geschützt wird.

3.4.2 Politische Einflussnahme, in- und ausländisch

Die politischen und religiösen Führungen in den Heimatländern einiger Muslim:innen könnten gegen die Idee eines europäischen Islam sein, um ihre eigene religiöse Autorität zu wahren. Daher versuchen sie, die Meinung von Muslim:innen in Europa zu beeinflussen.

Die ideologische und politische Einmischung kann in folgende Kategorien unterteilt werden:

3.4.2.1 Politik in europäischen Ländern:

In vielen europäischen Ländern nutzen einheimische Politiker:innen das Thema Islam, um während Wahlkämpfen Aufmerksamkeit zu erregen und ihre Umfragewerte zu steigern. Dabei wird bisweilen vernachlässigt, dass einige ihrer Maßnahmen und Forderungen negative Auswirkungen auf das gesellschaftliche Zusammenleben haben und möglicherweise im Widerspruch zu europäischen Gesetzen und Werten stehen.[8] Die Diskussion wird häufig auch mit Kampfbegriffen geführt, die nicht eindeutig definiert sind.

Populistische, nicht fundierte Forderungen stellen ein Hindernis auf dem Weg zu einem europäischen Islam dar, da sie die religiösen Freiheiten der Menschen einschränken und durch die pauschale Verdächtigung von Muslim:innen gesellschaftliches Misstrauen schüren. Gleichzeitig führen solche Äußerungen und Forderungen dazu, dass sich Muslim:innen diskriminiert und ausgegrenzt fühlen, was wiederum ihre Bereitschaft zur Integration beeinträchtigen kann.

Politiker:innen können das Thema Islam nutzen, um sich politische Vorteile zu verschaffen und Wahlen zu gewinnen. Dabei ist jedoch zu bedenken, dass diese Taktik mittel- und langfristig weder der Demokratie noch den Menschen nützt. Politiker:innen, die sich auf dieses riskante Spiel einlassen, laufen Gefahr, Radikalisierung zu fördern und Muslim:innen extremistischen und politisierten Ideologien auszuliefern.

Eine engagierte und ehrliche Zusammenarbeit mit Muslim:innen und die Wahrung einer klaren und fairen politischen Position zahlen sich letztendlich aus.

3.4.2.2 Ideologie der Politisierung des Islam

Zu den Ideologien zählen militante und salafistische Strömungen sowie der politische Islam in seinen verschiedensten Varianten und Erscheinungsformen. Viele organisierte

---

[8] In dem von Sebastian Kurz geforderten Straftbestand „Politischer Islam" beispielsweise könnten auch Gedanken und nicht nur Taten als rechtswidrig gelten. Das widerspricht den Rechtsgrundlagen der EU (vgl. Leitlein 2020).

Muslim:innen in Europa verfolgen ein ideologisches Ziel oder eine politische Agenda. Das ist an sich nicht das Hauptproblem, solange dies offen kommuniziert wird und kritisiert werden darf.

Aber der Islam wird häufig als Machtinstrument missbraucht und dient nur als Mittel zum Zweck der Verbreitung einer Ideologie. Daher lehnen einflussreiche Ideolog:innen in den muslimischen Gemeinden einen fortschrittlichen europäischen Islam ab – dieser eignet sich nicht so gut für eine Instrumentalisierung für politische Zwecke.

Ausgebildete Anhänger:innen des politischen Islams 2.0 sowie wortgewandte junge Salafist:innen zeigen in öffentlichen und sozialen Medien Offenheit für die Ansätze des europäischen Islam. Aber sie konstruieren durchgehend Feindbilder, insbesondere einheimische Politiker:innen und mit ihnen auch die staatlichen Institutionen werden von ihnen abgelehnt (vgl. Sirseloudi und Reinke de Buitrago 2016). Sie verbreiten das Narrativ, dass einige einheimische Politiker:innen den Islam zerstören würden und nur die von den Salafist:innen verbreitete Ideologie die Muslim:innen und den Islam in Europa retten könne. Typisch ist dabei, eine Opferhaltung einzunehmen und die Skandalisierung von Konkurrent:innen und politischen Gegner:innen zu betreiben. Die Ideolog:innen stellen sich als von Politik und Gesellschaft verfolgt dar, selbst Begriffe wie „europäischer Islam" werden aus Angst vor Macht- und Kontrollverlusten über die Muslim:innen von solchen Aktivist:innen nicht selten als „islamophob" gebrandmarkt.

3.4.2.3 Der konsularische Islam

Der konsularische Islam hat Interesse an der Beeinflussung von Muslim:innen in Europa. Hier lassen sich drei konsularische Ausrichtungen erkennen:

1. **Länder, die eine Diaspora in Europa haben:** Viele Staatsangehörige dieser Länder sowie ihre Nachkommen, die oft auch über die Staatsbürgerschaft des Herkunftslandes verfügen, leben in den entsprechenden europäischen Ländern. Diese Gruppe ist eine wichtige Wählerschaft, ihre politische Einstellung kann in den entsprechenden Herkunftsländern sogar wahlentscheidend sein.[9] So wird der Einfluss bewusst in den Ländern genommen, in denen sich eine große Diaspora befindet. Marokko etwa interessiert sich für seine Staatsbürger:innen in Frankreich, Belgien, den Niederlanden und Italien (Haas 2009), während die Türkei sich für die muslimischen Gemeinden in Deutschland[10] und Österreich[11] interessiert.[12] Auch Länder wie Ägypten interessieren sich für ägyptischstämmige Personen

---

[9] Ein Beispiel dafür ist, dass der türkische Präsident Erdogan einen hohen Wert auf die Wählerschaft der Deutsch-Türk:innen legt. Erdogan erfreut sich hoher Beliebtheit in dieser Gruppe, was laut Medienberichten auf gezielten Wahlkampf und Beeinflussung der Deutschtürk:innen zurückzuführen ist. Siehe etwa: ZDF. 2023. Stimmen der Deutsch-Türken: Deutliche Mehrheit in Deutschland für Erdogan. https://www.zdf.de/nachrichten/politik/tuerken-deutschland-erdogan-tuerkei-wahl-100.html Letzter Zugriff 28. September 2023.

Dündar, Can. 2023. Türkischer Wahlkampf in Deutschland: In Berlin gibt es derzeit keine Bilder für ihn. https://www.zeit.de/kultur/2023-01/recep-tayyip-erdogan-wahlkampf-deutschland-akp-mustafa-ac-kgoez Letzter Zugriff: 27. September 2023.

[10] In Deutschland lebten 2023 fast 1,5 Mio. Türk:innen. Sie stellen damit die größte Gruppe von Ausländer:innen dar (vgl. Statista 2023a).

[11] In Österreich waren im Jahr 2023 Türk:innen mit ca. 120.000 Personen die viertgrößte Ausländer:innen-Gruppe (vgl. Statista 2023b).

[12] Beispiele für große türkische Diasporavereine sind der DITIB (deutsch: Türkisch-Islamische Union der Anstalt für Religion) in Deutschland und der ATIB (deutsch: Türkisch-Islamische Union für kulturelle und soziale Zusammenarbeit in Österreich) in Österreich. Die Websites der beiden Dachverbände sind online unter www.ditib.de bzw. www.atib.at zu finden (letzter Zugriff: 27.07.2023).

in Österreich, Großbritannien und Italien und versuchen, die Menschen dort direkt zu erreichen.[13]
2. **Länder, die keine Diaspora in Europa haben:** Diese wollen Muslim:innen beeinflussen, um global oder regional ihre Macht zu erhalten. Geopolitische Konflikte werden so auf europäischen Boden übertragen. Beispiele dafür sind einige arabischen Golfstaaten.
3. **Länder, die keine oder kaum Diaspora haben, aber den kulturellen Austausch mit Europa suchen:** Diese Länder haben nicht die politische Beeinflussung europäischer Muslim:innen zum Ziel, sondern wollen auf kultureller Ebene eine Gesprächsbasis mit Europa aufrechterhalten. Beispiele dafür sind Jordanien und der Oman.

Die Frage der Diaspora wird ausführlich in Abschn. 5.2.6 bearbeitet. Die Interessen des konsularischen Islam sind auf jeden Fall ein Hindernis auf dem Weg zu einem europäischen Islam, denn Muslim:innen in Europa sollen eigenständig sein und brauchen weder Einfluss noch „Hilfe" aus anderen Ländern. In Bezug auf solche „Hilfen" muss besonders bedacht werden, dass der konsularische Islam politische Ziele verfolgt und seine Strategien und Pläne kurzfristig zu ändern kann. Zum Beispiel könnten Entscheidungen eines etwaigen neuen „säkulären" Regierungschefs, Königs oder Thronfolgers dazu führen, dass muslimische Gruppen und Einrichtungen in Europa plötzlich weniger großzügige „patenschaftliche" Unterstützung erhalten. Dies würde Muslim:innen vor unerwartete

---

[13] Ein Beispiel dafür ist der Ägyptische Club in Wien, der laut eigenen Angaben eng mit der ägyptischen Botschaft zusammenarbeitet. Eine Beschreibung des Ägyptischen Clubs auf findet man auf mappaustria: https://mappaustria.com/d-i.html?utm_content=gyptischer-club-wien-i7133214 Letzter Zugriff: 27. Juli 2023.

Herausforderungen stellen, für die sie nicht vorbereitet sind. Daher ist es von entscheidender Bedeutung, eigenständig und unabhängig zu handeln und bewusster auf Europa und die Muslim:innen hier zu vertrauen.

Natürlich sollte zwischen europäischen und muslimischen Ländern ein diplomatischer und wirtschaftlicher Austausch bestehen. Dieser muss jedoch beidseitig sein und soll zur Bildung des Friedens beitragen und keine negativen Auswirkungen auf die Zukunft des Islam in Europa haben. Der Beitrag, den die Herkunftsstaaten vieler europäischer Muslim:innen und andere muslimisch geprägte Länder etwa beim Aufbau einer religiösen Infrastruktur in Europa geleistet haben, muss anerkannt werden. Die Staaten müssen aber akzeptieren, dass Muslim:innen in Europa ihren eigenen Weg gehen.

Es ist zweifelsohne sowohl für die Politik als auch für die Religion von Vorteil, einen gewissen Abstand zueinander zu wahren. Die ausländische Politik sollte diese Distanz einhalten, um den Muslim:innen in Europa die Möglichkeit zu geben, ihren eigenen Weg zu gehen und einen europäischen, für ihre Lebensrealität passenden Islam zu etablieren.

3.5 Exkurs: Dichotomie der Werte-Debatte

Es gibt einen prägnanten Erfahrungsbericht des ägyptischen früheren Großmuftis Mohammed Abduh, den er nach seinem Aufenthalt in Paris (1882–1884) abgab: „Ich fand in Europa Islam ohne Muslime, und in meinem Land Muslime ohne Islam." (Al-Araji 2015, S. 446).

Das sind sehr anerkennende Worte für Europa, indem Abduh die hier vorgefundenen Werte und gesellschaftlichen Umgangsweisen als im Einklang mit den Werten des Islam sah, obwohl es im 19. Jahrhundert kaum muslimische Präsenz in Mitteleuropa gab. Der gewünschte Zustand ist dabei, dass zwischen dem Islam als Religion (sowie seiner Theologie und Orthopraxie), Europa (als einer gewachsenen Sinngemeinschaft mit geteilten Werten) und seinen Muslim:innen (als in Europa beheimateten Menschen muslimischen Bekenntnisses) keine Spannung, sondern vielmehr ein Konsens besteht.

Was es in den Debatten um einen europäischen Islam daher vor allem braucht, ist Flexibilität. Der Islam zeigt diese theologisch begründete Flexibilität, die sich etwa in der von Thomas Bauer in den Diskurs eingebrachten islamischen Ambiguitätstoleranz ausdrückt.

Diese Flexibilität verdeutlicht sich aber auch im Umgang mit veränderten Umständen, was keine Neuerung darstellen würde, sondern auch in der Geschichte des Islam bereits so praktiziert wurde. Ein Beispiel dafür ist, wie in diesem Kapitel bereits dargelegt, Imam al-Schafii, der Gründer einer der vier Hauptrechtsschulen des Islam, der nach seiner Migration nach Ägypten umfassende Änderungen, Anpassungen und Erneuerungen an seinem islamischen Rechtsverständnis der von ihm im Irak gegründeten Rechtsschule vornahm.[14] Genau jene Flexibilität eines dynamischen Islam brauchen die Muslim:innen heute und hier in Europa.

---

[14] Dabei handelt es sich um die alte und die neue schafiitische Rechtsschule, die beide bis heute unterrichtet und ortsgebunden praktiziert werden.

4

Wertegrundlagen und Rahmenbedingungen für das Zusammenleben in Europa

Dieses Kapitel behandelt die Frage der Werte, auf denen der europäische Islam beruhen kann, auf einen übergeordneten, normativen Ebene. Was sind aktuell die wichtigsten gesellschaftlichen Werte in Europa? Warum sind sie europäisch und warum sind sie gleichzeitig muslimisch? Das untenstehende Diagramm veranschaulicht, um welche Werte es sich dabei handelt (Abb. 4.1).

Die Auswahl der in diesem Kapitel im Fokus stehenden Werte beruht auf den Eurobarometer-Studien, im Rahmen derer im Abstand von zehn Jahren erhoben wird, welche Werte von EU-Bürger:innen als wichtige europäische Werte angesehen werden (vgl. Bundeszentrale für Politische Bildung 2019). Die sieben in der Studie am häufigsten genannten Werte sind: Frieden, Menschenrechte, Demokratie, Rechtsstaatlichkeit, Solidarität, Respekt gegenüber menschlichem Leben und Freiheit des Einzelnen. Bei der letzten Umfrage wurden die drei Werte Frieden,

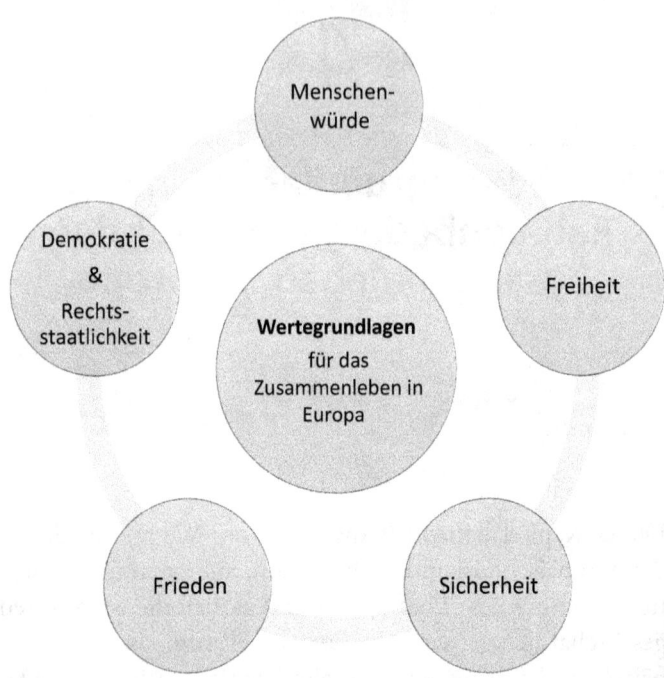

Abb. 4.1 Wertegrundlagen für das Zusammenleben in Europa. (Eigene Darstellung)

Menschenrechte und Demokratie am häufigsten an der Spitze gereiht. In 19 Ländern kommt der Frieden an der ersten Stelle, in sechs Ländern werden die Menschenrechte und in drei die Demokratie als zentrale und repräsentative Werte für die Europäische Union gesehen. Es sind die Werte, die aus der europäischen humanistischen Tradition hervorgegangen sind und das Beste an Europa präsentieren. Sie bilden eine Basis für Verständigung und ein gutes Miteinander. Diese Werte stimmen auch mit jenen Werten überein, die in der Präambel der Charta der Grundrechte der EU als gemeinsame Wertegrundlage genannt werden. Durch einen Einbezug sowohl der Charta der Grundrechte der EU als auch der Eurobarometer-Umfrage wird deutlich, dass diese Werte nicht nur von europäischen Vertreter:innen, sondern auch von der Bevölkerung für wichtig erachtet werden.

Ob und inwieweit diese Werte „europäisch" und „islamisch" sind wird in diesem Kapitel analysiert. Die Vorgehensweise bei der Untersuchung ist folgende: Auf europäischer Ebene werden die Verfassung, die Charta der Grundrechte der EU und die Allgemeine Erklärung der Menschenrechte (AEMR) als zentrale Quellen herangezogen. Es wird analysiert, welche bedeutende Stellung die untersuchten Werte in diesen Dokumenten einnehmen. Der Bezug der Werte zum Islam wird dargestellt, indem untersucht wird, ob diese in den Hauptquellen des Islam behandelt bzw. begründet werden. Es wird also nach Indizien im Koran und in der prophetischen Praxis gesucht und damit die Relevanz für Muslim:innen in Europa und den Islam heute aufgezeigt.

In beiden Fällen werden die Ergebnisse empirischer Untersuchungen miteinbezogen. Hier sei angemerkt, dass die relativ neue Festlegung der Werte als „europäischer Werterahmen" sowie die erst in den letzten Jahrzehnten stark angewachsene Präsenz von Muslim:innen in (West)Europa dazu führen, dass es erst verhältnismäßig wenige Erhebungen gibt, die sich mit den Werten und ihrer Akzeptanz und Rezeption durch die in Europa lebenden Muslim:innen auseinandersetzen. Außerdem werden für die Untersuchung auch relevante Medienberichte sowie Statements von Politiker:innen und muslimischen Vertreter:innen herangezogen.

4.1 Menschenwürde

1948 wurde mit der „Allgemeinen Erklärung der Menschenrechte" der erste weltweit gültige Beschluss, die Rechte und die Würde jedes einzelnen Menschen zu schützen, gefasst (vgl. Ramcharan 2008, S. 201). Mit dem bekannten ersten Satz des ersten Artikels „Alle Menschen sind frei und gleich an Würde und Rechten geboren." (vgl. Vereinte Nationen 1948) erfolgt ein klares Bekenntnis dazu, dass jeder einzelne Mensch von Geburt an über eine Menschenwürde verfügt, die nicht verletzt werden darf.

Die Achtung der Menschenwürde ist auch ein wichtiges Grundprinzip der Europäischen Union. Die EU führt als den ersten ihrer Werte „Würde des Menschen" an: „Die Würde des Menschen ist unantastbar. Sie ist zu achten und zu schützen. Sie bildet das eigentliche Fundament der Grundrechte." (Europäische Union 2023b).

Auch wenn die Achtung der Menschenrechte heute als Grundpfeiler der europäischen Werte gilt, darf die Allgemeine Erklärung der Menschenrechte nicht als eine Erfindung der „westlichen Welt" gesehen werden. Sie wurde von Politiker:innen und Philosoph:innen aus vielen unterschiedlichen Ländern geprägt. Führend beteiligt waren auch Personen etwa aus Indien, China, Chile und Ägypten, also durchaus nicht nur aus europäischen und nordamerikanischen Ländern (vgl. Ramcharan 2008, S. 201).

Die Allgemeine Erklärung der Menschenrechte war ein wichtiger Meilenstein in der Durchsetzung und der Verbreitung der Idee der Menschenwürde, doch sie ist nicht die erste Überlegung dieser Art. In der Geschichte der Menschheit gab es auch zuvor schon religiöse und philosophische Überlegungen zum Thema Menschenwürde (vgl. Wittinger 2008, S. 18). Ideengeschichtlich werden die Menschenrechte als ein „Kind der Aufklärung" (ebd.). aufgefasst. Wie im ersten Kapitel ausführlich dargelegt wurde, bildeten die Übersetzungen und Werke islamischer Gelehrter eine wichtige Grundlage für die Aufklärung. Wenn man also weit genug in der Geschichte zurückblickt, wurde das Fundament für die Menschenrechte sowohl in Europa als auch im Islam gelegt.

4.1.1 Menschenwürde im Islam

Im Islam ist die Menschenwürde von zentraler Bedeutung. Diese ist laut Koran dem Menschen innewohnend und gottgegeben (vgl. Mohammed 2023a, S. 184). Gott hat gemäß der Schöpfungsgeschichte im Koran den Menschen erschaffen, ihm Wissen gegeben und ihn zu seinem Statthalter auf Erden gemacht. Auf diese Art hat Gott allen Menschen Würde und zugleich auch Verantwortung gegeben.

Zudem wird im Koran betont, dass jeder Mensch über genau den gleichen Wert verfügt (vgl. ebd., S. 179). Denn der Koran besagt, dass alle Menschen aus einer Seele entstanden sind – diese gemeinsame Schaffung aller Menschen gibt also allen Menschen denselben Wert.

Zugleich ist mit einem Menschenbild, das auf einer Schöpfungsgeschichte beruht, auch eine Verantwortung verbunden: Der Mensch hat die Aufgabe, auf die ihm gegebene Welt achtzugeben (vgl. Sejdini u. a. 2017, S. 51).

Im islamischen Diskurs sind drei Positionen zur Menschenwürde zu erkennen.[1] Die erste kann als polemisch und anti-westlich bezeichnet werden: In dieser Vorstellung wird das Verständnis einer allgemeinen Menschenwürde abgelehnt, stattdessen wird nur gläubigen Muslim:innen Würde zugesprochen. Eine Stimme dieser Richtung formuliert es wie folgt:

„Wer von Menschenwürde unter menschengemachten Bedingungen spricht, in denen Menschen andere Menschen anbeten, spricht in der Tat von einer Illusion und täuscht sich selbst und andere, indem er ihnen Würde zuschreibt oder verspricht." (Qutub 1975, S. 185)

---

[1] Die drei Positionen sind ausführlicher im Beitrag des Autors (Mohammed 2023, S. 184 f.) zu lesen.

Die zweite Position gesteht jedem Menschen unabhängig von seinem Glauben Würde zu – positioniert sich dabei jedoch in Konkurrenz zum westlichen Menschenrechtsverständnis und zur 1948 verabschiedeten Allgemeinen Erklärung der Menschenrechte. Vertreter:innen dieser Position meinen, dass die Idee der Menschenwürde im Islam bereits auf eine viel längere Geschichte zurückblickt als in Europa und dem Rest der Welt. Die Skepsis von muslimischen Gelehrten gegenüber dem Westen könnte der Grund für Formulierung und Verabschiedung einer „islamischen" Erklärung der Menschenrechte (in deren Zentrum steht die Frage der Würde) im Jahr 1990 sein. Die „Iʿlān al-Qāhira ḥaula ḥuqūq al-Insān fī al-Islām" ist in der deutschen Literatur als Kairoer Erklärung der Menschenrechte im Islam bekannt und gilt „als der repräsentativste und öffentlichkeitswirksamste Gegenentwurf zur AEMR" (vgl. Voges 2021, S. 103). Die umstrittene Kairoer Erklärung der Menschenrechte im Islam ist sehr einflussreich,[2] da sie „von der Organisation der Islamischen Konferenz (Organization of the Islamic Conference OIC), einem Zusammenschluss von 56 muslimisch geprägten Staaten, verabschiedet wurde" (Gruber-Lavin 2015, S. 123).

Der dritte Zugang ist der Versuch einer zeitgemäßen Lesung und Betrachtung der Menschenwürde im Lichte der westlichen Lebensweltrealität und der gesellschaftlichen und menschenrechtlichen Standards unter Einbeziehung islamischen Quellen. Hierfür spielen ein anthropologisches islamisches Menschenbild und der westliche Rahmen eine entscheidende Rolle (vgl. Mohammed 2023a, S. 186). Diese Strömung unterscheidet zwischen dem modernen Verständnis der Menschenwürde und vormodernen islamischen Konzeptionen der Würde des Menschen

---

[2] Auch wenn sie im Vergleich zur AEMR völkerrechtlich nicht verpflichtend ist.

(Khalfaoui 2022, S. 171). Sie versucht aber, ausgehend von einer humanistischen und christlichen Vorstellung der Menschenwürde eine islamische Begründung in Anlehnung an das christliche moderne Menschenrechtsverständnis zu erarbeiten sowie eine Art Synchronisation zwischen den beiden Ansätzen herzustellen (vgl. Sejdini u. a. 2017, S. 53 ff.). Dabei können islamische Besonderheiten und bereichernde Aspekte des Korans aus dem Blickfeld geraten. Dieser Zugang ist vor allem in der englisch- und deutschsprachigen Islamforschung anzutreffen.

4.1.2 Recht auf Leben

Die islamische Auffassung, dass alle Menschen gleich viel wert sind und ein Recht auf Leben haben, stimmt mit der Erklärung der Menschenrechte und mit den Werten der EU überein.

Wenn alle Menschen aus der gleichen Seele geschaffen wurden und damit gleich viel wert sind, so bedeutet das auch, dass niemand etwa aufgrund von körperlichen oder persönlichen Merkmalen diskriminiert werden darf. Darauf wird auch in der bereits thematisierten umstrittenen Kairoer Erklärung der Menschenrechte im Islam explizit hingewiesen: „Alle Menschen sind gleich an Würde, Pflichten und Verantwortung; und das ohne Ansehen von Rasse, Hautfarbe, Sprache, Geschlecht, Religion, politischer Einstellung, sozialem Status oder anderen Gründen." Gewalt und Terror werden in der Kairoer Menschenrechtserklärung verurteilt, auch wenn für die Bereiche Prävention und Aufklärung noch großer Nachholbedarf besteht. Diese Menschenrechtserklärung kann als Versuch einer Verknüpfung von Menschenrechten und islamischem Recht betrachtet werden. Ein deutlicher Unterschied zur AEMR ist die Begründung der Menschenrechte: Während diese in der AEMR mit der Vernunft bzw. der Aufklärung begründet werden, gelten sie in der Kairoer Menschenrechtserklärung als gottgegeben (vgl. Fritzsche 2016, S. 100).

Inhaltlich zeigen aber schon die jeweiligen ersten Sätze der AEMR, der Charta der Grundrechte der EU und der Kairoer Erklärung der Menschenrechte im Islam eine deutliche Übereinstimmung. Folglich stehen der Islam und die Menschenrechte keineswegs im Widerspruch zueinander. Ganz im Gegenteil ist die Achtung der Menschenwürde ein Wert, den Europa und der Islam teilen.

4.2 Freiheit

Die Freiheit ist in der Charta der Grundrechte der Europäischen Union verankert. So heißt es in Artikel 6: „Jeder Mensch hat das Recht auf Freiheit und Sicherheit" (Europäische Union 2012).

Die Konzeption von Freiheit im Islam, wie sie im Koran dargestellt wird, ist komplex und wurde im Laufe der Jahrhunderte von verschiedenen theologischen, kulturellen und historischen Perspektiven beeinflusst. Der Begriff Freiheit kann im Koran auf unterschiedliche Weisen interpretiert werden und umfasst, wie auch der Freiheitsbegriff in der Charta der Grundrechte der EU, unterschiedliche Bereiche. Der zentrale Koranvers zum Thema Freiheit lautet: „Es gibt keinen Zwang im Glauben" (Koran 2:256).

4.2.1 Religionsfreiheit – europäischer Zugang

Eine wichtige Grundfreiheit ist die Religionsfreiheit. Diese ist explizit unter Artikel 10 der Charta der Grundrechte der EU zu lesen:

4 Wertegrundlagen und Rahmenbedingungen …

„Jede Person hat das Recht auf Gedanken-, Gewissens- und Religionsfreiheit. Dieses Recht umfasst die Freiheit, die Religion oder Weltanschauung zu wechseln, und die Freiheit, seine Religion oder Weltanschauung einzeln oder gemeinsam mit anderen öffentlich oder privat durch Gottesdienst, Unterricht, Bräuche und Riten zu bekennen." (Europäische Union 2012).

Zunächst wird auf die Freiheit der Ausübung der Religion eingegangen. In vielen europäischen Ländern wie etwa Deutschland wird das Recht auf Ausübung der Religion durch den säkulären Staat gefördert, indem etwa anerkannte Glaubensgemeinschaften unterstützt werden und das Recht auf das Tragen von religiösen Symbolen trotz einiger aufgekommener Diskussionen als mehr oder weniger selbstverständlich gilt. In laizistischen Staaten wie Frankreich hingegen wird versucht, Religion aus dem öffentlichen Raum zu verdrängen, so gilt etwa für Lehrpersonen ein Kopftuchverbot (vgl. Steinberg 2017, S. 162). Auf einige Regelungen im laizistischen Frankreich wird in Kap. 2.4 näher eingegangen.

Jeder Mensch sollte das Recht haben, seinen Glauben auf die Art und Weise zu leben, die er für richtig hält. Dies bedeutet nicht nur die Freiheit, seine religiösen Rituale und Gebete auszuführen, sondern auch die Freiheit, sich weiterzubilden und seine religiösen Kenntnisse zu vertiefen. Muslim:innen haben manchmal Angst etwa vor beruflichen Nachteilen, wenn sie in Moscheen aktiv sind, manche sogar in so einem Ausmaßdass sie keine Moschee besuchen. Das ist ein falsches Signal und gefährlich. In einer pluralistischen Gesellschaft wie Europa ist es entscheidend, dass Muslim:innen die Freiheit haben, ihren Glauben nach ihren eigenen Überzeugungen zu leben.

Säkularität verhindert grundsätzlich die Diskriminierung von Muslim:innen, indem sie den Anhänger:innen aller innerislamischen Strömungen das Ausüben ihrer Religion ermöglicht. Ein Beispiel dafür ist die Situation der Alevit:innen: Diesen war die Durchführung eines Religionsunterrichts an öffentlichen Bildungseinrichtungen erstmals in Deutschland möglich, nicht in ihrem Ursprungsland (vgl. Rohe 2019, S. 170 f.) Auch in Österreich sind die Alevit:innen seit dem Islamgesetz von 2015 eine anerkannte Glaubensgemeinschaft. Auch andere Strömungen des Islam, die in mehrheitlich muslimischen Ländern im schlimmsten Fall verboten sind und deren Anhänger:innen wegen Abtrünnigkeit oder Ketzerei verurteilt werden, finden in Europa einen Platz und den richtigen Rahmen, um ihre Religion frei ausüben zu können. Heute ist die Trennung von Religion und Staat in Europa nicht mehr wegzudenken, während in vielen islamisch geprägten Ländern eine solche Trennung nicht vorhanden ist. Ein Blick zurück in die Geschichte zeigt jedoch, dass auch in Europa die Religionsfreiheit nicht immer existierte – und dass in islamischen Territorien etwa im Mittelalter das Zusammenleben von Anhänger:innen unterschiedlicher Religionen selbstverständlich war (siehe dazu Kap. 1). Es kann also nicht gesagt werden, dass Europa und Religionsfreiheit immer untrennbar miteinander verbunden waren und der Islam und die Religionsfreiheit einen Gegensatz darstellen.

Mittlerweile wird von vielen in Europa lebenden Muslim:innen ein säkulärer Rechtsstaat klar befürwortet (vgl. Khalfaoui 2022, S. 70). Der Zentralrat der Muslime in Deutschland veröffentlichte in seiner Islamischen Charta das Statement „Wir zielen nicht auf Herstellung eines klerikalen Gottesstaates ab. Viel mehr begrüßen wir das System der Bundesrepublik Deutschland, in dem Staat und Religion harmonisch aufeinander bezogen sind." (Zentralrat der Muslime in Deutschland 2002).

Die Deutsche Islam Konferenz bezeichnet die Regelung bezüglich Religionen in Deutschland als „vorbildlich" (vgl. Bundesministerium des Innern 2015, S. 8). Zugleich weist sie darauf hin, dass „sich die Entwicklung eines in Deutschland gelebten Islam nur innerhalb des durch den Rechtsstaat gesetzten Rahmens vollziehen" kann (vgl. ebd.). Eine Religionsfreiheit und damit die gleichen religiösen Rechte für alle sind auch nur in einem säkulären Staat durchsetzbar. Auch die IGGÖ befürwortet das säkuläre System Österreichs auf ihrer Website ausdrücklich (vgl. IGGÖ 2023). Abgesehen von der Freiheit, Religionen auszuüben, ist in den Grundrechten der EU auch die Freiheit, die Religion zu wechseln, festgehalten. Das schließt auch mit ein, dass jede:r das Recht hat, seine:ihre Religion zu verlassen oder keiner Religion anzugehören.

4.2.2 Glaubensfreiheit im Islam

Im Islam sind sowohl die positive als auch die negative Glaubensfreiheit garantiert. Die Glaubensfreiheit ist im Koran eindeutig festgeschrieben.

Der Islam betont die Freiheit des Glaubens und die individuelle Verantwortung vor Gott: „Jeder Mensch ist verantwortlich für sein Tun" (Koran 74:38).[3] Im Koran wird an mehreren Stellen betont, dass es keinen Zwang im Glauben geben sollte (vgl. Koran 2:256). Jeder Mensch hat die Freiheit zu glauben oder auch nicht: „Sprich: Die Wahrheit kommt von eurem Herrn. Wer will, der glaube, und wer da will, der bleibe ohne Glauben!" (Koran 18:29). Ein zivilisierter Umgang mit verschiedenen Religionen ist

---

[3] Wörtliche Übersetzung: Jede Seele ist dem verpfändet, was sie begangen hat.

dem Koran nach eine Selbstverständlichkeit, wie das Zitat „Ihr habt eure Religion und ich habe meine"[4] belegt.

Zur Religionsfreiheit in diesem Sinne bekennt sich auch die Deutsche Islam Konferenz. Sie fordert „Toleranz gegenüber Andersgläubigen (einschließlich derer, die sich an keine religiösen und spirituellen Überzeugungen gebunden fühlen)" (Bundesministerium des Innern 2015, S. 12).

4.2.3 Persönliche Freiheiten

In der Allgemeinen Erklärung der Menschenrechte ist in Artikel 16 folgendes festgehalten:

1. Heiratsfähige Männer und Frauen haben ohne jede Beschränkung aufgrund der Rasse, der Staatsangehörigkeit oder der Religion das Recht, zu heiraten und eine Familie zu gründen. Sie haben bei der Eheschließung, während der Ehe und bei deren Auflösung gleiche Rechte.
2. Eine Ehe darf nur bei freier und uneingeschränkter Willenseinigung der künftigen Ehegatten geschlossen werden. (Vereinte Nationen 1948)

Dieser Artikel verbietet also die Zwangsehe und verdeutlicht zudem die Gleichberechtigung von Männern und Frauen in der Ehe sowie auch bei einer etwaigen Scheidung.

Der Koran und die Praxis des Propheten als die erste Koranauslegung unterstreichen diese Werte. In einem´ Hadith hat der Prophet klargestellt, dass die Ehe-Entschei-

---

[4] „Euch eure Religion und mir die meine!" (Koran 109:6).

dung eine persönliche Entscheidung und ein subjektives Recht ist. Er betont in der Gemeinde, dass die Väter und Mütter bei dieser Entscheidung keinen Einfluss haben dürfen. Unter den damaligen sozialen und kulturellen Gegebenheiten galt die Ehe als eine Familien- und Sippenangelegenheit. Der Prophet betonte jedoch schon damals, dass die Ehe erst dann gültig ist, wenn die Frau eine deutliche Zustimmung dazu gibt. In dem authentischen Hadith bei al-Buchari berichtet Ḫansā' bint Ḫidām, dass der Prophet die Ehe für ungültig erklärte, als ihr Vater sie gegen ihren Willen verheiraten wollte.

Obwohl die Entscheidungsfreiheit in der Eheschließung sowohl in den europäischen als auch in den islamischen Werten verankert ist, gibt es weltweit und auch in Europa nach wie vor Zwangsehen – allein in Österreich Schätzungen zufolge jährlich bis zu 200 (vgl. Tomaselli 2023). Die Opfer – meistens Mädchen oder junge Frauen – sind sowohl unter Asylsuchenden als auch unter europäischen Staatsbürger:innen und in verschiedenen Religionsgruppen (z. B. Muslim:innen, Hindus und Zeug:innen Jehovas) zu finden (vgl. ebd.). Neben der Ehre der Familie, finanziellen Problemen oder falschen Versprechungen wird auch die Religion als Druckmittel verwendet, um Frauen davon zu überzeugen, in die Ehe einzuwilligen (vgl. Alkan 2011). Deshalb ist es besonders wichtig, dass junge Menschen über ihre Religion aufgeklärt werden – so können sie weniger leicht Beeinflussungen zum Opfer fallen. In den Gemeinden soll das Patriarchat bekämpft und Aufklärungsarbeit über Rechte und Freiheit geleistet werden.

Muslimische öffentliche und offizielle Vertretungen in Europa betonen, dass Zwangsverheiratungen und auch häusliche Gewalt nicht im Islam begründet, sondern auf ein patriarchalisches System zurückzuführen sind (vgl. Bundesministerium des Innern 2015, S. 15 f.). An dieser Stelle muss auch darauf hingewiesen werden, dass eben dieses patriarchalische System auch in anderen Religionen vorhanden ist. In Europa waren und sind sexuelle und häusliche Gewalt große Probleme, die Gleichberechtigung der Geschlechter ist auch heute keinesfalls endgültig erreicht (vgl. Schmidt 2021). Strukturelle Benachteiligung von Frauen ist nach wie vor weltweit zu verzeichnen. Gerade in der heutigen Zeit, in der in Österreich die Anzahl von Femiziden und Gewaltverbrechen gegen Frauen alarmierend hoch ist (vgl. Statistik Austria 2023) darf geschlechterspezifische Gewalt nicht als „islamisches" Problem abgetan werden, sondern es muss gesamtgesellschaftlich an Lösungen für die Sicherheit von Frauen und Mädchen gearbeitet werden.

Auch die durch das österreichische Bundeskanzleramt initiierte Website gewaltinfo.at führt „fehlende Gleichstellungspolitik, das tiefsitzende patriarchalische System, Genderstereotypien und die traditionellen Rollenmuster" (Rösslhumer 2022) als zentrale Gründe für Gewalt an. Diese Probleme sind in den meisten Gesellschaften, unabhängig von Nationalität und Religion, anzutreffen.

Eine an der Universität Tübingen durchgeführte Studie zu Meinungen von Muslim:innen zum Familienrecht[5] ergab, dass die meisten Befragten ein modernes Verständnis von Ehe und Geschlechterrollen haben und das säkuläre Recht grundsätzlich dem religiösen Recht vorziehen (vgl. Khalfaoui 2022, S. 75). Das moralisch-religiöse Recht sehen sie dabei nicht als Widerspruch, sondern als „ergänzende Bereicherung, als eine Art zusätzlichen Segen" (ebd.). Auch wenn das Feld noch in keiner Weise abschließend erforscht ist, kann aus den Ergebnissen geschlossen

---

[5] Es wird darauf hingewiesen, dass diese Studie nicht repräsentativ ist und nur mit dem Ziel, Konfliktfelder herauszufinden, die in weiterführenden Studien untersucht werden können, durchgeführt wurde.

werden, dass in muslimischen Gemeinschaften die Unterstützung patriarchalischer Strukturen nicht vollständig gegeben ist (ebd., S. 76).[6]

Obwohl endlich ein Trend in Richtung Gleichberechtigung der Geschlechter zu verzeichnen ist, dürfen bestehende Missstände nicht ignoriert und auch nicht geleugnet werden. Diskriminierungen jeder Art – und damit auch aufgrund von Geschlecht oder sexueller Orientierung – dürfen in Europa nicht toleriert werden. Ein Abstempeln des Islam als „frauenfeindliche Religion" ist jedoch in keiner Weise zielführend. Sinnvoll ist es hingegen, durch Bildung und Aufklärung gegen geschlechterspezifische Vorurteile und Ungerechtigkeiten zu arbeiten.

Außerdem ist es wichtig, bestehende Ungerechtigkeiten und Missstände nicht religiös zu begründen zu versuchen. Genderspezifische Ungleichberechtigung und Gewalt sind auf die Entscheidungen von Einzelpersonen, auf die Weitergabe von problematischen traditionellen Einstellungen und auf patriarchalische Systeme zurückzuführen. Es gibt jedoch keine religiöse Begründung oder Rechtfertigung dafür.

„Problematische" Koranstellen sollen historisch-kritisch gelesen und es sollen die Jahrhunderte zurückreichende humane Tafsir (Koranexegese) und die übergeordneten Ziele des Koran und des Islam angewendet werden. Es ist wichtig, neue Herangehensweisen und Interpretationen zu erschließen und zu diskutieren, die die Entwicklung der Menschheit nicht ausblenden und die das Hier und Jetzt nicht zu verdrängen oder zu vernachlässigen scheinen.

---

[6] Weitere Informationen sowie Statistiken zu Einstellungen von Muslim:innen in Deutschland in familienbezogenen Fragen findet man auch in folgender Publikation: Khalfaoui, Mouez. 2020. Current Muslim Understandings of Classical Family Law in a Modern Secular Context: Germany as a Case Study. In *Journal of Muslim Minority Affairs,* 40, 117–127.

Darauf wird im Abschn. 4.6 Gewalt an Frauen näher eingegangen.

4.2.4 Freiheit in der Lebensführung im Islam

Das islamische Menschenbild sieht uneingeschränkte Freiheit des Menschen in Bezug auf seine Lebensführung und seine Handlungen. Im Islam hat der Mensch die Freiheit, zwischen Gut und Böse zu entscheiden. Das bedeutet, dass jeder Mensch individuell entscheiden darf, ob er:sie ein Leben gemäß den Grundsätzen des Islam führen will oder nicht. Gemäß ihren Handlungen werden die Menschen nur von Gott beurteilt (vgl. Koran 18:29). Lange wurde in der islamischen Dogmatik, den Kalam-Schulen und in verschiedenen philosophischen Richtungen darüber debattiert, inwieweit der Mensch in seinen Handlungen angesichts der Hervorbestimmung Gottes frei ist. Das Thema der Freiheit ist im islamischen Denken somit ein lebendiges Anliegen. Theologische Richtungen wie Muʿtaziliten haben die Freiheit als Grundbasis für ihr Denken und ihre fünf Grundlagen des Islam bauen auf die Idee der Handlungsfreiheit der Menschen auf.[7]

Auf persönlicher und innermuslimischer Ebene gibt es viele Aspekte der Freiheit, die von großer Bedeutung sind und gesichert werden sollen. Die Freiheit, Studium und Beruf entsprechend der eigenen Wünsche wählen zu können, ist für junge Muslim:innen von entscheidender

---

[7] Weitere Informationen zu Muʿtaziliten und ihrer Entwicklung: Hildebrandt, Thomas. 2007. Neo-Muʿtazilismus?: Intention und Kontext im modernen arabischen Umgang mit dem rationalistischen Erbe des Islam. Bd. 71 der *Reihe Islamic Philosophy, Theology and Science,* Hrsg. Hans Daiber. Leiden/Boston: Bril.;

Mohammed, Abualwafa. 2020a. *Der Koran und seine Bedeutungsebenen für das Hier und Jetzt.* Zeitgemäße theologisch-didaktische Annäherungen am Beispiel des Begriffs Dschihad. Wiesbaden: Springer Verlag.

Bedeutung. Weder die Familie noch ideologische Strukturen dürfen dabei das Sagen haben. Alle jungen Menschen sollten die gleichen Chancen und Freiheiten haben, ihre Begabungen und Interessen zu verfolgen, unabhängig von traditionellen oder kulturellen Einschränkungen. Ebenso wichtig ist die Freiheit, das eigene äußere Erscheinungsbild frei gestalten zu können. Dies schließt die Wahl des Outfits und auch die Entscheidung über das Tragen oder Ablegen des Kopftuchs ein. Jeder Mensch hat das Recht, sein Äußeres nach seinen eigenen Vorlieben zu gestalten.

Es gibt im Islam auch Einschränkungen der Freiheit, die im Sinne der Gemeinschaft bestehen sollen. So sind manche persönlichen Freiheiten dem Wohl der Gruppe untergeordnet. Dieser Ansatz ist jedoch auch außerhalb des Islam und in modernen Verfassungen und Rechtssystemen weit verbreitet. Gesetze, die in europäischen Rechtsstaaten gelten, sind das beste Beispiel dafür, dass eine gewisse Einschränkung der individuellen Freiheit für das Funktionieren einer Gesellschaft nötig ist. Wir haben kürzlich wegen Covid-19 große Freiheitseinschränkungen erlebt. Außerdem gab es in europäischen Ländern (z. B. Frankreich) aufgrund von Terroranschlägen bzw. Terrorgefahr Einschränkungen von persönlichen Freiheiten (vgl. Jobard 2017, S. 42 ff.). In beiden Fällen wurden diese Einschränkungen jedoch ausschließlich mit dem Ziel des Wohls und der Sicherheit der Gesellschaft vorgenommen.

Die persönliche Freiheit kann im Islam auch nie unabhängig von religiösen, moralischen und gesellschaftlichen Vorgaben und Regeln gesehen werden. Jede:r Muslim:in trägt Verantwortung vor Gott und vor der Gemeinschaft und soll diese bei der Frage nach Handlungsfreiheit immer bedenken.

Ein Beispiel für die Übernahme von Verantwortung gegenüber der Gesellschaft ist die erwähnte Covid-19-Krise: Die islamischen Gemeinschaften in Europa reagierten verantwortungsbewusst, indem sie die Religionsausübung einschränkten und den Maßnahmen nicht im Weg standen (vgl. IGGÖ 2020). Hier wurde die gesellschaftliche Verantwortung in den Mittelpunkt gestellt.[8]

4.2.5 Meinungsfreiheit

„Angst ist bekanntlich ein schlechter Ratgeber" (Mohammed 2020b) und sollte daher auf keinen Fall die Debatte um den und innerhalb des Islam prägen. Genau das ist aber oft der Fall – dabei geht es zum einen um die Angst vor dem Islam, die sich oft in Form von Ausländer:innen-Feindlichkeit sowie der Angst vor einer vermeintlichen „Überfremdung" äußert, sowie um die Angst um den Islam, wobei Muslim:innen Angst vor dem Verlust ihrer religiösen Identität haben. Die Debatte stellt ein gefährliches Spiel dar, dominiert von einem vermeintlichen „Kulturkampf" einerseits und emotionalisierten Muslim:innen in einer „Opferrolle" andererseits. Beide Lager verunmöglichen eine sachliche Auseinandersetzung mit den aktuellen Herausforderungen und wehren jede sachliche Diskussion mit ihren Kampfbegriffen, sei es „Islamisierung" oder „Islamophobie", ab." (vgl. ebd).

Während Angst die Möglichkeiten der Entwicklung eines europäischen Islam einschränkt, ist die Frage der Freiheit von zentraler Bedeutung für diese, sowohl auf gesamtgesellschaftlicher als auch auf persönlicher und innerislamischer Ebene.

Die Möglichkeit, die eigene Meinung frei zu äußern, die Religiosität frei praktizieren zu können, sowie die persönliche Freiheit in Studium, Beruf, Religionsausübung

---

[8] Weitere Informationen dazu: Mückl, Stefan. 2021. *Religionsfreiheit in Seuchenzeiten.* Berlin: Duncker & Humblot.

und äußerlicher Gestaltung sind grundlegende Menschenrechte, die respektiert und geschützt werden sollten. Diese schaffen eine Gesellschaft, in der Muslim:innen sich frei entfalten und ein aktiver Teil des gesellschaftlichen Lebens sein können.

Die Meinungsfreiheit ist ein Grundprinzip der Demokratie und sollte für Muslim:innen selbstverständlich und gültig sein. Leider sehen sich viele Muslim:innen immer noch mit Vorurteilen und Diskriminierung konfrontiert, wenn sie ihre Meinung zu religiösen oder gesellschaftlichen Themen äußern. Es ist wichtig, dass Muslim:innen die Freiheit haben, ihre Überzeugungen und Ansichten zu teilen, ohne Angst vor Ausgrenzung, Diskriminierung, Willkür oder negativen Konsequenzen zu haben. In einigen europäischen Staaten bestehen Versäumnisse und Orientierungsmangel im Umgang mit ihren muslimischen Gemeinschaften, was zur Verletzung von Grund- und Freiheitsrechten führt. Dies kann mittel- und langfristig zu anhaltendem Misstrauen und einer Kultur der Angst führen. Eine solche Kultur sollte auf europäischem Boden keinen Platz zu finden.

Wie zuvor erwähnt betont der Koran die Religionsfreiheit, auch die negative (Koran 2:256). Muslim:innen sollen die Freiheit haben, die eigene Religion zu verlassen. Es sollte selbstverständlich sein, Organisationen verlassen zu können, ohne die Befürchtung, diffamiert oder skandalisiert zu werden. Alle Menschen sollen außerdem die Freiheit haben, sich als wenig oder gar nicht religiös zu bekennen, das ist ein weiterer wichtiger Aspekt der persönlichen Freiheit, der geschützt werden soll – gesellschaftlich und innermuslimisch.

Schließlich ist es von großer Bedeutung, junge Menschen aus Sekten und sektenähnlichen Strukturen zu befreien und ihnen die Freiheit zu sichern, diese Umgebungen „frei" zu verlassen. Oft werden junge Menschen in solchen Gruppen manipuliert und unter Druck gesetzt, ihre individuellen Freiheiten einzuschränken. Es ist wichtig, dass Opfer Unterstützung erhalten, um sich aus solchen Strukturen zu befreien und ein selbstbestimmtes Leben führen zu können.

4.3 Sicherheit

Die EU gilt heute als eine der sichersten und stabilsten Regionen der Welt (vgl. Statista 2022b). Die meisten Einwohner:innen der EU-Staaten können heute ohne Angst vor Krieg, Terrorismus und schweren Menschenrechtsverletzungen leben. In der 2015 veröffentlichten Europäischen Sicherheitsagenda wird festgehalten:

> „Die Europäische Union will sicherstellen, dass die Menschen in einem Raum der Freiheit, der Sicherheit und des Rechts ohne Binnengrenzen leben können. Die Europäerinnen und Europäer müssen darauf vertrauen können, dass ihre Freiheit und ihre Sicherheit in vollem Einklang mit den Werten der Union, zu denen auch die Rechtsstaatlichkeit und die Grundrechte gehören, wirksam geschützt werden, und zwar unabhängig davon, wo sie sich gerade in Europa befinden" (vgl. Europäische Kommission 2015).

Auch in der Charta der Grundrechte wird der Wert Sicherheit im bereits erwähnten Artikel 6 festgehalten: „Jeder Mensch hat das Recht auf Freiheit und Sicherheit" (Europäische Union 2012). Einzelne Aspekte der Sicherheit sind auch in anderen Artikeln enthalten, etwa im „Recht auf Unversehrtheit" (Artikel 3), im „Verbot der Folter und unmenschlicher oder erniedrigender Strafe oder Behandlung" (Artikel 4) und im „Verbot der Sklaverei und Zwangsarbeit" (Artikel 5) (Europäische Union 2012).

4 Wertegrundlagen und Rahmenbedingungen …

Nicht nur für in Europa geborene Menschen ist die Sicherheit ein zentraler Wert. Auch die meisten Flüchtlinge und Migrant:innen entscheiden sich bewusst für das Ziel Europa, da sie hier in Sicherheit leben können. Das betrifft besonders politisch oder religiös verfolgte Menschen, die ihre Weltanschauung in Europa frei ausüben dürfen. Das Asylrecht ist in den Artikeln 18 und 19 der Charta der Grundrechte der Europäischen Union geregelt.

Auch wenn das Leben in Europa für geflüchtete und zugewanderte Menschen ganze ohne Frage nicht problemlos verläuft, sondern durchaus noch von Schwierigkeiten geprägt ist, so profitieren sie doch von der europäischen Sicherheit und ziehen dieses System auf jeden Fall den Bedrohungen in ihren Herkunftsländern vor. Diesem Bekenntnis zum Wert der Sicherheit müssen zugewanderte Menschen unbedingt auch in Europa treu bleiben. Möglich ist das, indem sie – auch wenn sie mit Chancenungleichheit und Diskriminierung konfrontiert sind – versuchen, ein Leben zu führen, das mit Sicherheit und Menschenrechten konform ist, und sich bewusst gegen Kriminalität und Radikalisierung entscheiden.

Genauso muss aber auch von allen in Europa lebenden Menschen verlangt werden, dass sie ihren Mitmenschen ein Leben in Sicherheit ermöglichen. Rassistisch oder ausländerfeindlich motivierte Gewalt und Diskriminierung gefährden nicht nur Migrant:innen, sondern auch die gesamtgesellschaftliche Sicherheit in Europa.

Die Sicherheitsfrage wurde nach den Terroranschlägen in Paris 2015 und den nachfolgenden Attentaten in Brüssel, Berlin und Wien zu einem zentralen Thema für Europa. Die berechtigte Angst vor dem Terror bedingte eine Verbreitung der nicht berechtigten Islamfeindlichkeit in der Gesellschaft. Bei der Aufarbeitung von Terroranschlägen ist es daher besonders wichtig, zu verdeutlichen, dass alle Einwohner:innen Europas – also auch Muslim:innen – unter dem Terror leiden und dass Muslim:in zu sein keineswegs bedeutet, über eine islamistische Gesinnung zu verfügen.

Sicherheit im Islam
Sicherheit ist ein Wert, der im Koran und im Islam eine bedeutsame Stellung hat. Die zentrale Bedeutung ist unter anderem daraus ersichtlich, dass der Sicherheitsverleihende (Al-mu'min) ein Name Gottes ist (Koran 59:23). Als Gottes Name hat Sicherheit damit eine transzendierte Bedeutung und an verschiedenen Stellen des Koran ist die ästhetische Formulierung "lā ḥawf ʿalayhim wa-lā hum yaḥzunūn"[9] zu finden, die auch Sicherheit im Jenseits zum zentralen Thema macht.

In der früheren mekkanischen Phase erinnert der Koran an die Gaben, die zu schätzen sind: Nahrungssicherheit und ein Leben in Sicherheit (vgl. Koran 106:4). Diese beiden Sicherheiten sollen auch heute geschätzt werden und Muslim:innen sollen sich dafür einsetzen, diese Sicherheiten aufrechtzuerhalten.

Der Koran sieht es als Grundrecht, in Sicherheit zu leben und ruft die Gläubigen auf, auch Gegner:innen Sicherheit zu garantieren „Wenn einer von den Polytheisten dich um Schutz bittet, so gewähre ihm diesen" (Koran 9:6), bis er seinen Zielort oder einen sicheren Ort erreicht hat. Im Koran bezieht sich dieses Recht nicht nur auf die physische, sondern auch auf die seelische Sicherheit. Hier ist eine deutliche Übereinstimmung mit der Charta der Grundrechte der Europäischen Union zu erkennen, in der in Artikel drei explizit darauf hingewiesen wird, dass das Recht auf Unversehrtheit die „körperliche und geistige

---

[9] „Keine Angst soll ihnen weilen, kein Kummer sie wird ereilen" (Koran 2:38).

Unversehrtheit" (Europäische Union 2012) miteinschließt.

Der vielzitierte koranische Vers „Kein Zwang im Glauben" (Koran 2:256) kann abstrakt so gelesen werden, dass Gewalt in jeder Form in der Religion keinen Platz hat und jeder Mensch in Sicherheit leben können soll. Auch die gesamtgesellschaftliche Sicherheit soll so gewahrt werden. Der Koran betont die Wichtigkeit der Einhaltung von Gesetzen und ethischen Prinzipien wie Fairness, die die Grundlage für die Gewährleistung von Sicherheit in den Gemeinschaften bilden. Sei es gegenüber den eigenen Eltern, Verwandten oder nahestehenden Menschen, sei es gegenüber Armen oder Reichen, Menschen sollen für Gerechtigkeit und Sicherheit aufstehen und ihre Stimme dafür erheben (vgl. Koran 4:135).

Das Konzept *Amān*, das Schutz und Sicherheit bedeutet, erweitert sich auf vertragliche Sicherheit. Der Islam betont die Einhaltung von Verträgen und Abkommen als Mittel zur Sicherheit und zum Frieden. Darauf wird auch im Abschn. 4.7.2 (Rechtsstaatlichkeit) kurz eingegangen.

Der Prophet definiert Muslim:in-Sein wie folgt: „Ein Muslim ist der, von dessen Hand und Zunge die Menschen sicher sind" (vgl. Riyad as-Salihin Nr. 211 bei al-Buchari und Muslim). Auch dieses Zitat verdeutlicht, dass im Islam Gewalt – sei es körperlich oder psychisch – grundsätzlich abgelehnt wird.

4.4 Exkurs: Der Islam in Europa darf keine Sicherheitsfrage sein

Europa steht vor der Herausforderung, mit seiner wachsenden muslimischen Bevölkerung umzugehen. Dieser Prozess hat eine wichtige politische, soziale, pädagogische und kulturelle Dimension, die in der öffentlichen Debatte nicht selten vernachlässigt wird. Insbesondere wird der Islam in Europa allzu oft als Sicherheitsfrage behandelt. Diese Betrachtungsweise führt zu einer Reihe von Problemen und kann die Integration, die Freiheit und das Wohlbefinden von Muslim:innen in Europa beeinträchtigen. Der Islam in Europa darf nicht als Sicherheitsthema, sondern sollte vielmehr als eine Frage der Werte, der Freiheit und Vielfalt behandelt werden.

Wie im ersten Kapitel dargelegt, haben Europa und der Islam eine lange Geschichte des Austausches und der Begegnung. In den letzten Jahrzehnten steht die Vielfalt in Europa auf dem Prüfstand. Es ist erkennbar, dass es bei der Frage der Integration und Flüchtlingspolitik in der EU Fehlentwicklungen und Versäumnisse gibt. Die Problematik auf den Islam und auf den Rücken der Muslim:innen zu schieben, ist nicht nur populistisch, sondern auch verantwortungslos. Zudem löst dies kein einziges tatsächliches Problem.

Die Angst vor Radikalisierung und Terrorismus hat zu einer erhöhten Überwachung und zu Einschränkungen der individuellen Freiheiten geführt.[10] Dieses Sicherheitsdenken betrifft nicht nur Extremist:innen, sondern oft die gesamte muslimische Gemeinschaft. Es gibt genug Fälle in Europa, in denen muslimische Bürger:innen aufgrund ihres Glaubens diskriminiert, überwacht oder stigmatisiert werden.

---

[10] Wie in Abschn. 4.2.4 angeführt, können solche Einschränkungen der individuellen Freiheit zum Gemeinwohl in vielen Fällen sehr sinnvoll oder notwendig sein; diese Überzeugung teilen sowohl die islamische Tradition als auch die europäischen Rechtsstaaten. Es muss jedoch immer sehr genau abgewogen werden, ob die Einschränkungen wirklich gerechtfertigt sind. Entscheidungen dürfen hier keinesfalls auf Basis von Angst oder gesellschaftlichen Stimmungen gefällt werden, sondern müssen immer gut begründet werden.

4 Wertegrundlagen und Rahmenbedingungen ...

Diese Denkweise ist nicht nur moralisch problematisch, sondern auch kontraproduktiv. Indem der Islam in Europa als Sicherheitsthema behandelt wird, entstehen gesellschaftliches Misstrauen und Angst in der muslimischen Gemeinschaft. Dies kann zur Radikalisierung führen und die Integration erschweren. Die Einbindung von Muslim:innen in die europäische Gesellschaft sollte auf Vertrauen, Respekt und gegenseitiger Anerkennung basieren.

Eine bessere Herangehensweise wäre es, den Islam in Europa als eine Frage der Freiheit und der Vielfalt zu betrachten. Dies bedeutet, dass Muslim:innen in Europa das Recht haben sollten, ihre Religion frei auszuüben, ohne Diskriminierung oder Einschränkungen. Sie sollten in der Lage sein, ihre Meinung frei zu äußern, ihre Religiosität nach ihren eigenen Überzeugungen zu praktizieren und ihre äußerliche Erscheinung nach ihrer persönlichen Präferenz zu gestalten.

Dann wird die Frage der Sicherheit ein Anliegen der Muslim:innen sein und sie werden sich stärker gegen die radikalen, menschenverachtenden und gewaltbereiten Ideologien einsetzen. Terror und Gewalt werden dann früh erkannt und bekämpft – mit demokratischen und rechtsstaatlichen Methoden und durch Aufklärung.

Die Förderung von Freiheit und Vielfalt im Umgang mit dem Islam in Europa kann dazu beitragen, dass Muslim:innen sich als gleichberechtigte Bürger:innen fühlen. Das wiederum kann die Integration fördern. Eine Betrachtung des Islam als integralen Bestandteil europäischer Vielfalt kann dazu beitragen, positive Beziehungen zwischen den verschiedenen Gemeinschaften zu fördern.

Die öffentliche Debatte über den Islam in Europa sollte zudem auf einer fairen und ausgewogenen Berichterstattung basieren. Die Medien spielen eine wichtige Rolle bei der Wahrnehmung des Islam und der Muslim:innen. Eine sachliche und respektvolle Berichterstattung ist für eine offene und sichere Gesellschaft von wesentlicher Bedeutung.

Der Islam in Europa darf nicht als Sicherheitsthema, sondern sollte als eine Frage der Freiheit und der Vielfalt behandelt werden. Dies ist der Schlüssel zu einer integrativen und harmonischen Gesellschaft, in der alle Bürger:innen gleichberechtigt sind und ihre Religion frei ausüben können.

4.5 Frieden

Bei der Eurobarometer-Umfrage im Jahr 2018 gaben 39 % der Befragten an, dass für sie Frieden der wichtigste europäische Wert sei, damit war es der am häufigsten auf Platz 1 gereihte Wert (vgl. Bundeszentrale für politische Bildung 2019). Im Vergleich zur gleichen Umfrage im Jahr 2010 ist damit die Wichtigkeit des Friedens in der Einschätzung der befragten EU-Bürger:innen sogar noch gestiegen, damals lag Frieden mit 35 % noch am dritten Platz (hinter Demokratie und Menschenrechten) (vgl. ebd.). Die Bedeutung des Friedens für die Einwohner:innen der EU ist seit Beginn des Krieges in der Ukraine noch weiter angestiegen. Auf der Liste ihrer wichtigsten Errungenschaften nennt die EU als ersten Punkt „Wir leben auf einem friedlichen Kontinent" (Europäische Union 2023a). Für die Sicherung des Friedens in Europa sowie den Einsatz für Demokratie und Menschenrechte wurde die EU im Jahr 2012 mit dem Friedensnobelpreis ausgezeichnet (vgl. Europäische Parlament 2012). Frieden und Stabilität zählen damit zu den wichtigsten europäischen Werten.

„Frieden ist mehr als nur die Abwesenheit von Krieg"[11] und damit auch mehr als nur Sicherheit. Das deutsche

---

[11] „Friede ist nicht Abwesenheit von Krieg. Friede ist eine Tugend, eine Geisteshaltung, eine Neigung zu Güte, Vertrauen und Gerechtigkeit." soll der im 17. Jahrhundert lebende niederländische Philosoph Baruch de Spinoza gesagt haben.

Bundesministerium für wirtschaftliche Zusammenarbeit und Entwicklung definiert Frieden als „[…] einen Zustand, in dem auftretenden Differenzen zwischen Einzelpersonen, Gruppen oder Staaten auf Basis von Rechten und Gesetzen und ohne Gewalt begegnet wird" (Bundesministerium für wirtschaftliche Zusammenarbeit und Entwicklung 2023). In dieser Definition wird betont, dass ein offener und toleranter Umgang mit unterschiedlichen Meinungen und Lebensweisen für den Frieden unerlässlich ist. Zudem wird hervorgehoben, dass dies nicht nur auf staatlicher Ebene gilt, sondern auch jeden einzelnen Menschen betrifft. Gesellschaftlicher Frieden in Europa hängt also auch von den Einstellungen und den Verhaltensweisen jedes einzelnen hier lebenden Menschen ab. Das bedeutet, dass wir alle uns bewusst für den Frieden entscheiden und diesen durch einen positiven Umgang mit Differenzen und das Bilden von Kompromissen fördern können.

Dass der Frieden in Europa in unserer Verantwortung liegt und unser Engagement braucht, muss unbedingt beachtet werden, denn auch in Europa ist Frieden keine Selbstverständlichkeit. Noch heute leben Angehörige einer Generation, die Krieg, Gewalt und Völkermord in Europa miterlebt bzw. überlebt hat. Zudem findet seit dem russischen Einmarsch in der Ukraine sowie der Eskalation des Nahostkonflikts Krieg in unmittelbarer Nähe der EU statt und ist so auch wieder zu einer realen Bedrohung für die Menschen in Europa geworden. Auf keinen Fall sollten Europäer:innen das vergessen. Im Gegenteil ist es unerlässlich, aus der Geschichte und auch aus der aktuellen Situation zu lernen, dass es die aktive Zusammenarbeit aller Mitglieder einer Gesellschaft braucht, um den Frieden zu erhalten.

Ausgrenzung, Diskriminierung und das Entstehen von sogenannten Parallelgesellschaften stellen eine große

Gefahr für den sozialen Frieden dar (vgl. Eichhorst 2019, S. 253). Daher ist die Integration so wichtig – und diese muss von beiden Seiten erfolgen: Sowohl Migrant:innen als auch die Aufnahmegesellschaft müssen Veränderungen offen gegenüberstehen und einander mit Respekt und Toleranz begegnen.

Entsprechend diesem Integrationsverständnis formuliert das deutsche Bundesministerium des Innern und für Heimat: „Ziel von Integration ist es, den Zusammenhalt in der ganzen Gesellschaft zu stärken. Von einer möglichst schnellen und nachhaltigen Integration profitieren [...] wir alle." (vgl. Bundesministerium des Innern und für Heimat 2023b). Auch bei den Bedingungen für gelungene Integration wird auf die Zweiseitigkeit dieses Prozesses hingewiesen: „Zuwanderung kann deshalb nur als wechselseitiger Prozess gelingen. Sie setzt die Aufnahmebereitschaft der Mehrheitsgesellschaft voraus – wie auch die Bereitschaft der Zugewanderten, die Regeln des Aufnahmelands zu respektieren und sich um die eigene Integration zu bemühen." (ebd.).

Das österreichische Bundeskanzleramt fokussiert sich in seinem Integrationsverständnis hingegen auf Forderungen an die Migrant:innen, so etwa: „Letzten Endes erfordert erfolgreiche Integration, dass die Zugewanderten aktiv an diesem Prozess mitwirken, die angebotenen Integrationsmaßnahmen wahrnehmen und die Grundwerte eines europäischen demokratischen Staates kennen und respektieren" (Bundeskanzleramt 2019), zudem wird hier auch das Verbot der Vollverschleierung erwähnt (vgl. ebd.). Dass auch die Aufnahmegesellschaft Verantwortung trägt und Integration immer ein zweiseitiger Prozess sein muss, wird nicht angesprochen. Solche Haltungen können sich jedoch negativ auf den Integrationswillen von zugewanderten Menschen auswirken und auch bei bereits seit längerem in Europa lebenden Personen das Gefühl auslösen, nicht wertgeschätzt zu werden oder unter Verdacht zu stehen bzw. als „Problemfall" betrachtet zu werden.

Weitere Gefahren für den Frieden – die im Übrigen eine Folge von nicht gelungener Integration sein kann (vgl. Molthagen 2015, S. 7) – stellen Radikalisierung und Extremismus dar (vgl. Eichhorst 2019, S. 253). Dabei ist zu beachten, dass radikalisierte Personen entgegen der Vernunft und oft auch zu ihrem eigenen Schaden handeln (vgl. ebd.) – sie von den Vorteilen eines friedlichen Zusammenlebens zu überzeugen, ist also schwierig. Radikalisierte Akteur:innen werden daher als „friedensunfähig" bezeichnet (vgl. Schneckener 2003). Folglich ist Präventionsarbeit auf diesem Gebiet unbedingt erforderlich. Durch Bildung sowie Maßnahmen zur Verbesserung der sozialen und wirtschaftlichen Situation benachteiligter Mitglieder der Gesellschaft kann Radikalisierung – sei sie islamistischer oder rassistischer bzw. nationalistischer Art – zu einem gewissen Grad vorgebeugt werden.

Auch die Deutsche Islam Konferenz bekennt sich klar zu einem Einsatz für den Frieden und gegen gesellschaftliche Polarisierung. Sie verurteilt „Muslimfeindlichkeit, Antisemitismus und Islamismus" (vgl. Bundesministerium des Innern 2015, S. 14). Der Zentralrat der Muslime in Deutschland betont im ersten Punkt seiner Charta: „Der Islam ist die Religion des Friedens" (Zentralrat der Muslime 2002).

Eine im Jahr 2012 durchgeführte Umfrage unter Muslim:innen in Österreich zeigt, dass diese von muslimischen Vertreter:innen geäußerten Ansichten durchaus den Meinungen der muslimischen Bevölkerung entsprechen: Über 90 % der europäischen Muslim:innen in erster Generation und knapp 90 % der Muslim:innen in zweiter und dritter Generation gaben an, der Aussage „Der Islam ist eine Weltreligion wie das Christentum und das Judentum, bei der das friedliche Zusammenleben im

Vordergrund steht", zuzustimmen (vgl. Zulehner 2016, S. 153). Die Ablehnung von Gewalt durch Muslim:innen bestätigt auch eine im Jahr 2019 vom ÖIF veröffentlichte Studie. Die Erhebung ergab, dass die Zustimmung zur Aussage „Gewalt bringt nichts, sie macht mehr Probleme, als sie löst" unter muslimischen Migrant:innen in Wien ungefähr gleich hoch liegt wie bei Menschen ohne Migrationshintergrund: 85 % der Menschen ohne Migrationshintergrund stimmen sehr oder ziemlich zu, das entspricht ungefähr der Zustimmung der türkischstämmigen (81 %) und der bosnischstämmigen (84 %) Zugewanderten (vgl. Güngör u. a. 2019, S. 90). Nur bei Befragten mit tschetschenischem Migrationshintergrund war die Zustimmung mit 73 % erheblich geringer; bei Menschen aus Syrien mit 87 % und Kurd:innen mit 92 % sogar etwas höher als bei den Personen ohne Migrationshintergrund (vgl. ebd.).

An dieser Stelle muss noch angeführt werden, dass allein die Aussage, der Islam sei „eine Religion des Friedens" noch nicht ausreichend dafür ist, um Frieden zu sichern. Diese Aussage kann eine positive Basis für den Frieden bilden, doch das Engagement muss weiter gehen: Eine aktive Arbeit für den Frieden und eine kritische Auseinandersetzung mit Strömungen, die dem Frieden widersprechen, sind unerlässlich.

4.5.1 Gewaltlosigkeit im Islam

Der Islam setzt in vielerlei Hinsicht auf gewaltfreie Konfliktlösungen und fördert diese aktiv. Bei aller Ambiguität der koranischen Sprache findet sich die Verankerung des Friedens im Koran und in der Religion und ist vom Namen „Islam" bis hin zu zentralen Handlungen des Propheten anzutreffen (vgl. Mohammed 2020a, S. 258 ff.).

4.5.2 Der Prophet als Friedensstifter und Brückenbauer

Die Taten des Propheten Muhammad haben für die meisten Muslim:innen eine wichtige Vorbildfunktion, seine Lebensführung nimmt eine normative Rolle ein.

Der Prophet agierte in schwierigen Zeiten als Brückenbauer und Friedensstifter. Ein Beispiel dafür ist folgende Geschichte: Als im 7. Jahrhundert die Kaaba neu errichtet wurde, gerieten vier Gruppen in Streit darüber, wer die Ehre hatte, den schwarzen Stein an seinen Platz zu legen. Muhammad schlichtete den Streit, indem er den Stein auf ein Tuch legte und jede Gruppe aufforderte, eine Ecke des Tuches zu nehmen. An dieser Geschichte wird deutlich, dass sich der Prophet mit seiner Weisheit für friedliche Lösungen einsetzte, die Streit und Krieg verhindern und die Gemeinschaft stärken (Ibn Isḥāq 2014, S. 41 f.).

Auch die vom Propheten begründete Charta von Medina beweist den Einsatz des Propheten für ein friedliches Zusammenleben. Damals vereinbarte der Prophet Muhammad mit den Stämmen von Medina, dass diese ihr religiöses Bekenntnis frei wählen dürfen. Das belegt einerseits die Wichtigkeit der Religionsfreiheit im Islam, andererseits auch die Bedeutung des Friedens: Für den Propheten stand es an erster Stelle, eine friedliche Gemeinschaft auf Basis eines Vertrags mit den Völkern zu bilden (vgl. Mohammed 2018, S. 24 ff.; Wellenhausen 1889, S. 75 f.).

Auch als den Muslim:innen der Zugang zur Kaaba bzw. zum Pilgern durch mekkanische Stämme verweigert wurde und viele der Muslim:innen sich gewaltsam Zugang verschaffen wollten, setzte sich Muhammad für eine friedliche Lösung ein. Bei der Verhandlung des Friedensabkommens kam der Prophet der Gegenseite sehr weit entgegen, er verzichtete etwa darauf, im Vertrag seinen Titel Gesandter Gottes zu erwähnen. Daran sieht man deutlich, dass dem Propheten der Friede wichtiger ist als seine persönliche Anerkennung. In dem Friedensvertrag wurde festgehalten, dass die Muslim:innen in jenem Jahr die Stadt nicht besuchen dürfen, nur für das nächste Jahr wurde ihnen das Recht auf eine dreitägige Wallfahrt zugesprochen. Viele Muslim:innen verstanden dies zunächst als einseitiges Nachgeben und betrachteten den Friedensvertrag folglich als Niederlage. Im Koran hingegen wird der Vertrag als „deutlicher Sieg", sogar als „Eroberung" bezeichnet (vgl. Koran 48:1–5). Denn dank dieses Abkommens wurde Muhammad von den Mekkanern nicht mehr als Feind, sondern als Vertragspartner und als rechtmäßiger Vertreter der Muslim:innen angesehen. Es wurde auf diese Art also der Grundstein für eine friedliche Form der Verständigung gelegt (Ibn Ishāq 2014, S. 195 ff.).

Die drei hier beschriebenen Stellen zeigen: Schon damals, im 7. Jahrhundert, strebte der Prophet stets friedliche Lösungen an. Er wollte keine Kriege führen, sondern für das Gemeinwohl sorgen. Seine Werkzeuge waren Sanftheit, Rechtschaffenheit und Geduld, und diese führten ihn zu seinem Ziel. Zudem betrachtete Muhammad alle Menschen einer Gesellschaft als Teil der Umma, nicht nur die Muslim:innen.

Seit der damaligen Zeit hat sich viel verändert und die Menschheit hat sich weiterentwickelt. An der Aktualität von Friedensbemühungen hat sich jedoch nichts geändert. Das Wirken des Propheten ist bis heute für viele Muslim:innen leitend und maßgebend, seine Haltungen und seine Lebensweise lassen sich in Einklang mit den Grundsätzen moderner, demokratischer und rechtsstaatlicher Gesellschaften lesen.

4.5.3 Er ist Gott – der Friede, der Sicherheit Verleihende

As-Salām (der Friede) ist einer von Gottes schönsten Namen. Dass dieser Name so weit vorne steht – er ist der fünfte von 99 – betont seinen hohen Stellenwert. In Sure 59 ist unter den ausgewählten Lobnamen Gottes zu finden: „Er ist Gott – der, außer Dem es keinen gibt. Der König, der Heilige, der Friede, der Sicherheit Verleihende […]" (Koran 59:23). Dieser Koranvers gehört zu den meistrezitierten. In vielen Moscheen Europas und weltweit gibt es die Tradition, dass der Imam nach Gebeten diese koranische Stelle für die Gemeinde rezitiert. Es handelt sich bei diesem Vers um die Hervorhebung einer Auswahl der Namen Gottes, zu denen *Assalam* gehört, der sowohl im Koran als auch in der authentischen Überlieferung des Propheten vorkommt.

Der Prophet hebt den göttlichen Namen *As-Salām* in den Hadithen hervor: „Allah ist der Friede." (Sahih al-Buchari Hadith Nr. 831). Die schönen 99 Namen Gottes sind für viele Muslim:innen der Schlüssel zur Gott-Mensch-Beziehung – sie machen das muslimische Gottesbild aus. Nach prophetischer Empfehlung bemühen sich viele Muslim:innen von Kindheit an, die „schönen Namen Allahs" (*Asmāʾ Allāh al-ḥusnā*) auswendig zu lernen – als Weg, sich über die Anrufung Gottes mit Seinen Namen Ihm anzunähern. Das kann auch ein Grund sein, warum die folgende Stelle ebenfalls häufig rezitiert wird. „Gott – kein Gott ist außer ihm. Sein sind die Schönen Namen." (Koran 20:8).

Nach jedem der fünf täglichen Gebete hören wir zusätzlich als einen „Teil" des Gebets bzw. als Nach-Gebets-Ritual das Bittgebet: „O Allah, Du bist der Friede, von Dir kommt der Friede, Gepriesen seist Du, Du Erhabener, Du Ehrvoller." (vgl. Sahih Muslim Hadith Nr. 975).

In vielen Moscheen wird dieses Gebet von dem Vorbeter oder von dem Muezzin laut vorgebetet oder gesungen, in anderen nur individuell im Stillen gebetet. In jedem Fall hebt dies die Bedeutung des Friedens im Islam und für Muslim:innen hervor.

4.5.4 Friede sei mit euch! – Der islamische Gruß

Der Name Allahs „der Friede" spiegelt sich auch in der islamischen Grußformel *as-Salām alaikum* (Der Friede sei mit euch) wider, dessen Erwiderung im Islam eine Pflicht ist (mit *waʿalaikum as-Salām/* „Und auf euch der Friede"). Die erste Botschaft, die der Prophet nach der Ankunft in Medina an die Menschen richtete, war: „Verbreitet den Frieden!" (al-Buchari, 787). Gestützt wird diese Aussage von einer anderen Überlieferung: „Richte den Friedensgruß an jene, die du kennst und die du nicht kennst." (al-Buchari 1013). Der Wunsch nach Frieden soll also umfassend sein, der Friede soll alle miteinschließen und sich keineswegs nur auf die Muslim:innen beschränken.

Die Bedeutung des Friedensgrußes als friedensstiftende bekenntnisübergreifende Maßnahme zeigt sich etwa auch daran, dass auch der christliche Heilige Franz von Assisi ihn als den Gruß der Gläubigen empfahl: „Der Herr hat mir geoffenbart, dass wir als Gruß sagen sollen: Der Herr gebe dir den Frieden." (vgl. Broch 2016).

4.5.5 Dschihad des Friedens

Islamische Begriffe wie Dschihad lassen sich vielfältig verstehen.[12] So gibt es etwa den inneren Dschihad der auch als der große Dschihad (im Gegensatz zum militärischen oder kleinen Dschihad) bezeichnet wird, den Kampf gegen den „inneren Feind", also gegen negative Einstellungen und Gewohnheiten. Der Dschihad-Begriff kann auch mit *Anstrengung* oder *Engagement* übersetzt werden, etwa im Fall des Öko-Dschihad als Einsatz gegen die Klimakrise oder des Dschihad gegen den Hunger.

Eine besondere Form des Dschihad ist der friedvolle bzw. gewaltlose Dschihad, wie er von Abdul Ghaffar Khan praktiziert wurde. Michael Nagler und Egon Spiegel widmeten Abdul Ghaffar Khan und anderen Personen, die sich für den Frieden einsetzten, ihr Buch *Politik ohne Gewalt: Prinzipien, Praxis und Perspektiven der Gewaltfreiheit* „Dem konsequenten Verfechter und Praktiker der Gewaltfreiheit, Abdul Ghaffar Khan (1890–1988), der in muslimischer Glaubenstradition unbeirrbar auf Gewaltverzicht gesetzt hat" (vgl. Nagler und Spiegel 2008). Mit diesen Worten würdigen sie eine muslimische Persönlichkeit, die aus religiöser Überzeugung friedfertig handelte und seinen Anhänger:innen beibrachte, dass Friede die „Waffe des Propheten" war.

Die von Abdul Ghaffar Khan gegründete Bewegung zählt zu den großen gewaltfreien Bewegungen des letzten Jahrhunderts (vgl. Nauerth 2021, S. 109). Er wird daher als der „muslimische Ghandi" bezeichnet. Über seine Überzeugung, seinen Weg und seine theologischen Ausgangspunkte liefert der Beitrag von Yahia Wardak

---

[12] Der Begriff des Dschihad war das Thema der Dissertation des Autors. Dort wird der Begriff multiperspektivisch erforscht. Weiterführende Informationen: Mohammed, Abualwafa. 2020a. *Der Koran und seine Bedeutungsebenen für das Hier und Jetzt*. Zeitgemäße theologisch-didaktische Annäherungen am Beispiel des Begriffs Dschihad. Wiesbaden: Springer Verlag.

„Abdul Ghaffar Khan: Wie ein Weggefährte Gandhis die Gewaltlosigkeit im Islam begründet" (vgl. Wardak 2015, S. 141 f.) einen guten Überblick.

Die Bücher des kürzlich verstorbenen syrisch-muslimischen Denkers Jawdat Said liefern einen weiteren wichtigen theologischen Beitrag und eine Grundlage dafür. Sie sind wertvolle Bausteine auf dem Weg zu einer islamischen Theologie des Friedens und der Friedensbildung.[13] Seine Bücher und sein Aspekt der Gewaltlosigkeit werden in der arabischen Welt und darüber hinaus gut aufgenommen (vgl. Murtaza 2016, S. 123 ff.). Er hat sich öffentlich für den Friedenstark gemacht. Selbst im syrischen Bürgerkrieg, wo zahlreiche islamische Akteure und Bewegungen sowie große Teile der traditionsreichen syrischen Gelehrsamkeit zu den Waffen eilten, blieb Said seinen Grundüberzeugungen treu.[14] In einer Zeit, als viele an der Gewaltlosigkeit zweifelten und in ihr keine Lösung fanden, sind seine theologischen Beiträge zum nachhaltigen Frieden und zur Gewaltlosigkeit von großer Bedeutung.

4.5.6 Bildung und Frieden – Wissen schafft Frieden

Im Islam sind Bildung und Frieden zwei wichtige Konzepte, die eng miteinander verbunden sind. Der Islam betrachtet Bildung als einen zentralen Bestandteil des menschlichen Lebens und als einen Weg zur Erkenntnis Gottes. In der islamischen Perspektive ist Bildung ein le-

---

[13] Die Grundlagen seine These finden sich in den folgenden Werk: Said, Jawdat. 1993. *Madhab ibn Adam al-awwal: Mushkilat al-ʿunf fi al-ʿamal al-islami*. 5. Aufl. Beirut: Dar al-Fikr.

[14] So etwa in einer Diskussion auf Al-Jazeera TV (Streitgespräch zur Theorie der Gewaltlosigkeit), online unter https://www.youtube.com/watch?v=Jy8vCmHaiWE Letzter Zugriff 25. August 2023.

benslanger Prozess, der den Geist, das Herz und den Charakter eines Menschen formen und verbessern soll. Die Wechselwirkung zwischen Bildung und Frieden im Islam hat eine lange Geschichte, die bis in die Anfänge der islamischen Zivilisation zurückreicht (vgl. Barz 2019, S. 251). Der Prophet Muhammad betonte die Bedeutung der Bildung für die Muslim:innen und forderte sie auf, Wissen zu erwerben, wo immer es verfügbar war.

Die islamische Zivilisation entwickelte sich schnell zu einem Zentrum für Wissenschaft, Bildung und Kultur (vgl. ebd., S. 251). Die Muslim:innen nahmen das Wissen aus verschiedenen Kulturen und Epochen auf und entwickelten es weiter. Sie übersetzten, wie in Abschn. 1.1.1 bereits beschrieben, Werke aus dem Griechischen, Persischen, Syrischen und anderen Sprachen ins Arabische und schufen so eine reiche Sammlung an Wissen und Ideen (vgl. Cardini 2000, S. 143). Die muslimischen Gelehrten entwickelten auch eine Vielzahl von wissenschaftlichen Disziplinen wie Mathematik, Astronomie, Medizin und Philosophie.

Trotzdem ist die Bildungspraxis in Moscheen und Koranschulen in Europa stark emotional ausgerichtet, wobei die Erziehung zur Selbständigkeit und kritischen Reflexion nicht im Vordergrund steht (vgl. Barz 2019, S. 259 f.). Es wird primär auf Imitation und Nachahmung gesetzt, während eine reflektierte Auseinandersetzung mit islamischen Quellen kaum stattfindet. Der Intellekt wird selten angesprochen, vielmehr wird die Emotionalität betont (Ceylan 2008, S. 143 f.)[15]. In diesem Bildungseinrichtungen

---

[15] Seine Studie bezieht sich auf Deutschland, ist aber für eigene Beobachtung für anderen europäischen Länder von Relevanz. Eine aktuelle Studie aus dem Jahr 2023 über die Koranschule und den Moscheeunterricht in OÖ (Schlager-Weidinger u. a. 2023) zeigt, dass die untersuchten Unterrichtsmaterialien in den Moscheen klare Defizite aufweisen, wenn es um den Lebensbezug, die Befähigung zur Mündigkeit und die Stärkung von interreligiösen Kompetenzen geht. (vgl. Schlager-Weidinger u. a. 2023, S. 65). Die Studie zeigt aber auch einige positive Entwicklungen auf.

besitzen die Lehrenden – ähnlich wie in muslimischen Gesellschaften – eine Autorität, die von den Eltern kaum infrage gestellt wird (El-Mafaalani und Toprak 2011, S. 45).

„Demgegenüber weisen Islamwissenschaftler immer wieder darauf hin, dass es weder im Koran noch in der sonstigen islamischen Überlieferung eine Abgrenzung oder Ausgrenzung von Bildung und Wissenschaft gebe. Im Gegenteil betonen viele Koran-Suren die Bedeutung von Wissen, Bildung, Forschung" (Barz 2019, S. 260). Heiner Barz führt einige Auszüge aus dem Koran und den Hadithen an, die dies bestätigen und zur Inspiration anregen sollen.[16] „Es ist also mehr die heute real praktizierte islamische Unterweisung und nicht unbedingt eine dem Islam immanente strukturelle Bildungs- und Wissenschaftsfeindlichkeit, die sich als Problem und Barriere konstatieren lässt" (Barz 2019, S. 261). Die Offenheit gegenüber Bildung ist die Basis für das Friedenspotenzial des Islam, für Chancengleichheit und für Gewalt- und Radikalitätsprävention.

Die Ursache von Bildungsarmut und Perspektive für Frieden

In der Bildungsforschung wird neben Faktoren wie Migrationshintergrund oder schwache sozioökonomische Verhältnisse oft auch der islamische Glaube als möglicher Grund

---

[16] Er führt folgende Beispiele an:
„Suchet Wissen von der Wiege bis zum Grabe." (Hadith)
„Wer nach Wissen strebt, betet Gott an." (Hadith)
„… und darum fürchten Gott von seinen Dienern nur die Wissenden." (Koran 35:28)
„Strebe nach Wissen, selbst wenn du zu diesem Zweck bis nach China gehen müsstest." (Hadith)
„Das Streben nach Wissen ist eine Pflicht für jeden Muslim, Mann oder Frau." (Hadith)
„Die Suche nach Wissen eine Stunde lang ist wertvoller als eine ganze Nacht lang im Gebet zu verbringen, und die Suche nach Wissen einen Tag lang ist besser als drei Monate zu fasten. (Hadith) (Barz 2019, S. 260)

für Bildungsarmut von Personen genannt (Barz 2019, S. 251). Dabei muss jedoch deutlich darauf hingewiesen werden, dass das nicht auf eine grundsätzliche Bildungsfeindlichkeit des Islam zurückzuführen ist – denn diese lässt sich, wie ausführlich dargelegt wurde, keineswegs belegen (vgl. Barz 2019, S. 261). Eher ist die manchmal problematische Durchführung von islamischem Unterricht der Grund für einen möglichen Zusammenhang zwischen Bildungsarmut und islamischem Religionsbekenntnis. Besonders im europäischen Kontext ist zu betonen, dass jedoch andere Faktoren (im Besonderen der sozioökonomische Hintergrund) einen erheblich größeren Einfluss auf den Bildungserfolg haben als die Religionszugehörigkeit und entgegen der weit verbreiteten Annahme auch als der Migrationshintergrund (vgl. 2019, S. 252). Muslim:innen können nicht als homogene Gruppe betrachtet werden – genauso wenig wie die Gruppe der Personen, die von Bildungsarmut betroffen sind, denn dieser gehören Menschen mit unterschiedlichen Religionen und ethnischen Zugehörigkeiten an. Es braucht daher mehr bewusste Erziehung und Bildung zum Frieden sowohl im Westen als auch im Osten (vgl. Mohammed 2024a).

Bildung hat eine positive Wirkung auf den sozialen Frieden und „religiöser Bildung wohnt eine politische Dimension inne, die sich dem allgemeinen Bildungsauftrag verpflichtet weiß und daher dem Gemeinwohl im Sinne der Wahrung und Förderung des sozialen Friedens dient" (Naurath 2019, S. 7).

Es braucht an Schulen mehr Friedensbildung
Weltweit hat das Interesse an der Friedensbildung in den letzten Jahren stark zugenommen und der Friedenspädagogik wird zunehmend eine Schlüsselrolle bei der Prävention und Transformation von Kriegen und Gewaltkonflikten zugesprochen (vgl. Frieters-Reermann 2010, S. 4).

Friedensbildung als „bewusste Erziehung zum Frieden" (Gielkens 2007, S. 113) findet in der Schule in vielen Fächern statt und ist ein entscheidender Baustein für Friedensentwicklung und Friedenssicherung in den Gesellschaften (Vgl. Mokrosch 2010, S. 15). Friedensbildung ist jedoch kein Allheilmittel. Bereits in den 1990er-Jahren warnten Expert:innen vor zu hohen Erwartungen: „Einerseits ist vor großen Erwartungen zu warnen. Die Möglichkeiten pädagogischer Strategien sind begrenzt, weil die verschiedenen Formen von Gewalt mit großen, schwer steuerbaren sozialen Entwicklungen zusammenhängen." (Nicklas 1993, S. 106). Inzwischen gibt es viele konzeptionelle Bemühungen und Theoriebildungen, die – zumindest im Westen – die Erwartung an die Friedensbildung zu Recht wachsen lassen, denn Friedensbildung hat erprobte Konzepte sowie Ansätze und ist in verschiedenen Lehrplänen fest eingebettet. Ein Beispiel dafür ist die wegweisende Verankerung der Friedensbildung im Bildungsplan des Landes Baden-Württemberg: „Der Bildungsplan 2016 ist angelegt auf vernetztes und nachhaltiges Lernen insbesondere in den Feldern Demokratieerziehung, Friedensbildung und kulturelle Bildung." (Pant 2016, S. 12).

Im Kontext der Religionspädagogik besteht ein hoher Bedarf an Konzepten sowie ein beträchtliches Entwicklungspotenzial im Hinblick auf die Friedensbildung. Eine der Initiativen, die diese Entwicklung fördern, ist die Arbeitsgruppe „Interreligiöse Bildung – Friedenspädagogik bei Religions for Peace Deutschland". Die Arbeitsgruppe bespricht Konzepte, ermöglicht den Austausch von Erfahrungen und entwickelt neue Thesen für die Friedensbildung und das interreligiöse Lernen. Im Zentrum der Bemühungen der Arbeitsgruppe steht die interreligiöse Kooperation als Weg zu nachhaltigem Frieden in Europa (siehe Mohammed 2023b).

4.6 Exkurs: Gewalt an Frauen

Bereits in Kapitel 4.2 wurde auf Frauenrechte, besonders bezüglich der Freiheit in der Lebensführung, eingegangen. Dieser Abschnitt hat nun das Problem der Gewalt gegen Frauen zum Thema.

Einer der meist missverstandenen Verse des Koran ist jener, in dem das Schlagen von Frauen als Handlungsmöglichkeit ins Spiel gebracht wird (Koran 4:34). Der anerkannte Hadith-Gelehrte Ibn Hagar kommentiert in der Hadith-Sammlung Al-Buchari den koranischen Vers mit folgender Erkenntnis: Dass der Prophet Gewalt an Frauen, Sklav:innen,[17] Kindern und Tieren verboten hat, lässt darauf schließen, dass Gewalt im Islam absolut verboten ist (vgl. Al-ʿasqalānī 2001, S. 214). Der Koran stellt fest, dass die Grundlagen der Ehe „Liebe und Barmherzigkeit" (Koran 30:21) sind und nicht das Patriarchat und erst recht nicht die Gewalt. In derselben Sure wird in Konfliktsituationen eine andere Sprache gesprochen – eine gewaltfreie, liebevolle und freundliche. Der Koran richtet sich an Männer und fordert sie auf: "Lebt mit ihnen (in Krisenzeiten) auf gerechte und freundschaftliche Weise!" (vgl. Koran 4:16).

Der Prophet hat in seinem Leben niemals Gewalt gegen Frauen legitimiert oder selbst ausgeübt. Als eine Frau häuslicher Gewalt ausgesetzt war, rief er die Gemeinde zusammen und erhob klare und mahnende Worte dagegen. In seiner Abschiedspredigt rief er zu einem freundlichen und liebevollen Umgang mit Frauen auf. Er nahm die Versammlung zum Anlass, für die Rechte der Frauen zu sensibilisieren und die Gleichberechtigung der Geschlechter

---

[17] Sklaverei war zur damaligen Zeit noch eine verbreitete Praxis.

zu fördern (vgl. Ibn Ishāq 2014, S. 249 ff.; Mohammed 2018, S. 27 f.).

4.7 Demokratie und Rechtsstaatlichkeit

Die Demokratie gehört zu den wichtigsten Werten der EU. Das zeigt auch die Eurobarometer-Umfrage: Im Jahr 2010 wurde Demokratie mit 38 % am häufigsten als wichtigster europäischer Wert genannt (ex aequo mit Menschenrechten). 2018 fiel Demokratie auf den dritten Platz (hinter Frieden und Menschenrechten) zurück, wurde aber immer noch in 32 % der Fälle an den ersten Platz gereiht (vgl. Bundeszentrale für politische Bildung 2019).

Dem Islam wird hingegen immer wieder vorgeworfen, „demokratieunfähig" zu sein. Dieses Vorurteil lässt sich jedoch nicht religiös begründen und Erhebungen zeigen, dass Muslim:innen mittlerweile mehrheitlich Befürworter:innen der Demokratie sind.[18]

4.7.1 Demokratie – europäischer Zugang

Die meisten Definitionen des Begriffs Demokratie verweisen darauf, dass die Demokratie die Herrschaft des Volkes ist. Erwachsene Einwohner:innen eines Staates haben also

---

[18] So stimmen laut einer 2019 veröffentlichten Studie 99 % der bosnisch-, 88 % der türkisch-, 87 % der kurdisch- und 83 % der syrischstämmigen Befragten in Wien der Aussage, die Demokratie sei die beste Staatsform, zu. Am niedrigsten war der Zustimmungswert bei den afghanischstämmigen Personen, doch auch in dieser Gruppe lag die Zustimmung bei immerhin 74 %. Zum Vergleich: Bei Personen ohne Migrationshintergrund lag die Zustimmungsrate bei 92 % (vgl. Güngör u. a. 2019, S. 57).

die Möglichkeit, durch Wahlen ihre Meinung zu äußern. Außerdem existieren in einem demokratischen System Gewaltenteilung und Meinungsfreiheit (vgl. z. B. Dahrendorf 2003; Duden 2023a). Diese Werte haben alle Formen der Demokratie (also etwa die direkte und die repräsentative Demokratie) gemeinsam.

Um Mitglied der EU zu werden, sind „stabile Institutionen, die Demokratie und Rechtsstaatlichkeit […]" (Europäische Kommission 2023) Voraussetzungen. Folglich können nur Staaten mit einem demokratischen System Teil der EU werden. Ein weiteres Bekenntnis zur Herrschaft des Volkes erfolgt schon vor dem Beitritt: Dieser ist nur dann möglich, wenn der Beitrittswille des Landes entweder durch eine Volksbefragung oder durch eine parlamentarische Abstimmung von einer Mehrheit bestätigt wird (vgl. ebd.).

Auf ihrer Website führt die EU Demokratie und Rechtsstaatlichkeit als zwei ihrer Werte an. Diese sind insofern eng miteinander verbunden, als ohne demokratische Institutionen die Durchsetzung eines Rechtsstaates nicht möglich ist.

In regelmäßig von Economist Intelligence Unit veröffentlichten Berichten zur Demokratiequalität in den unterschiedlichen Staaten erfolgt eine Einteilung in 4 Formen von Regimes: *full democracies* (vollständige Demokratien), *flawed democracies* (unvollständige Demokratien), *hybrid regimes* (Hybridregimes) und *authoritarian regimes* (autoritäre Regimes) (vgl. Economic Intelligence Unit 2023). Während die meisten EU-Staaten heute als vollständige Demokratien (so etwa Österreich, Deutschland, Frankreich und die Niederlande) (vgl. ebd., S. 36) oder zumindest als unvollständige Demokratien (Portugal, Rumänien, Ungarn und Polen) (vgl. ebd., S. 51) gelten, zählt der Großteil der muslimisch geprägten Länder zu jenen mit autoritärem- oder Hybridregime. Als autoritär werden etwa die Regierungsformen von Syrien, Saudi-Arabien,

Ägypten, Iran und Irak klassifiziert (vgl. ebd., S. 60), Bosnien als Hybridregime (vgl. ebd., S. 50). Indonesien und Malaysia werden den unvollständigen Demokratien zugeordnet (vgl. ebd., S. 45–46).

Solche Daten scheinen das in Europa verbreitete Bild, der Islam und die Demokratie seien ein Widerspruch, zu belegen (vgl. Maisenbacher 2021, S. 501). Aber hier muss darauf verwiesen werden, dass eine autoritäre Herrschaft ein politisches System ist und es keine religiöse Begründung dafür gibt. Der Islam als Religion ist in den meisten betroffenen Staaten auch nicht der Grund für die autoritäre Regierungsform (vgl. Riexinger 2019, S. 63).

Zudem zeigt eine Umfrage aus dem Jahr 2005, dass auch die Bevölkerung muslimischer Staaten eine demokratische Regierungsform mehrheitlich unterstützt.[19] Das belegt zum Beispiel eine Studie der World Value Surveys, bei der befragte Personen die Wichtigkeit der Demokratie von 1 (völlig unwichtig) bis 10 (sehr wichtig) bewerteten. Dabei ergab sich in Indonesien eine durchschnittliche Bewertung von 8.2, im Iran von 8.8 und in Pakistan von 8.4.[20] Zudem zeigt eine Studie aus dem Jahr 2012, dass der Großteil der in Österreich lebenden Muslim:innen Demokratie und Islam vereinbar findet: 79 % der Muslim:innen der ersten Generation und 87 % der Muslim:innen der zweiten und dritten Generation stimmten der Aussage, dass man „zugleich ein:e gute:r Muslim:a und ein:e gute:r Demokrat:in" sein kann, zu (vgl. Zulehner 2016, S. 153). Diese Ansichten werden von der muslimischen Gelehrsamkeit unterstützt und befürwortet.

---

[19] In dieser Umfrage wurde die Zustimmung zur Aussage „Die Demokratie mag eine Reihe von Problemen haben, aber sie ist die beste Form der Regierung" erhoben.

[20] Zum Vergleich: In Österreich lag der Wert bei 9.1, in Deutschland bei 9.4.

Erhebungen belegen zudem, dass sich Menschen mit islamischem Glauben durchaus in die Demokratie einbringen, und dass die Religion dabei oft sogar die Motivation für dieses Engagement darstellt (vgl. Maisenbacher 2021, S. 503 f.). Die Beteiligung erfolgt dabei häufig durch die Organisation von Veranstaltungen oder die Übernahme von Ämtern etwa in einem Stadtviertel oder einer Organisation (vgl. ebd.). Diese Form der Beteiligung nimmt viel Zeit und Energie in Anspruch und zeigt daher umso deutlicher, wie wichtig die Demokratie den betreffenden Personen ist.

Auch der heute selbstverständlich erscheinende Zusammenhang zwischen Demokratie und Europa kann nicht als absolut betrachtet werden: Noch vor weniger als 100 Jahren waren einige europäische Staaten von einem demokratischen System sehr weit entfernt.

Studien zufolge sind Unzufriedenheit mit bzw. Ablehnung der Demokratie auch heute in Europa anzutreffen. Eine Studie der Friedrich-Ebert-Stiftung aus dem Jahr 2022 zeigt etwa, dass in Deutschland knapp über die Hälfte der befragten Personen mit der „Art und Weise, wie die Demokratie in Deutschland funktioniert" wenig oder gar nicht zufrieden sind (vgl. Best u. a. 2022, S. 17). In Österreich waren im Jahr 2021 immerhin rund 20 % der Bevölkerung der Meinung, ein „starker Führer" sei eine gute Regierungsform für ihr Land (vgl. Zandonella 2021, S. 18).[21] Eine Studie aus dem Jahr 2017 zeigt, dass dieser Gedanke auch in anderen EU-Staaten Zustimmung findet.[22]

---

[21] Zugleich sind aber 88 % der Befragten der Meinung, dass die Demokratie die beste Staatsform sei (vgl. Zandonella 2021, S. 19).

[22] So stimmen etwa in Frankreich 12 % und in Polen 13 %, in Ungarn und Italien sogar ca. jede:r Vierte:r für einen „starken Führer" als Staatschef (vgl. Brandt 2017).

Solche Ergebnisse müssen jedoch nicht als grundsätzliche Ablehnung der Demokratie interpretiert werden. Die Gründe, warum Menschen mit der Demokratie unzufrieden sind, sind vielfältig und können von mangelndem Wissen über die unterschiedlichen Regierungsformen bis zu Unzufriedenheit mit der aktuellen Regierung reichen.

Ein Bekenntnis zur „Demokratie als europäischen Wert" alleine reicht nicht aus. Um eine demokratische Staatsform aufrechterhalten zu können, müssen sowohl politische Entscheidungsträger:innen, etwa durch bildungspolitische Maßnahmen, als auch jede:r Einzelne, beispielsweise in Form von Beteiligung an Wahlen und Bürger:inneninitiativen, einen Beitrag leisten.

4.7.2 Rechtsstaatlichkeit

Demokratie und die damit verbundene Rechtsstaatlichkeit sind schon insofern so wichtig, als sie die Grundlage für andere essentielle Werte legen. So sind etwa Frieden, Freiheit und Sicherheit in einem autoritären System undenkbar. Der Rechtsstaat soll der Garant für Gerechtigkeit sein: Er soll sicherstellen, dass das Recht auf jeden Menschen gleichermaßen angewendet wird und Diskriminierungen bzw. Bevorzugungen aufgrund von persönlichen Merkmalen, Beziehungen, finanziellen Mitteln oder ähnlichem verhindern.

Die Rechtsstaatlichkeit ist auch für den Islam in Europa von großer Bedeutung. Dieses System garantiert den Muslim:innen etwa die Möglichkeit, ihre Religion frei auszuüben, und schützt sie vor religiöser und ethnischer Diskriminierung.[23]

---

[23] Wie verschiedene Berichte und Studien zeigen, funktioniert dieser Schutz nicht in allen Fällen.

4 Wertegrundlagen und Rahmenbedingungen …

Dass sich Islam und Rechtsstaatlichkeit nicht vereinbaren lassen, ist in Europa ein verbreitetes Narrativ. Der Islam verfügt – anders als etwa das Christentum – über ein eigenes Rechtssystem (vgl. Riexinger 2019, S. 69). Dadurch werden Glaube und Vernunft bzw. Rechtsprechung miteinander verbunden, anstatt wie in einem säkulären Staat voneinander getrennt zu sein (vgl. Wonisch 2018, S. 145). Dieses System wurde in islamischen Ländern auch angewendet, bis es im 19. und 20. Jahrhundert, teilweise im Rahmen der Kolonialisierung, durch europäische, säkuläre Gesetzessysteme abgelöst wurde (vgl. Riexinger 2019, S. 71).

Als Begründung dafür, dass europäische Gesetze mit der Scharia unvereinbar sind, wird die „starre, unveränderliche Natur" der Scharia genannt (vgl. Wonisch 2018, S. 143). Die Richtigkeit dieser Einschätzung lässt sich jedoch bezweifeln: Eine Adaptierung des Rechts an gesellschaftliche Umstände ist sowohl im sunnitischen als auch im zwölferschiitischen Islam möglich (vgl. ebd.).

Aktionen, die in der Gesellschaft den Eindruck erweckten bzw. bestärkten, dass Rechtsstaatlichkeit und Islam nicht vereinbar seien, waren etwa das Auftreten der sogenannten „Scharia-Polizei" in Deutschland, das medial viel Beachtung erfuhr (vgl. Neumann 2019, S. 1). Dabei patrouillierten junge Männer in Warnwesten und versuchten, Muslim:innen davon zu überzeugen, nach „religiösen Regeln" zu leben (vgl. Wernicke 2019). Zusätzlich zu dieser Einmischung in persönliche Angelegenheiten erfuhren die betroffenen Personen auch noch die Androhung von Strafen im Fall von Verstößen.

Für dieses Vorgehen wurden die Täter nicht nur vom Wuppertaler Landgericht verurteilt (vgl. Der Spiegel 2019), auch der Generalsekretär der Wuppertaler Moscheen sagte aus, dass die selbsternannten Sittenwächter „in der muslimischen Gemeinde Angst und Schrecken verbreiten" (Altenbockum 2018). Ein näherer Blick auf die in Deutschland verurteilten „Scharia-Polizisten" zeigt: Es handelt sich dabei um teils vorbestrafte, teilweise arbeitslose Männer ohne höheren Bildungsabschluss (vgl. Wernicke 2019). Das entschuldigt keineswegs ihre Radikalität und die Missachtung von Menschen, macht jedoch deutlich, dass es sich dabei nicht um „durchschnittliche" muslimische Europäer:innen handelt.

Der Prozess gegen die „Scharia-Polizei" ist ein Beispiel dafür, dass Muslim:innen die Angebote des deutschen Rechtsstaats nutzen, sie sagten etwa vor Gericht gegen die Täter aus und wehrten sich so gegen die Einschränkung ihrer persönlichen Freiheiten.

4.7.3 Demokratie und Rechtsstaatlichkeit im Spiegel des Islam

Hier muss erneut auf die Problematik des Vergleichs von Islam und Europa hingewiesen werden: Während europäische Staaten bzw. die EU als staatliche und politische Systeme eine klare Entscheidung für oder gegen eine Regierungsform treffen müssen, ist dies im Islam als Religion von weniger zentraler Bedeutung. Schon aus diesem Grund ist es wenig überraschend, dass der Begriff Demokratie im Koran keine direkte Erwähnung findet.[24] Sein Geist und seine Grundlagen spielen im Koran allerdings durchaus eine wichtige Rolle. So findet man im Koran Handlungsempfehlungen, die den Regeln einer Demokratie entsprechen, und es wird von demokratischen Entscheidungsfindungsprozessen berichtet.

---

[24] Auch in anderen Heiligen Schriften wird der Begriff der Demokratie nicht erwähnt.

4.7.3.1 Das Islamische Schura-Prinzip

Der Begriff Schura ist bereits in frühen islamischen Quellen belegt und kann als gegenseitige Beratung oder öffentliche Abstimmung übersetzt werden. Das Prinzip besagt, dass sich Herrschende in wichtigen Fragen mit den gesellschaftlichen Eliten beraten sollen (vgl. Funke 2023; Mitterauer 2009).

Auch die Sure 42 trägt den Namen Schura. Darin findet man den Text „Die Gläubigen regeln all ihre Angelegenheiten durch gegenseitige Beratung." (Koran 42:38). Auf diese Weise wird der Weg hin zu einer gemeinschaftlichen und gesellschaftlichen Entscheidungsfindung von einem grundlegenden Rahmen bestimmt.

Auch das koranische Prinzip des Regierens steht nicht im Widerspruch zu den Regeln einer Demokratie. So wird der Prophet im Koran aufgefordert, Beschlüsse erst nach breiten Befragungen und offenem Austausch zu fällen. Dabei soll jeder Mensch – egal welchen Geschlechts und aus welcher gesellschaftlichen Schicht – seine Meinung äußern können. Diese Form der Entscheidungsfindung entspricht dem Grundsatz der Demokratie.

Zudem soll der Prophet in seiner Führungsrolle Sanftmut, Offenheit und Barmherzigkeit zeigen. Dieses Bild des guten Herrschers entspricht zwar nicht unbedingt demokratischen Prinzipien, ist jedoch ein deutlicher Gegensatz zu dem verbreiteten Bild vom brutalen muslimischen Diktator sowie den brutalen Methoden, die etwa von Führenden im Islamischen Staat angewendet werden.

Beide koranischen Prinzipien lassen sich in diesem Zitat finden:

> „Wegen der Barmherzigkeit von Gott warst du zu ihnen milde. Doch wärst du grob und harten Herzens gewesen, sie wären dir davongelaufen. Daher verzeihe ihnen, und

bitte für sie um Vergebung! Und berate dich mit ihnen in der ganze Sache! Wenn du dich entschlossen hast, so vertrau auf Gott!" (vgl. Koran 3:159).

Der Koran enthält auch Stellen, in denen dem Propheten widersprochen wird und am Ende die bessere Idee ausgewählt wird – nicht die, die der Prophet vorgibt. Es wird auch davon berichtet, dass Abstimmungen durchgeführt werden und der Wille der Mehrheit befolgt wird. Diese koranischen Grundlagen und diese prophetische Praxis zeigen sich in verschiedenen Situationen, etwa wenn Prophet in der Öffentlichkeit die Gemeinde fragt: „Was haltet ihr davon" oder sie aufruft: „Sagt mir eure Meinung dazu!". Der Koran kritisiert auch einige Entscheidungen des Propheten (vgl. Koran 8:67; Koran 33:53).

Im Koran ist eine Geschichte überliefert, in der eine Frau dem zweiten Kalifen Umar b. al-Khattab widerspricht. Die Frau ist im Recht, das wird von Umar und der Gemeinde auch anerkannt: „Die Frau hat Recht und Umar hat sich geirrt" (Al-Baihaqi, Bd. 7, Hadith 233). Diese Aussage vom Kalifen der Muslime in den frühen Zeiten des Islam zeigt, dass den Menschen bewusst war, dass sie dem Kalifen öffentlichen widersprechen können. Der Geist dieser Geschichte entspricht unseren heutigen Prinzipien von Demokratie, Meinungsfreiheit und Rechtsstaatlichkeit: Die Frau hatte Recht und das wurde ihr auch zugestanden. Es galt nicht automatisch das Recht der mächtigeren Person und sie wurde nicht aufgrund ihres Geschlechts oder ihres verhältnismäßig „niedrigeren" Status vor dem Recht benachteiligt oder nicht angehört. Diese Praxis zeigt, dass offener Meinungsaustausch und Demokratie im Islam eine wichtige Rolle spielen. Der Geist solcher Episoden soll für Muslim:innen bis heute inspirierend sein.

4.7.3.2 Ahl al-Hal wal-ʾAqd – legislative Ratsversammlung in der Frühzeit des Islams

Neben dem Konzept *Schura* gibt es im Koran auch das Konzept *Ahl al-Hal wal-ʾAqd*. Unter dem Begriff versteht man einen engen Kreis aus Personen um den Herrscher oder den Propheten, die uneingeschränktes Vertrauen genießen und hohe Weisheiten besitzen. Sie treffen Entscheidungen und sind bevollmächtigt, Verträge abzuschließen. Beide Konzepte entsprechen zwar natürlich nicht den Standards einer modernen Demokratie, können aber als demokratischer Rahmen gesehen werden und stehen im Gegensatz zu autoritären Herrschaftsmodellen.

Das Moses-Narrativ ist ein weiterer Hinweis darauf, dass sich der Koran gegen Totalitarismus ausspricht. Diese Erzählung nimmt im Koran viel Raum ein und ist folglich sehr bedeutend. Sie steht für den Kampf gegen Ungerechtigkeit und Selbstherrlichkeit. Dem Koran zufolge bat Moses Gott um Stärkung und Beistand durch „einen Minister aus meinem Volk – meinen Bruder Aaron" (Koran 20:29–30). Das ist für das Anliegen der Narration sehr zutreffend, denn auch Mose wollte kein Alleinherrscher sein, sondern durch die Regierung gemeinsam mit Aaron die Macht teilen.

Ebenso liefert das koranische Narrativ von Suliman und der Königin von Saba ein lobenswertes Beispiel für die *ahl al-Hal wal-ʾAqd* und gegen die Alleinherrschaft. Hier sagt die Königin: „Ihr Ältesten! Gebt mir in meiner Sache einen Rat! Ich habe noch nie etwas entschieden, ehe ihr zugegen wart." (Koran 27:32).

Die Essenz aller hier zitierten Textstellen ist, dass im Koran die Beratung durch „Expert:innen" (etwa im Fall der Ältesten), die kollektive Entscheidungsfindung und die freie Meinungsäußerung sowie die Berücksichtigung der geäußerten Kritik eine wichtige Rolle spielen. Viele muslimischen Herrschende ließen Kritik zu, fragten andere um Rat und verübten keine autoritäre Schreckensherrschaft. Somit stimmen die islamischen Herrschaftsgrundlagen vielfach mit den Grundsätzen der Demokratie überein.

Viele der erwähnten Beispiele würden in der heutigen Zeit als unzureichend demokratisch gelten. Dabei muss aber wieder der Bezug zu Raum und Zeit hergestellt werden: Für das 7. Jahrhundert waren die Ansätze fortschrittlich und was weitergetragen werden muss, ist ihr Geist, nicht einzelne wörtliche Stellen. Außerdem entspricht auch die griechische Demokratie, auf die man sich heute gerne beruft, nicht den Standards einer heutigen Demokratie (Es gab dort beispielsweise kein Frauenwahlrecht, Sklaverei war erlaubt und die Sklav:innen waren vom Wahlrecht ausgeschlossen) (vgl. Vorländer 2017). Doch auch hier wird die Essenz weiterentwickelt und es werden nicht die Gesetze aus der damaligen Zeit wörtlich übernommen.

Es kann die berechtigte Frage aufkommen, warum eine Begründung der Demokratie im Koran überhaupt nötig sei – über die Vereinbarkeit von etwa der Bibel und den demokratischen Prinzipien wird schließlich auch (fast) nie diskutiert und trotzdem haben sich in christlich geprägten Staaten fortschrittliche Demokratien entwickelt. Diese beiden Situationen sind jedoch wegen der verschiedenen Kontexte nicht vergleichbar: Aufgrund der langen Geschichte der Säkularität in vielen europäischen Staaten nimmt die Religion im Leben der einzelnen Europäer:innen heute einen geringeren Stellenwert ein als in dem der meisten Muslim:innen. Besonders für Migrant:innen, die aus nicht säkularisierten Staaten kommen, sind Politik und Religion gedanklich eng miteinander verbunden. Für ein völliges Trennen von Islam auf der einen Seite und Demokratie auf der anderen Seite zu plädieren wäre in diesem Rahmen nicht zielführend, da es die Menschen nicht „dort abholt, wo sie stehen".

4.7.4 Rechtsstaatlichkeit im Islam

Im Koran findet man einige Prinzipien und Werte, die darauf hindeuten, dass die Gesellschaft auf Gerechtigkeit und dem Respekt vor Gesetzen und Rechten basieren sollte. Gerechtigkeit ist ein zentrales Prinzip im Islam, und die Menschen werden aufgefordert, gerecht zu handeln, unabhängig von ethnischer Zugehörigkeit, Religion oder sozialem Status. Wie wichtig Gerechtigkeit im Islam ist, wird dadurch deutlich, dass Gerechtigkeit ein Name Gottes ist.

Auch die Idee der Rechtssicherheit ist im Islam verankert. Das Gesetz sollte klar sein, und die Menschen sollten vor der Willkür geschützt sein. In der Sure An-Nisa (4:58) wird betont, dass Gott Gerechtigkeit und Güte gebietet: „Siehe, Gott befiehlt euch, die euch anvertrauten Güter ihren Eignern zu übergeben. Und, wenn ihr zwischen den Menschen richtet, in Gerechtigkeit zu richten."

4.7.5 Instrumentalisierung von Muslim:innen in Wahlen

Nach hartnäckiger theologischer Skepsis nehmen Muslim:innen mittlerweile an Wahlen in europäischen Ländern teil. In den 90er-Jahren gab es noch heftige theologische Debatten, in denen konservative und extremistische Gruppen an Muslim:innen appellierten, nicht wählen zu gehen. Ihre Begründung dafür war, dass es dadurch nicht Scharia-konforme Gesetze verabschiedet und im schlimmsten Fall der Kufr (Unglaube) unterstützt werden (vgl. Al-Munged 2000). Solche Ansichten sind heute jedoch nicht mehr weit verbreitet, offensichtlich wird die Demokratie von einem großen Spektrum der Muslim:innen also gut angenommen. Migrant:innen, die selbst in nicht demokratisch regierten Staaten aufgewachsen sind, brauchen oft Zeit, um das System Demokratie zu verstehen und daran teilzuhaben.

Statistiken zum Wahlverhalten von Muslim:innen zeigen, dass diese als relativ homogene Gruppe zu sehen sind: Sie wählen hauptsächlich links- und mitte-links-gerichtete Parteien (vgl. Ichner und Rachbauer 2017). Das ermöglicht es den Parteien, das Stimmverhalten der Muslim:innen vorherzusehen und für strategische Zwecke zu nutzen. Für eine sinnvolle Teilhabe der Muslim:innen an der Demokratie ist es jedoch wichtig, dass jede:r individuell eine Entscheidung trifft und seine:ihre Wahl nicht aufgrund eines Aufrufs der Moscheegemeinde oder einer bestimmten muslimischen politischen Figur trifft.

Damit das Spektrum der von Muslim:innen gewählten Parteien breiter wird, ist es jedoch auch nötig, dass islamfeindliche Parolen aus den Wahlkämpfen verschwinden (vgl. Bundesministerium des Innern im Auftrag der Deutschen Islam Konferenz, 2012). Manchen Parteien bringt es mehr Vorteile, den Islam als Feindbild zu propagieren und damit die Stimmen muslim- oder ausländerfeindlicher Wähler:innen zu gewinnen, als muslimische Wähler:innen anzusprechen.

4.7.6 Einbürgerungspolitik als Hindernis für die demokratische Teilhabe

Eine weitere Problematik ist, dass viele Muslim:innen keine europäische Staatsbürgerschaft besitzen.[25] In Europa lebende Menschen ohne Staatsbürgerschaft und folglich ohne Wahlberechtigung im Land sind für die Parteien uninteressant und werden daher im Wahlkampf und auch in der Politik wenig angesprochen. Außerdem ist für diese Menschen die Teilhabe an der Demokratie schwieriger: In ihrem Aufenthaltsland sind sie nicht zur Wahl zugelassen und können sich daher nur sehr eingeschränkt an der Demokratie beteiligen. Damit sinkt auch das Interesse am politischen Geschehen und an der Demokratie insgesamt.[26] In ihrem Herkunftsland werden möglicherweise keine Wahlen abgehalten oder die Identifikation mit diesem Land und das Wissen über die dortigen Umstände sind schon so gering, dass kein Interesse an einer Beteiligung an den dortigen Wahlen mehr besteht.

Die Einstellungen zu Politik und Demokratie im Elternhaus beeinflussen die diesbezüglichen Haltungen von Kindern und Jugendlichen. Alle Schüler:innen in Europa sollen zwar im Rahmen des Unterrichtsgrundsatzes Politische Bildung mit politischen Fragen konfrontiert und zur Teilhabe an der Demokratie motiviert werden, trotzdem sind Einstellungen in der Familie für die politische Sozialisation von großer Bedeutung (vgl. Lange u. a. 2013, S. 27). Wenn Eltern aus dem System der Demokratie aus-

---

[25] Einem Bericht der österreichischen Tageszeitung die Presse zufolge besaßen 2009 knapp 50 % der Muslim:innen in Österreich die österreichische Staatsbürgerschaft (vgl. Kocina 2017a).

[26] Besonders betroffen von der Exklusion aus der Demokratie sind Jugendliche in Wien. Von dieser Gruppe besitzen rund 40 % keine österreichische Staatsbürgerschaft (vgl. Yilmaz 2020).

geschlossen sind und sich daher politisch wenig interessieren oder der Demokratie ablehnend gegenüberstehen, so zeigen auch deren Kinder häufig weniger politisches Engagement. Die Möglichkeit zur Beteiligung an der Demokratie ist damit nicht nur nötig, um im Umgang mit aktuellen Herausforderungen alle Bevölkerungsgruppen miteinzubeziehen, sondern auch, um das Demokratiebewusstsein der nächsten Generation zu stärken.

5

Der europäische Islam – Konturen und Zukunft

Bei den hier vorgestellten Grundlagen eines europäischen Islam handelt es sich nicht um dogmatische Prinzipien, sondern um fundierte humane und soziale Leitlinien. Sie ermöglichen es dem Islam, (wieder) zu einer Bereicherung für Europa zu werden und einen angemessenen und eigenständigen Platz in den europäischen Gesellschaften zu finden. Die Eigenschaften pluralitätsfähig, demokratiefördernd, friedensbildend, spirituell ausgerichtet und menschenorientiert bilden die fünf Säulen dieser Vision. Diese spiegeln sich in seiner Theologie und Gemeinde wider.

Zugleich soll die Idee des europäischen Islam für beide Lager in der Islam-Debatte – für „Leitkulturalist:innen" wie für „Multikulturalist:innen" (vgl. Kermani 2020) – annehmbar sein. Denn sie enthält all die Werte, die die Anhänger:innen der Leitkultur verbreiten möchten, jedoch keinen Assimilationszwang. Im Gegensatz bleibt durch die Ansicht des Islam als Bereicherung den

Muslim:innen die Freiheit, ihre Religion selbstbestimmt auszuleben.

5.1 Tragesäulen und Merkmale

Fünf Merkmale bilden die Tragesäulen eines europäischen Islam. Diese werden im folgenden Abschnitt behandelt. Sie sind nicht die einzigen Grundlagen des europäischen Islam, aber für die Formungs- und Etablierungsphase von großer Bedeutung.

Im folgenden Diagramm sind die fünf Tragesäulen überblicksmäßig dargestellt. Sie werden anschließend einzeln detaillierter erläutert (Abb. 5.1).

5.1.1 Pluralitätsfähiger Islam

Die europäische Gesellschaft ist von Vielfalt gekennzeichnet: Hier treffen unterschiedliche Kulturen, Sprachen und Religionen aufeinander. Durch die Vernetzung innerhalb

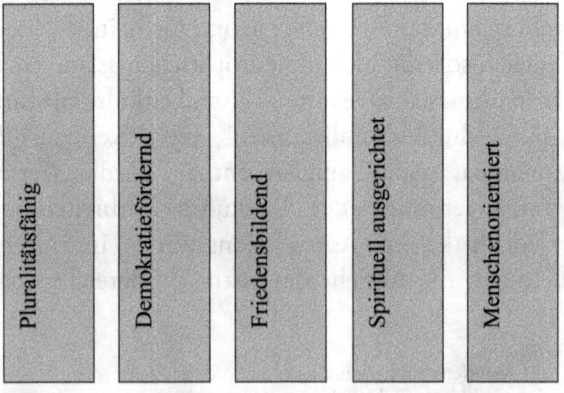

Abb. 5.1 Tragesäulen und Merkmale des europäischen Islam

5 Der europäische Islam – Konturen und Zukunft

der EU sowie durch Jahrzehnte der Migration innerhalb Europas und nach Europa entstand eine sehr heterogene Gesellschaft. Pluralitätsfähigkeit[1] ist daher eine wichtige Eigenschaft des europäischen Islam. Dieser muss dazu in der Lage sein, sich in einem vielfältigen Umfeld einzufügen und zu entfalten.

Der Islam ist an sich eine plurale Religion – wie in den vorhergehenden Kapiteln bereits ausführlich dargelegt wurde, gibt es nicht den einen Islam; ganz im Gegenteil ist er von kultureller und weltanschaulicher Diversität geprägt.

Der Islam kann also die Pluralität in Europa mittragen und fördern und ist eine Bereicherung für die europäische Vielfalt. Die Pluralitätsfähigkeit des Islam ist schon in seiner intellektuellen Tradition und in seiner Geschichte begründet (siehe Kap. 1). Dafür dürfen jedoch die Bemühungen, sich mit den Quellen des Islam auseinanderzusetzen und diese immer wieder neu zu interpretieren, nicht aufgegeben werden.

In einer pluralen Gesellschaft ist ein friedliches Zusammenleben aller Religionen möglich. Daher profitieren auch der Islam und die Muslim:innen von der Vielfalt Europas. Umso wichtiger ist es, dass auch sie – genauso wie alle anderen Europäer:innen – offene und tolerante Einstellungen bewahren.

In Bezug auf Pluralität muss beachtet werden, dass diese nicht als die Existenz von geschlossenen Parallelgesellschaften innerhalb eines Landes oder einer Region verstanden wird. So wie Abstand vom Konzept der Leitkultur genommen werden muss, darf auch das andere Extrem – nämlich

---

[1] Pluralität bezieht sich auf die Existenz von Vielfalt, Verschiedenheit und Unterschieden in einer Gesellschaft, insbesondere in Bezug auf Kultur, Religion, Weltanschauung und Lebensstile.

die Trennung der religiösen Gruppen innerhalb eines Landes – nicht gefördert werden. Für ein friedliches Miteinander und eine gegenseitige Bereicherung sollten unterschiedliche Religionen und Gesellschaftsgruppen im Austausch miteinander stehen. Dialog und Bildung sind daher die Instrumente, mit denen der Islam seine Pluralitätsfähigkeit unter Beweis stellen und zur europäischen Vielfalt beitragen kann.

Der interreligiöse und der interkulturelle Dialog können dazu beitragen, gemeinsame Werte zu identifizieren und Brücken zwischen den verschiedenen Glaubensrichtungen zu schlagen. Beim interkulturellen Dialog spielen die Diaspora und das migrantische Spektrum der Muslim:innen eine entscheidende Rolle; er hilft den Migrant:innen aus unterschiedlichen Kulturen, ihren Platz im europäischen Islam zu finden. Zudem ist der interkulturelle Dialog eine Bereicherung für das kulturelle Leben in Europa. Muslimische Migrant:innen kommen aus vielen unterschiedlichen Herkunftskulturen wie etwa der bosnischen, marokkanischen, arabischen oder türkischen und können mit verschiedenen Elementen ihrer Kulturen – etwa Kunst, Musik und Kulinarik – zum Kulturreichtum Europas beitragen.

Bildung schafft Frieden
Bildung ist die Basis für Friedenssicherung und die Weiterentwicklung der Gesellschaft. Dafür braucht es pädagogische Konzepte, die zeitgemäß und entsprechend kontextualisiert sind. Diese sollen die Werte der Pluralität und den positiven Umgang mit Vielfalt fördern. Solche Konzepte sollen sowohl für schulische als auch außerschulische Lernorte entworfen werden. Auf diesem Weg können kritische, tolerante und humane Inhalte in der islamischen Bildung etabliert werden. Damit das gelingt, müssen die Themen Integration und Islam in Europa in die Lehrpläne

und Schulbücher aufgenommen werden.[2] So können das Pluralitätsbewusstsein und die interreligiöse Bildung gefördert werden; zugleich werden das Zugehörigkeits- und Anerkennungsgefühl der muslimischen Schüler:innen gestärkt.

Auch andere Religionen, insbesondere das Judentum sowie die nicht-schriftlichen Religionen wie Buddhismus und Hinduismus, sollten mehr Platz in den Schulbüchern und Lehrplänen haben. Indem alle europäischen Schüler:innen eine umfassende Bildung über diese Glaubensrichtungen erhalten, wird der gegenseitige Respekt gefördert und Hass und gesellschaftlicher Spaltung entgegengewirkt.

5.1.2 Demokratiefördernd

Der europäische Islam kann zur Förderung der Demokratie in Europa beitragen. Wie oben dargelegt, kommt der Bildung eine wichtige Rolle in diesem Konzept zu. Der islamische Religionsunterricht sowie andere islamische Bildungsangebote sollen Muslim:innen dazu anregen, sich entsprechend der Tradition der islamischen Gelehrsamkeit kritisch mit Inhalten und Meinungen auseinanderzusetzen.

---

[2] Für vertiefende Einsichten in dieses Thema siehe auch: Lähnemann, Johannes. 2021. *Interreligiöse Verständigung und Bildung 1980–2020*: eine Bilanz im Spiegel der Nürnberger Foren zur Kulturbegegnung. Berlin: EB Verlag.

Ein Beispiel dafür, dass es bereits Lehrmaterialien gibt, in denen die gemeinsame Geschichte von Islam und Europa thematisiert wird, ist folgendes Schulbuch: Ernst Klett Verlag. 2016. *Geschichte und Geschehen Oberstufe*: Antike und Mittelalter. Die Expansion des Islam. Stuttgart: Ernst Klett Verlag. Unterrichtsmaterial: https://view.officeapps.live.com/op/view.aspx?src=https%3A%2F%2Fwww2.klett.de%2Fsixcms%2Fmedia.php%2F229%2Fab_443211_6n25hq_expansion_islam.ppt&wdOrigin=BROWSELINK. Letzter Zugriff 21. Jänner 2024.

Indem Muslim:innen sich fundiertes Wissen über islamische Quellen und deren Interpretation aneignen, werden Vorurteile und Falschinformationen aufgeklärt. Muslim:innen erfahren etwa über die Verankerung des Geistes der Demokratie im Koran; dieses Wissen schützt sie vor Vereinnahmung durch radikale und demokratiefeindliche Gruppen.

Der Islam kann, wie in Abschn. 4.7.1 beschrieben, auch eine Motivation für die aktive Teilhabe an der Demokratie bedeuten. Menschen werden durch ihre Religion beispielsweise dazu motiviert, in Vereinen mitzuwirken oder politische Ämter, besonders auf regionaler Ebene, zu übernehmen. Muslim:innen in solchen Positionen haben wiederum eine Vorbildfunktion; andere sehen an diesen Beispielen, dass man als Muslim:in nicht von der Demokratie ausgeschlossen ist und es Möglichkeiten zur aktiven gesellschaftlichen Teilhabe gibt – auch dann, wenn man nicht über die Staatsbürgerschaft des Aufenthaltslandes verfügt.

Die Zusammenkunft von jüngeren und älteren Menschen in den Gemeinden regt den Dialog zwischen den Generationen an. Dadurch entwickeln die Generationen ein besseres Verständnis füreinander und die jeweiligen Lebenssituationen. Zudem erfolgt oft ein Meinungsaustausch zwischen Menschen, die bereits in Europa aufgewachsen sind und solchen, die als Erwachsene zugewandert sind. All diese Aspekte tragen dazu bei, Muslim:innen zu Offenheit und zu kritischem Denken anzuregen und sie mit einer Vielzahl an Meinungen und Ansichten in Berührung zu bringen.

5.1.3 Friedensbildend

Der Islam hat das Potenzial, zur Friedensbildung und -sicherung beizutragen. Wie in Abschn. 4.5 dargelegt, spielt der Friede eine wichtige Rolle im Islam. Der europäische Islam kann durch den Kontakt und den Austausch mit anderen Religionen bzw. mit nichtreligiösen Menschen dazu beitragen, Vorurteile abzubauen und das gegenseitige Verständnis zu verbessern. Dadurch können auf Vorurteilen basierende Aggressionen und Konflikte vermieden bzw. ausgeräumt werden.

Muslim:innen können aus religiösen Gründen dazu motiviert werden, sich in Friedensinitiativen zu engagieren. Auch das Mitwirken in gemeinnützigen Vereinen, die sich gegen Armut und soziale Ungerechtigkeit einsetzen, hilft, den gesellschaftlichen Frieden zu erhalten. Einerseits wird dadurch die Gefahr von Unfrieden aufgrund von sozialer Ungleichheit gemindert; gleichzeitig erfahren die Muslim:innen durch ihr Engagement Anerkennung und eine persönliche emotionale Bereicherung. Zudem wird ihnen durch gesellschaftliches Engagement zusätzlich bewusst, dass sie ein Teil der Gemeinschaft sind und sie nicht an den Rand gedrängt werden.

Einen Beitrag zur Friedensbildung innerhalb der Gesellschaft leistet der europäische Islam auch, indem er sich für Geschlechtergerechtigkeit einsetzt. Die Arbeit gegen veraltete Frauen- und Männerbilder kann Gewalt vorbeugen. Indem Frauen gezielt beispielsweise in muslimischen (Frauen-)Vereinen oder durch Frauenbildungsangebote zum gesellschaftlichen Engagement ermutigt werden, finden ihre Beiträge zu gesellschaftlichen Themen Gehör. Dadurch können vielfältigere Perspektiven auf soziale Herausforderungen in den Diskurs miteinbezogen werden. Auch bei der Verhandlung von Ideen für die Friedensbildung sollen die Meinungen von Frauen eine Rolle spielen.

Diese Ansätze verdeutlichen, wie der Islam in Europa einen positiven Beitrag zur Förderung von Frieden, Demokratie und sozialer Harmonie leisten kann. Es ist wichtig zu betonen, dass die Umsetzung dieser Ideen von verschiedenen Faktoren abhängt, darunter die Bereitschaft der Gemeinschaft, sich zu engagieren und der Förderung von Bildung und Dialog auf allen Ebenen der Gesellschaft.

5.1.4 Spirituell ausgerichtet

Europa erlebt aktuell eine tiefgreifende Transformation im religiösen Gefüge. Der Islam als bedeutende Religion in Europa erfährt eine Neugestaltung, die sich durch eine stärkere spirituelle Ausrichtung auszeichnet. Das ist insbesondere in der aktuellen krisenbelasteten Zeit (Post-Pandemie-Situation, Kriege, Klimakrise usw.), in der viele Menschen unter Ängsten und psychischen Schwierigkeiten leiden, von Bedeutung.

Im Sinne der Spiritualität wird die gesamte Religion reflektiert. Nicht nur die Suche nach innerem Frieden und Sinn, sondern auch die Fiqh-Interpretationen und rituellen Praktiken gewinnen dabei eine spirituell-ethische Dimension und damit einhergehend auch zusätzliche Sinnhaftigkeit.

Eine entscheidende Facette der spirituellen Prägung des europäischen Islam ist die Betonung der persönlichen Verbindung zu Gott. Das ist eines der wichtigsten Merkmale der islamischen Spiritualität und Religion: Eine direkte, unvermittelte und bedingungslose Gottesverbindung.

Im Koran steht: „Wenn ein Mensch dich nach mir fragt, so bin ich so nahe." Hier erfolgt eine unmittelbare göttliche Antwort, im Unterschied zu verschiedenen ähnlichen Stellen mit identischen Ausgangsfragen („Wenn ein Mensch dich fragt") in derselben Sure: Bei denen soll die Antwort durch den Propheten erfolgen („Sage ihnen" oder „Antworte ihnen wie folgt").

In einer Gesellschaft, die vom Individualismus geprägt ist, suchen viele Muslim:innen eine tiefere, persönliche

5 Der europäische Islam – Konturen und Zukunft

Beziehung zu Allah, die über formale Rituale hinausgeht. Meditation, innere Reflexion und das Gedenken an Gott werden zu Schlüsselpraktiken, die eine innere spirituelle Reise ermöglichen.

Nächstenliebe, Mitgefühl und soziale Verantwortung stehen im Mittelpunkt der Spiritualität und sind neben dem inneren Frieden die praktische Anwendung der Spiritualität, welche sich auf das Wohl des Individuums, der Gemeinschaft und der Gesellschaft konzentriert. So soll die Glückseligkeit erreicht werden.

Die Stärkung des Gemeinschaftsgefühls durch Spiritualität ist eine Bereicherung für viele Muslim:innen. Dafür sollen die bestehenden gemeinschaftlichen Gebete, Dikr (Gedenken Gottes) und Lernkreise in den Moscheen inhaltlich spiritueller werden. Auf diese Weise kann man sie attraktiver für alle Generationen und Geschlechter gestalten.

Für die spirituelle Prägung des europäischen Islam spielt die Bildung eine zentrale Rolle. Gläubige werden dazu ermutigt, nicht nur Kenntnisse über religiöse Texte zu erlangen, sondern auch kritisches Denken zu fördern. Eine aufgeklärte Spiritualität versteht Bildung als Instrument zur Förderung von Verständnis und Zusammenarbeit zwischen verschiedenen Glaubensrichtungen und Weltanschauungen. Das macht das Herz offener und reicher.

Zudem kann und soll die Spiritualität persönlich und individuell ausgelebt werden. Die Suche nach der Verbindung zu Gott und religiöse Handlungen wie das Gebet werden von Mensch zu Mensch verschieden gestaltet und gelebt. Dabei gibt es keine normativen Vorgaben, denn das Ziel des spirituellen Erlebens ist die persönliche Bereicherung und das Erreichen eines individuellen Wohlbefindens.

Der europäische Islam, der eine spirituelle Prägung annimmt, integriert sich somit besser in die europäische

Gesellschaft. Eine solche Ausrichtung erlaubt es Muslim:innen, ihre religiöse Identität zu bewahren, während sie gleichzeitig die Werte und Normen der europäischen Kultur respektieren. Diese Integration basiert nicht auf einem Verlust der religiösen Überzeugungen, sondern auf einer vertieften, inneren Verbindung, die das spirituelle Erbe des Islam mit den zeitgenössischen Herausforderungen Europas in Einklang bringt.

In einem Zeitalter, in dem die Suche nach Sinn und innerem Frieden von zentraler Bedeutung ist, trägt die spirituelle Kraft des europäischen Islam dazu bei, eine Brücke zwischen den unterschiedlichen Positionen zu schlagen. Der Dialog zwischen verschiedenen religiösen und nichtreligiösen Gruppen wird gefördert, und die Gemeinschaften arbeiten zusammen, um eine harmonische und spirituell erfüllte Gesellschaft aufzubauen.

Insgesamt verdeutlicht die spirituelle Prägung des europäischen Islam nicht nur die Flexibilität der Religion, sondern auch ihre Fähigkeit, als positive Kraft für individuelle und gesellschaftliche Transformation zu wirken. Es ist eine Einladung, das Spirituelle im Islam neu zu entdecken und gleichzeitig eine Brücke zu schlagen, die das religiöse Erbe mit den humanistischen Werten Europas verbindet.

Besonders wichtige Aspekte der Spiritualität sind zudem die spirituelle Begleitung und die Seelsorge. Diese sollen für alle diejenigen, die Unterstützung bei spirituellen Fragen oder Lebensherausforderungen suchen, bereitgestellt werden. Dies kann dazu beitragen, eine unterstützende Gemeinschaft aufzubauen und Menschen in schwierigen Situationen zu begleiten. Dazu können zum Beispiel Angebote zur Trauerbegleitung oder zur Beratung von Jugendlichen in Problemsituationen zählen. Es wäre grundsätzlich am wichtigsten, in den Gemeinden zu fragen, welche Angebote am stärksten nachgefragt werden bzw. was den Mitgliedern noch fehlt.

5 Der europäische Islam – Konturen und Zukunft 153

Damit positive spirituelle Erfahrungen für möglichst viele Menschen zugänglich werden, sollen Schulungen und Ausbildungsangebote in den Gemeinden und online konzipiert, evaluiert und weiterentwickelt werden. Die Integration von spirituellen Aspekten in Bildungsprogramme und die Lehrpläne des islamischen Religionsunterrichts kann den Schüler:innen dabei helfen, im Rahmen ihrer schulischen Bildung eine tiefe Verbindung zu ihrer spirituellen Seite herzustellen. Dabei spielen Achtsamkeit und Selbstreflexion eine wichtige Rolle. Denn dadurch können nicht nur die innere Welt erkundet und die seelische Gesundheit gefördert werden, sondern es wird auch eine bewusstere Verbindung zu Allah und den eigenen inneren Überzeugungen hergestellt.

Wichtig ist es, dass die Spiritualität alle Menschen miteinbezieht, unabhängig von ihrer kulturellen Herkunft, ihrer ethnischen Zugehörigkeit oder ihrem sozialen Status. Jede:r Gläubige sollte sich in der spirituellen Gemeinschaft willkommen fühlen. An die Stelle von sektenähnlichen Strukturen, die den falschen Eindruck verbreiten, nur der sufische Islam sei spirituell, soll eine offene spirituelle Gemeinschaft treten. Denn der Islam ist ganzheitlich spirituell.

Die Spiritualität ist auch ein interaktiver, interreligiöser Prozess. Dabei gibt es viele Parallelen zwischen den Religionen, daher sind ein religionsübergreifender Erfahrungsaustausch und das Lernen voneinander über die Religionsgrenzen hinweg so wertvoll.[3] Als Beispiel dafür, dass die Spiritualität eine interreligiöse Gemeinsamkeit ist, können die Parallelen zwischen dem Jesuitenorden und den

---

[3] Ein Beispiel für ein religionsübergreifendes spirituelles Projekt ist die Aktion „Stille schenken". Weitere Informationen online unter: https://www.stilleschenken.com/#dica_divi_carouselitem_0 Letzter Zugriff 26. Jänner 2024.

Sufis genannt werden. Der Begründer des Jesuitenordens, Ignatius von Loyola, hatte vor seiner Ordensgründung einem Sarazenen-Orden angehört und baute seine eigene Gemeinschaft nach dem Vorbild des sufischen Schadhili-Ordens auf. Viele spirituelle Praktiken der beiden Glaubensgemeinschaften weisen deutliche Ähnlichkeiten auf, so etwa die tägliche Gottesanrufung oder der Einbezug des ganzen Körpers in das Gebet.[4]

Auch die spirituelle Praxis der Stille bzw. des Innehaltens findet sich in unterschiedlichen Religionen. Im Koran etwa ist sie in der Stelle „Wahrlich im Gottesgedenken finden die Herzen ihre Ruhe" verankert – eine deutliche Parallele zu einem Zitat des heiligen Augustinus: „Unruhig ist unser Herz, bis es Ruhe findet in Dir."

Ein spiritueller Zugang kann Radikalisierung entgegenwirken, wenn die Spiritualität individuell und persönlich praktiziert wird und das Ziel des Erreichens eines persönlichen Wohlbefindens verfolgt wird. Es ist wichtig, zu betonen, dass spirituelle Erfahrungen in allen Religionen gemacht werden können und es dabei keinen „besseren" oder „einzig richtigen" Weg gibt. Mit diesem Zugang können Respekt und Toleranz gefördert und Gemeinsamkeiten entdeckt werden.

5.1.5 Menschenorientiert

Die Menschenorientierung in der Theologie: Impulse für ein erfülltes Leben

Im Zentrum der islamischen Theologie stehen der Mensch und seine Beziehung zu Gott. Die Theologie soll daher Impulse und Rahmenbedingungen liefern, die menschenorientiert sind. Denn die Bewahrung von

---

[4] Weiterführende Literatur dazu: Colombo, Emanuele und Paul Shore. 2023. *Jesuits and Islam in Europe.* Leiden: Brill.

Menschenleben, Nachkommenschaft und Würde machen die übergeordneten Ziele des Islam aus (vgl. Schmid 2012, S. 493 ff.).

Individualität: Im Zentrum der Schöpfung steht der Mensch, individuell geschaffen und einzigartig. Die Theologie kann diese Individualität betonen und alle Menschen dazu ermutigen, ihre Handlungen frei zu gestalten und für ihre eigenen Taten Verantwortung zu übernehmen. Die koranischen Prinzipien „Alle Menschen treten am Tag der Auferstehung einzeln vor Ihn hin." (Koran 19:95). und „Kein Mensch trägt die Schuld eines anderen" (Koran 35:18) unterstreichen die individuelle Verantwortung. Gleichzeitig lehrt der Koran, dass jeder Mensch seinen eigenen Weg gehen soll, darf und kann, und dass die individuelle Reise des Glaubens respektiert werden sollte (vgl. Koran 18:29)

Geschlechtergerechtigkeit: Die menschenorientierte Theologie kann einen zentralen Beitrag zur Geschlechtergerechtigkeit leisten, indem sie das Verständnis fördert, dass alle Geschlechter gleichermaßen von Gott erschaffen und geehrt sind. Sie haben die gleichen moralischen und religiösen Verpflichtungen (vgl. Koran 16:97). Die Theologie soll die Rechte und Pflichten aller Geschlechter fördern und gegen jegliche Form der Diskriminierung eintreten.

Eigenständiges Denken: Die Theologie kann dazu ermutigen, selbstständig zu denken und das persönliche Gewissen und das Herz als Leitfäden für Entscheidungen zu nutzen. Der prophetische Ansatz „Frag dein Herz"[5] weist

---

[5] Musnad Ahmad, Hadith Nr. 17545. Von Wabissa ibn Ma'bad wird berichtet, dass der Prophet ihn bei einer Begegnung fragte: „Bist du gekommen, um mich über Rechtschaffenheit und Sünde zu befragen?" Er antwortete: „Ja." Da nahm der Prophet seine Finger zusammen, begann damit auf seine Brust zu klopfen und sagte: „Du Wabissa, frage dein Herz, frage dein Herz dreimal. Rechtschaffenheit ist das, worin sich dein Gewissen beruhigt, und Sünde ist das, was in deinem Gewissen kratzt und in deiner Brust schwankt, auch wenn die Menschen dich beraten und dir Ratschläge erteilen." (Eigenübersetzung des Autors)

darauf hin, dass persönliche Reflexion und das Hören auf die innere Stimme entscheidend sind. Die Theologie kann somit das Selbstbewusstsein stärken und Menschen dazu ermächtigen, bewusste Entscheidungen zu treffen.

Menschenliebe im Zentrum: Die Vielfalt der Menschen wird in der Theologie als eine Bereicherung betrachtet. Das Zitat „Und wir machten euch zu Völkern und Stämmen, damit ihr einander kennenlernt" (Koran 49:13) hebt die Vielfalt als Gottgegebenheit hervor. Die Theologie kann daher zur Akzeptanz von Vielfalt ermutigen und Menschenliebe als zentrales Prinzip betonen. Menschenliebe wird als Zeichen der Gottesliebe gesehen. Zu dieser Stelle passen die Aussage von Yunus Emre „Ich liebe das Geschöpf des Schöpfers Willen" (vgl. Takim 2016) und die goldene Regel, dass wir Menschen erst gläubig werden, wenn wir für unsere Mitmenschen wünschen, was wir für uns selbst wünschen (vgl. al-Buchari, 13 und Muslim, 45).

Die Individualität jedes Menschen, die Geschlechtergerechtigkeit, die Förderung des eigenständigen Denkens und die Akzeptanz von Vielfalt sind wesentliche Bestandteile einer Theologie, die ein gutes Zusammenleben fördert und dazu beiträgt, dass Menschen ein erfülltes und sinnvolles Leben führen können. Durch die Integration dieser Prinzipien in die theologische Lehre kann die Theologie zu einer Quelle der Inspiration und Orientierung für die Gläubigen werden.

5.2 Die Gemeinde im europäischen Islam

Das Gemeindeleben der Muslim:innen ist ein wichtiger Indikator dafür, inwieweit sie in Europa angekommen sind. Bei der Errichtung von Moscheen und der

Gründung von Vereinen haben Muslim:innen viel erreicht und es wurde viel investiert, um eine akzeptable Infrastruktur für ein muslimisches Leben bereitzustellen. Nun ist es an der Zeit, in die Menschen und die Entwicklung der Gemeinden zu investieren. Einige muslimische Gemeinden teilen öffentlich die Bedeutung und Notwendigkeit der Gemeindeentwicklung sowie die Arbeit an Inhalten, auch wenn die Bemühungen noch in den Kinderschuhen stecken.

In Bezug auf das Vertrauen der Mehrheitsgesellschaft und der Politik in Muslim:innen in Europa gibt es viel Luft nach oben. Die muslimischen Gemeinden bzw. das Gemeindeleben können eine entscheidende Rolle dabei spielen, Ängste abzubauen. Auch die Theoriebildung eines europäischen Islam kann erst real sein, wenn die Ideen in den Gemeinden gespiegelt und aufgenommen werden. „Wir können auf Dauer nicht über einen Islam europäischer Prägung[6] sprechen, ohne ihn dabei für die Menschen erlebbar zu machen.", betonte Ednan Aslan bei der Bewerbung des Projekts „Wiener Moschee" 2017.

Um den europäischen Islam in Gemeinden erlebbar zu und erfahrbar zu machen, braucht es einige Schritte und Maßnahmen, die nur, wenn sie von Muslim:innen, die davon überzeugt sind, vertreten werden, erfolgreich sein können. Jeder Versuch ohne diese Perspektive ist eine Verschwendung von Zeit und Ressourcen (vgl. Mohammed 2019b). Es bedarf keiner Provokationen seitens

---

[6] Auch wenn in diesem Kontext vom Islam europäischer Prägung gesprochen wird – einem Konzept, das nicht mehr aktuell ist – so ist die Aussage insofern noch von Bedeutung, als, egal, welches Konzept vertreten wird, dieses sich nur durchsetzen kann, wenn es die Menschen aktiv miteinbezieht.

Intellektueller, Politiker:innen und selbsternannter „liberaler Muslim:innen",[7] sondern vielmehr der Kooperation und Aufklärung.

Ich bin überzeugt davon, dass jede Reform mehr Handeln als Reden braucht. Nach jahrelanger Arbeit in den verschiedensten muslimischen Gemeinden in Österreich habe ich gesehen, wie viel Arbeit sie für ihre Gemeinden leisten. Ich habe auch bemerkt, dass einiges fehlt und es noch Aufholbedarf gibt: Für die jungen Muslim:innen, die hier geboren und aufgewachsen sind, gibt es kein zeitgemäßes Angebot, das auf sie abgestimmt ist.

Frauen sind weiterhin in vielen muslimischen Gemeinden unterrepräsentiert und unsichtbar.

Die Moscheen werden häufig von der Gesellschaft als Fremdkörper wahrgenommen.

Wenn uns etwas nicht gefällt und wir es verändern oder verbessern wollen, sollten wir uns nicht einfach mit Kritik zurücklehnen, sondern aktiv etwas für eine bessere Zukunft tun. So ist in Wien 2017 das Projekt der Universitätsmoschee ins Leben gerufen worden. Diese ist politikfrei, ideologiefrei und ethnisch übergreifend. Transparenz, Dialog und Gleichberechtigung stehen im Fokus. Das Konzept dafür habe ich gemeinsam mit Studierenden entworfen, es wurde nach intensivem Austausch genau auf die Anliegen von jungen europäischen Muslim:innen zugeschnitten. Dass das Projekt so gut angenommen wurde, zeigt, dass fortschrittliche und offene Angebote in den Moscheen nachgefragt werden. Daher sollten solche Projekte unbedingt auch in Zukunft gefördert werden, damit Moscheen nicht länger als „Fremdkörper in der

---

[7] Viele von ihnen behaupten an verschiedenen Stellen, etwa bei Buchvorstellungen, dass sie Muslim:innen provozieren wollen, damit diese sich aufklären und selbstkritisch sind bzw. werden. Dieser Zugang kommt bei den Menschen nicht gut an, da er sie nicht auf Augenhöhe behandelt.

Gesellschaft" betrachtet werden, sondern zu einem Teil Europas werden (vgl. Universitätsmoschee Iqraa 2020)·

Die notwendigen Maßnahmen und Schritte sowie die Hürden auf dem Weg zu fortschrittlichen und inklusiven Gemeinden variieren je nach Verein, Dachverband und Land. Es fehlen nicht überall dieselben Aspekte; einige Aspekte sind in manchen Vereinen bereits in Entwicklung und es gibt viele Anzeichen – wenn auch oft nur kleinere – dafür, dass ein europäischer Islam auf kommunaler Ebene eine Basis hat.

Auf dem Weg zur Entwicklung der Gemeinden gibt es nach wie vor einige Herausforderungen. Diese werden im folgenden Abschnitt behandelt.

5.2.1 Herausforderung I: Fragen der Finanzierung und der finanziellen Transparenz

Die finanzielle Abhängigkeit von ausländischer Unterstützung vieler muslimischer Gemeinschaften in Europa erstreckt sich heute auch auf Organisationen außerhalb des Diaspora-Bereichs. Ein Potenzial zur Förderung der Eigenständigkeit der Muslim:innen besteht in der selbstständigen Finanzierung ihrer Gemeinden. Zahlreiche engagierte Menschen setzen sich ehrenamtlich dafür ein, dass Muslim:innen ihre religiöse Praxis ausüben können, sei es in der Rolle von Imam:innen, Vorstandsmitgliedern oder einfach als Mitglieder von Moscheegemeinden. Sie sind es, die die muslimische Infrastruktur am Laufen halten.

Es gibt aber auch missbräuchliche Fälle, in denen sich muslimische Funktionär:innen auf dem Rücken der Muslim:innen bereichern. Ihre eigene Gefolgschaft bzw. die Mitglieder ihrer Gruppierung erhalten durch die ausländischen Fördergelder, die die Vereine beziehen, mehr Vorteile als andere Muslim:innen. Das ist nicht nur nicht altruistisch, sondern gefährdet auch die Zukunft, denn diese Muslim:innen dienen mit der Zeit nur noch ihrer eigenen sektenähnlichen Struktur und nicht mehr den Menschen. Sie interessieren sich für die Entwicklung des Islam nur in dem Maße, in dem sie davon profitieren.

Es mangelt also nicht an Ressourcen, sondern an Bewusstsein für diese Ressourcen sowie an einer effektiven Verwaltung und einem verantwortungsbewussten Umgang damit. Europäische Muslim:innen spenden jährlich erhebliche Summen, die in verschiedene Teile der Welt fließen, insbesondere nach Afrika, Asien und in den Nahen Osten, um dort die Entwicklung von Hilfsprojekten und den Bildungsbereich zu fördern.

Muslim:innen sollen auf dem Weg zur Institutionalisierung und zur gesellschaftlichen Anerkennung mehr Transparenz denn je zeigen und nicht auf Druck von Medien oder Behörden Reformen in die Wege leiten müssen, sondern eigenständig, auf eigene Initiative und aus eigener Verantwortung handeln.[8] Es braucht transparente Wege und Mut zur Veränderung, um fit für die Zukunft zu sein.

5.2.2 Herausforderung II: Sektenähnliche Organisationsstruktur einiger islamischer Vereine

Eine der Definitionen des Begriffs Sekte im Duden lautet: „kleinere Gemeinschaft, die in meist radikaler, einseitiger Weise bestimmte Ideologien oder religionsähnliche Grundsätze vertritt, die nicht den ethischen Grundwerten

---

[8] So wurden beispielsweise für die Organisation von Hadsch und Umra durch muslimische Dachorganisationen inzwischen Lösungen gefunden, die einerseits die Arbeit professionalisieren und andererseits die Organisation transparenter machen sollen.

der Gesellschaft entsprechen." (Duden 2023b). Sekten gibt es in allen Religionen und politischen Richtungen. Die Merkmale einer Sekte umfassen „einen exklusiven Wahrheitsanspruch, eine deutliche Innen-Außen-Abgrenzung, eine streng hierarchische Binnenstruktur und ein stark moralisch aufgeladenes Schwarz-Weiß-Denken" (vgl. Rademacher 2014, S. 78). Diese Eigenschaften zeigen auch sektenähnlich organisierte muslimische Vereine.

Auch wenn diese meist keine Aktivitäten ausführen, die gegen das Gesetz verstoßen, fügen sie dem Islam in Europa und der gesamten Gesellschaft beträchtlichen Schaden zu. Indem sie ihre Mitglieder dazu bringen, nicht mehr frei und kritisch zu denken, werden diese in ihrer Entwicklung und persönlichen Entfaltung eingeschränkt. Auf lange Sicht schadet die Indoktrinierung von Mitgliedern auch der Demokratie. Außerdem bedingen solche Vereine den Anstieg von Misstrauen gegen andere islamische Gemeinden und den Islam im Allgemeinen.

Es schadet den Islam und seiner Entwicklung erheblich, wenn diese Sekten bzw. sektenähnlichen Strukturen das Gemeindeleben dominieren.

5.2.3 Herausforderung III: Muslim:innen als Spielball (politischer) Mächte

Der anti-muslimische Rassismus ist ein Hindernis auf dem Weg zu einem zukunftsfähigen Islam in Europa. Muslimfeindlichkeit und ablehnende Haltungen gegen Muslim:innen sind in Europa verbreitet. Für Österreich zeigt das etwa eine im Jahr 2020 von Wolfgang Aschauer veröffentlichte Studie: 70% der Befragten stimmten der Aussage, der Islam passe nicht in die westliche Welt, zu (vgl. Aschauer 2020, S. 200). Das Statement, Muslim:innen sollten in Österreich nicht die gleichen

Rechte wie andere Menschen haben, erhielt eine Zustimmung von 45% (vgl. ebd.). Die ablehnenden Haltungen bekommen Muslim:innen in Österreich zu spüren: 58% der in Muslim:innen in Wien berichten von Diskriminierungserfahrungen (vgl. Güngör u. a. 2019, S. 34).

Der Islam ist ein zentrales Thema im politischen Diskurs in Europa. In Österreich etwa verfügen Parteien sogar über eine eigene Agenda in Bezug auf den Islam. Die Politisierung des Islam wird also nicht nur durch die islamistischen Ideologien, sondern auch die großen Parteien vorangetrieben. Muslim:innen erfahren durch die politische Instrumentalisierung nur Nachteile; sie sind zu einem Macht- und Kampfinstrument geworden. Die Profiteure bekommen je nach Lager unterschiedliche persönliche Vorteile, der Islam und die Entwicklung seiner Gemeinschaft hingegen erhalten dadurch nichts außer Schwierigkeiten und Ratlosigkeit.

Die Gemeinde soll daher apolitisch sein. Eine gewisse Distanz zu wahren, ist sowohl für die Gemeinde als auch für die Politik besser.

Transparenz in finanziellen, organisatorischen und ideologischen Fragen und politische Agenda: Ein großes Hindernis für einen Islam des Hier und Jetzt ist der Umstand, dass manche muslimischen Vereine und Organisationen ihre ideologischen oder politischen Ziele nur versteckt vertreten und so die eigene Gemeinde und die Gesellschaft täuschen. Fehlende Transparenz hindert die Muslim:innen daran, an den Herausforderungen der Moderne zu wachsen und ihre Vereine zu einem zukunftsfähigen Teil Europas zu machen.

Hier muss betont werden, dass sektenähnliche und intransparente muslimische Vereine oft gegen Kritiker:innen vorgehen und diese diskreditieren. Davon sollten sich Muslim:innen jedoch nicht einschüchtern lassen, denn für eine offene Gemeinschaft ist das Recht darauf, Kritik zu üben, unerlässlich. Zudem nehmen Menschen, die den Mut haben, solche Strukturen zu kritisieren, eine sehr wichtige Rolle in der Aufrechterhaltung der Meinungsfreiheit und Transparenz ein.

Exkurs: Die islamische Transparenzfrage
Muslimische Organisationen haben nicht nur die Aufgabe, für ihre Mitglieder da zu sein, sondern auch, den Islam nach außen hin zu repräsentieren. Um diese beiden Aufgaben erfüllen zu können, sind Ehrlichkeit und Transparenz unerlässlich. Daher haben die Gemeinden zwei Möglichkeiten (vgl. Mohammed 2019a):

In einer offenen und vielfältigen Gesellschaft ist es grundsätzlich nicht verboten und nicht als rein negativ zu bewerten, als islamischer Verein politische oder ideologische Ziele zu verfolgen – sofern diese nicht im Widerspruch zur demokratischen Gesellschaftsordnung stehen. Solche Ziele müssen jedoch offen kommuniziert werden, sodass die Mitglieder der Organisationen nicht getäuscht werden. Außerdem muss entsprechend der Meinungsfreiheit Kritik an und die Debatte über die ideologischen und politischen Ziele erlaubt sein.

Apolitische islamische Vereine sollen ebenso offen und deutlich kundtun, dass sie keine Ideologie verfolgen. Gegen unbegründete Vorwürfe, dies im Geheimen doch zu tun, sollen sie sich entschieden zur Wehr setzen, um Vorurteile und Missverständnisse auszuräumen.

Leider gibt es auch heute noch islamische Vereine, die keinem dieser beiden Modelle entsprechen, sondern die die von ihnen verfolgten politischen und ideologischen Ziele nicht offenlegen und ihre Sponsoren und Geldgeber verheimlichen, während sie sich nach außen hin apolitisch und modern präsentieren. Dieses Vorgehen schadet sowohl den Mitgliedern als auch dem Ansehen islamischer Vereine in der Öffentlichkeit.

Andere Gruppierungen haben das gleiche Transparenz-Problem und kommunizieren. Sie kommunizieren ihre Werthaltungen und Ziele einfach gar nicht nach außen und ignorieren die Öffentlichkeit und ihre Anfragen. Im Unterschied zu den vorigen Gruppierungen sind diese meistens bildungsferne Gemeinden.

Die Mehrheit der Muslim:innen in Europa wünscht sich heute transparente, offene und ideologiefreie Moscheen und Gemeinden. Durch aktive Mitarbeit und Engagement können es die Muslim:innen schaffen, Vereine und Gemeinden aufzubauen und zu gestalten, die ihren Werten und Anliegen entsprechen und für Transparenz und Ehrlichkeit sorgen (Mohammed 2019a).

Es ist zu beachten, dass die Offenlegungen durchaus auch negative Folgen haben, da Informationen politisch instrumentalisiert und missbraucht werden können. Allerdings hat sich unter anderem in Österreich gezeigt, dass die Nicht-Offenlegung nicht vor Generalverdächtigungen und Unterstellungen schützt. In der Situation wäre es besser gewesen, wenn beispielsweise finanzielle Informationen von Anfang an offengelegt worden wären, um den Verdacht der Finanzierung staatsfeindlicher oder terroristischer Aktivitäten aktiv entkräften zu können. Folglich ist Transparenz die bessere Lösung – denn sie ist der einzige Weg, um auf lange Sicht Vertrauen herzustellen.

5.2.4 Herausforderung IV: Frage der Integration von Muslim:innen

Muslimische Gemeinden und Moscheen fördern die Integration und die Demokratie in verschiedenen Formen, insbesondere wenn die Gemeinde transparent und offen gestaltet ist und die Sozialethik im Fokus der inhaltlichen Bemühungen steht. Muslimische Vereine können auf verschiedene Arten zur Integration beitragen: Durch den Austausch innerhalb der Gemeinde können schon länger in Europa lebende Menschen beispielsweise neu zugewanderten Personen zur Seite stehen und im Rahmen der Seelsorge kann Hilfe in schwierigen Situationen geleistet werden. Allerdings ist die Integration von Muslim:innen nicht die Hauptaufgabe der Gemeinden. Genauso sind Politik und Bildungseinrichtungen sowie die zugewanderten Menschen selbst und die Aufnahmegesellschaft für die Integration verantwortlich.[9] Die noch jungen Gemeinden sollten nicht mit Mammutaufgaben wie der Integration überfordert werden, sondern sie sollen die Möglichkeit haben, ihren Fokus auf ihre eigenen Themen – nämlich die Frage, wie ein zeitgemäßer Islam erreicht werden kann – zu legen (vgl. Sator 2018). Dass die Gemeinden einen Beitrag zur Integration leisten, ist selbstverständlich; die Hauptverantwortung dafür liegt aber nicht bei ihnen.

5.2.5 Herausforderung V: Frage der Vertretung

Muslim:innen streben in vielen europäischen Ländern nach gesetzlicher Anerkennung ihrer Religion. Doch dies ist ein langer Weg, auf dem es noch viele Hindernisse zu überwinden gilt. Vielen von diesen Hindernissen liegen bei den Muslim:innen selbst und bei der Entwicklung ihrer Gemeinde.

Undemokratische Prozesse innerhalb der Vertretungen verringern das Vertrauen des Staates und der Bevölkerung

---

[9] Weiterführende Informationen zu diesem Ansatz: Bischof, Karin; Brigitte Halbmayr; Kerstin Lercher und Barbara Liegl. 2007. *Integration als kommunales Politikfeld*: Entstehungsbedingungen, Problemlagen und Modelle. SWS-Rundschau 47: 164–185.

in die Muslim:innen – auch in den Ländern, in denen der Islam gesetzliche Anerkennung genießt (vgl. Schmidinger 2005).

Es fehlt in den Gemeinden an nicht weniger als an Streitkultur, Meinungsfreiheit, demokratischen Prozessen und Wahlen. Nur wenn die Muslim:innen sich mittels demokratischer Methoden über ihre wichtigsten Ziele und Prioritäten einigen, können sie die Anerkennung vereint anstreben. Doch zuvor müssen die muslimischen Gemeinden an den Bereichen arbeiten, die noch viel Einsatz benötigen und mittels derer sie ihre Gemeindemitglieder unterstützen können – so etwa Bestattung und Seelsorge (vgl. Rohe 2019, S. 172 f.).

In Österreich ist der Islam zwar staatlich anerkannt, die Anerkennung in der Gesellschaft ist jedoch nach wie vor nicht vollständig gegeben. In Abschn. 4.2.1 zitierte Studien zeigen, dass Muslimfeindlichkeit in Österreich bis heute ein großes Problem ist. In Deutschland genießt der Islam noch keine staatliche Anerkennung.

5.2.6 Herausforderung VI: Die Frage der Diaspora im europäischen Islam

Der Begriff Diaspora kann sowohl für das Gebiet, in dem ausgewanderte Menschen leben, als auch für die Menschen, die außerhalb ihres Herkunftsgebiets leben, stehen. Der Begriff Diaspora entwickelte sich im Laufe der Zeit zu einem umfassenderen Begriff, der in unterschiedlichen Disziplinen verschieden gedeutet wird (vgl. Stielike 2023, S. 91).

Viele der in Europa lebenden Muslim:innen verstehen sich als Teil der Diaspora, da sie selbst aus ihrem Heimatland ausgewandert sind und noch eine enge Verbindung zu diesem haben. Muslim:innen in der zweiten, dritten und vierten Generation hingegen haben oft ein Selbstkonzept als Europäer:innen und betrachten Europa als ihre Heimat.

Die Bedeutung der Diaspora spiegelt sich natürlich auch in den Vereinen. Dabei ist eine Unterscheidung zwischen dem Diaspora-Islam und dem konsularischen Islam zu treffen.

Der Diaspora-Islam ist dabei selbst organisiert (also etwa von in Österreich oder Deutschland lebenden Türk:innen etc.). Teil der Diaspora-Gemeinden sind Menschen, die sich kulturell mit ihrem Herkunftsland verbunden fühlen und Kontakte in ihre ursprüngliche Heimat pflegen möchten.

Der konsularische Islam hingegen wird von Konsulaten organisiert und geregelt. So bestimmt das Konsulat etwa, wer an der Spitze der Vereine und Moscheen stehen soll.

In Österreich beispielsweise gibt es Vereine, die es nicht schaffen werden, ein Teil des europäischen Islam zu sein, da sie nationalistisch organisiert sind. Sie sind noch tief in den jeweiligen „Heimatländern" verwurzelt, identifizieren sich damit und weisen eine direkte Verbundenheit mit den Botschaften des jeweiligen „Heimatslandes" auf.

Diaspora-Vereine bereichern, indem sie kulturelle Angebote aus den jeweiligen Heimatländern schaffen, die österreichische Kultur und bieten Möglichkeiten für den kulturellen Austausch. Allerdings dürfen solche Kulturvereine nicht das Bild des Islam ausmachen (vgl. Mohammed 2019b).

Die Diaspora-Vereine sollen also keine Hindernisse für einen zeitgemäßen Islam und die Beheimatung des Islam in Europa darstellen. Es ist auch wichtig, dass diese Vereine nicht für politische Vertretungskämpfe missbraucht werden. Sofern dies gegeben ist, werden im Modell des europäischen Islam die Diaspora-Vereine natürlich als (Kultur-)Vereine anerkannt. Diaspora-Vereine und -Moscheen sind bereits Teil der europäischen Realität und gegen sie vorzugehen, wäre in keiner Weise zielführend. Wichtig ist jedoch, dass auch in diesen Gemeinschaften die gemeinsamen Ziele des europäischen Islam respektiert werden und Vielfalt toleriert wird. Dadurch kann man viele weitere muslimische Bürger:innen der zweite und dritte Generation gewinnen, die eine gewisse Offenheit mitbringen und von der Vision eines europäischen Islam und seinen Inhalten überzeugt sind und dafür einstehen können.

Europäische Staaten wie Österreich und Deutschland sowie die Türkei sind seit Jahren in einen wenig diplomatischen „Streit" involviert (vgl. Koren 2021). Alle Beteiligten wären gut beraten, das islamische Leben in Europa aus diesem Streit herauszuhalten, der Zukunft und Entwicklung des Islam in Europa mehr Aufmerksamkeit zu schenken und sich für das nachhaltige Gemeinwohl aller einzusetzen. Der Dialog mit dem Diaspora-Islam ist für die Umsetzung einzelner Projekte zur „Beheimatung des Islam in Europa" erforderlich.[10]

5.2.7 Herausforderung VII: Die Rolle der Frauen in Moscheen und Gemeinden

Der Islam hat den Frauen Rechte zugeschrieben, die für sie zur Zeit des Propheten nicht ansatzweise möglich oder vorstellbar waren. Männer und Frauen sind im islamischen Menschenbild gleichgestellt (Koran 16:97). Diese und ähnliche Aussagen werden oft von Muslim:innen wiederholt und auch in der öffentlichen Debatte in vielen

---

[10] Die Vereinbarung des Bundesinnenministeriums mit der Türkei über die Ausbildung von Imamen in Deutschland ist hierfür ein anschauliches Beispiel. https://www.bmi.bund.de/SharedDocs/pressemitteilungen/DE/2023/12/imam-ausbildung.html Letzter Zugriff 29. Februar 2024.

5 Der europäische Islam – Konturen und Zukunft

Fällen übernommen. Das ist an sich auch nicht falsch, aber was den Umgang mit Musliminnen und ihre Präsenz in den muslimischen Gemeinden in Europa betrifft, gibt es dringenden Verbesserungsbedarf.

Die Dokumentation „Durch den Seiteneingang ins Hinterzimmer"[11] zeigt eindrücklich, wie oft Frauen bis heute in Moscheen an den Rand gedrängt werden. In der Dokumentation wird davon berichtet, als Frau in schäbigen, teilweise unsauberen Räumen beten zu müssen, den Imam nicht sehen zu können und die Predigt bzw. das Gebet bei technischen Problemen nicht einmal hören zu können – während Männer schöne, gut ausgestattete Räume zur Verfügung haben. Eine Muslimin berichtet, sich an diesen Tatsachen lange Zeit gar nicht gestört zu haben, so selbstverständlich und unveränderbar erschienen sie ihr.

Aber nicht nur sie, sondern auch viele andere Frauen realisierten mit der Zeit, dass dieser Zustand weder „normal" noch unveränderbar ist. Die Trennung von Frauen und Männern im Gebet ist weder eine der Säulen des Islam noch ist das Gebet „ungültig", wenn es von allen Geschlechtern gemeinsam durchgeführt wird. Die Tradition des gemeinsamen Betens ist heute beim heiligsten Ort der Muslim:innen, der Kaaba, noch erlebbar.

Die Trennung – vor allem, wenn diese damit verbunden ist, dass Frauen deutlich schlechtere Gebetsräume erhalten als Männer – kann dazu führen, dass Frauen sich in den Moscheen nicht willkommen fühlen.[12] Folglich haben die

---

[11] Die Dokumentation ist hier abrufbar: Durch den Seiteneingang ins Hinterzimmer? Frauen in Moscheen (Dokumentation): Online verfügbar unter: https://www.youtube.com/watch?v=2St92xCdo1E Letzter Zugriff 25. Februar 2024.
[12] Ein Beispiel dafür ist der Erfahrungsbericht von Betül Ulusoy, online unter: https://betuelulusoy.com/2019/03/08/allahs-kampf-gegen-das-patriarchat/ Letzter Zugriff 25. Februar 2024.

Frauen auch weniger Interesse daran, sich aktiv ins Gemeindeleben einzubringen; sie haben oft das Gefühl, dass sie nicht gehört bzw. ihre Ideen von vornherein abgelehnt werden.

Die Teilhabe von Frauen ist für die Zukunft der muslimischen Gemeinden jedoch von zentraler Bedeutung. Heute steht der Islam in Europa vor großen Herausforderungen und es gibt immer wieder gesellschaftliche Spannungen. Frauen, die aktiv in den Moscheen mitarbeiten und mitgestalten, können eine wichtige Rolle bei der Entwicklung von Gemeinden und bei der Stabilisierung des gesamtgesellschaftlichen Friedens spielen. Dabei ist es wichtig, die Ideen von Frauen anzuhören und es Musliminnen zu ermöglichen, leitende Positionen einzunehmen, von denen aus sie positive Veränderungen bewirken können.

Es geht also nicht nur um den Ort des Gebets, sondern um die Anerkennung der Arbeit der Musliminnen allgemein – sei es als Führungspersonen, als Lehrpersonen oder im sozialen Bereich.

Zusätzlich schadet die Praxis der Geschlechtertrennung und der Benachteiligung von Frauen auch dem Ansehen des Islam in Europa. Europäer:innen reagieren auf Berichte über das Ausschließen von Frauen, wie sie in der Dokumentation „Durch den Seiteneingang ins Hinterzimmer" gezeigt wurden, oft mit der Interpretation, diese wären der Beweis dafür, dass der Islam an sich eine frauenfeindliche Religion sei. Frauenfeindlichkeit ist jedoch nicht im Islam verankert, sondern, wie bereits dargelegt, das Produkt patriarchaler Kultur und Praxis.

Wann, wenn nicht jetzt und wo, wenn nicht in Europa, wo es eine Selbstverständlichkeit ist, dass sie leiten, führen und gestalten,[13] können muslimische Frauen sich

---

[13] Das Interview des Autors über die Universitätsmoschee Iqraa ist online unter folgendem Link abrufbar: https://www.facebook.com/UniMoschee/videos/899882203811802/ Letzter Zugriff: 28. Februar 2024).

verwirklichen und ein wahrer Bestandteil der muslimischen Gemeinde sein.

5.3 Theologie des europäischen Islam

5.3.1 Europäisierung der islamischen Theologie

Der Islam hat eine reiche Bildungskultur, in deren Herzen die Theologie steht. Mit dem „Stillstand" und zum Teil „Rückstand" der islamischen Bildungsstätten heute und der gleichzeitigen Entwicklung der westlichen Wissenschaften wäre eine „Europäisierung" der islamischen Theologie und ein Integrieren ihrer Forschung an europäischen Universitäten ein Vorteil für beide Seiten: Die islamische Theologie profitiert von den Forschungsergebnissen und der Lehre bzw. Ausbildung von Theolog:innen und Religionslehrer:innen. Dass die Ausbildung in Europa erfolgt, ist für Europa auch von strategischem Vorteil, denn so können wichtige Fragestellungen in europäischem Kontext und aus europäischer Perspektive erarbeitet werden. Zugleich ist es eine Geste der Wertschätzung und Anerkennung des muslimischen Lebens in Europa.[14]

5.3.2 Islamische theologische Studien: von „Madrasa" zu „ECTS"

Die Madrasa ist ein traditionelles Bildungssystem im Islam, das in vielen Teilen der Welt über Jahrhunderte hinweg existiert hat. Madrasas sind religiöse Schulen,

---

[14] Weiterführende Literatur: Engelhardt, Jan Felix. 2017. *Islamische Theologie im deutschen Wissenschaftssystem.* Ausdifferenzierung und Selbstkonzeption einer neuen Wissenschaftsdisziplin. Wiesbaden: Springer Fachmedien.

in denen Schüler:innen hauptsächlich islamische religiöse Texte und Themen studieren. Der Fokus liegt oft auf der Ausbildung von Imam:innen, Religionslehrer:innen, Geistlichen und muslimischen Gelehrten. Die Madrasa-Bildung war historisch gesehen nicht standardisiert und basierte auf mündlicher Überlieferung. Diese Tradition gibt es in einer entwickelten Form bis heute in Osteuropa (z. B. Albanien, Bosnien und Herzegowina). Ein Beispiel dafür ist die seit 1537 bestehende traditionsreiche Gazi-Husrev-Beg-Madrasa in Sarajevo.

Die mangelnde Standardisierung macht dieses Konzept aber für islamisch-theologische Studiengänge in Europa wenig praktikabel. Daher erfolgte ein Umstieg auf das europäische ECTS-System.[15] Dieser Wandel von einem traditionellen auf ein modernes Bildungsmodell bringt der islamischen Theologie viele Vorteile: Die Qualitätskontrolle und interuniversitäre Vergleichbarkeit werden verbessert, wodurch sich auch der Ruf der Studiengänge verbessert. Studierende können sich darauf verlassen, nach zeitgenössischen Bildungs- und Wissenschaftsstandards unterrichtet zu werden. Außerdem werden im Rahmen des ECTS-Systems interdisziplinäre Ansätze gefördert. Das bietet den Studierenden die Möglichkeit, ein umfassenderes Verständnis der Theologie zu erreichen und Lehrinhalte aus unterschiedlichen Positionen zu betrachten (vgl. Österreichisches Bundesministerium für Bildung, Wissenschaft und Forschung 2023). Mittlerweile gibt es auch Bemühungen, für den Arabischunterricht in Moscheen

---

[15] Übergang zum ECTS-System: In Europa und anderen Teilen der Welt, in denen Muslime leben, hat sich die islamische Bildung im Laufe der Zeit angepasst. Eine der wichtigsten Entwicklungen war die Einführung moderner Bildungsstrukturen wie das European Credit Transfer and Accumulation System (ECTS). Das ECTS ist ein System, das in vielen europäischen Ländern verwendet wird und die Anerkennung und den Transfer von Studienleistungen erleichtert.

Sprachlehrbücher nach dem europäischen Referenzrahmen für Sprachen zu verwenden (wie etwa Arabisch-Lehrbücher der Granada-Editions). Den Unterricht besuchen besonders die Kinder von Einwanderer:innen aus arabischsprachigen Ländern in zweiter und dritter Generation.

5.3.2.1 Wandel von Orientalismus zu islamischer Theologie: Mit Muslim:innen statt über Muslim:innen

Die Entwicklung der islamischen Theologie an europäischen Universitäten basiert auf einer Kombination von sozialen, politischen, religiösen und bildungspolitischen Faktoren. Die Studiengänge zielen darauf ab, die Ausbildung von Imam:innen und muslimischen Religionslehrer:innen zu fördern, den interreligiösen Dialog zu stärken und die Integration der muslimischen Gemeinschaft in Europa zu unterstützen.[16] Ein Problem ist jedoch, dass in Europa ausgebildete Imam:innen noch immer schlechtere Jobchancen haben als solche, die im Ausland studiert haben. Die Perspektiven für islamische Religionslehrer:innen hängen stark davon ab, ob in ihrem Land islamischer Religionsunterricht angeboten wird (vgl. Niehaus 2022).

Innerhalb der letzten zehn Jahre wurden an einigen deutschen Universitäten islamische Theologie-Studiengänge etabliert, auch in Österreich wird diese Studienrichtung etwa an den Universitäten Wien seit 18 Jahren und Innsbruck seit 10 Jahren angeboten. Dabei wird – wie bereits erwähnt – im Besonderen die interdisziplinäre Forschung und Lehre gefördert (vgl. Universität Graz 2020).

---

[16] Dabei sind die unterschiedlichen Positionen jedoch nicht immer vereinbar. In einigen Bundesländern wird die Zusammenarbeit daher nur mit einem Teil der muslimischen Gemeinschaften fortgeführt.

Außerdem werden muslimische Gemeinschaften in die Konzeption von Theologie-Studiengängen eingebunden. Das soll sicherstellen, dass die theologische Ausbildung den Bedürfnissen der Gemeinden entspricht. Es kann allerdings zum Problem werden, wenn muslimische Vertreter:innen ideologische Interessen in den Vordergrund stellen und nicht die Zukunft des muslimischen Lebens und die Entwicklung der islamischen Theologie als Ziel haben. Dann werden Standpunkte in die Ausbildung eingebracht, die die Lebensrealität und Herausforderungen der Muslim:innen nicht repräsentieren; indem Imam:innen und Pädagog:innen entsprechend solchen Schwerpunkten ausgebildet werden, erfolgt eine Weitergabe einer „realitätsfernen" Theologie.

5.3.3 Fünf Zugänge zur islamischen Theologie in Europa

Die islamische Theologie in Europa befindet sich in einer immerwährenden Entwicklung und Transformation.[17] In einer sich ständig wandelnden pluralistischen Gesellschaft ist es von entscheidender Bedeutung, dass die islamische Theologie Zugänge und Merkmale annimmt, die sowohl den religiösen und spirituellen Bedürfnissen der Muslim:innen als auch den Herausforderungen des Hier und Jetzt gerecht werden. Diese Zugänge und Merkmale können dazu beitragen, eine moderne, inklusive, verbindende und zukunftsorientierte Perspektive auf die islamische Theologie in Europa zu schaffen. Das folgende Diagramm veranschaulicht die Zugänge (Abb. 5.2).

---

[17] Zur Entwicklung des Islam in Europa siehe Abschn. 1.5.

5 Der europäische Islam – Konturen und Zukunft

Abb. 5.2 Zugänge zur Theologie des europäischen Islam

5.3.3.1 Anthropologischer Zugang

Ein anthropologischer Zugang in der islamischen Theologie in Europa sollte sich auf das Verständnis des Menschen als Individuum konzentrieren. Ausgehend vom islamischen Menschenbild, in dem der Mensch von Gott geschaffen bzw. geehrt wurde und mit einzigartigen Fähigkeiten, Verantwortlichkeiten und Potenzialen ausgestattet ist (vgl. Koran 2:31 und 7:11), sollen theologische Konzepte und Handlungsempfehlungen entwickelt werden.

Dieser Zugang betont die Würde, die Freiheit und die Verantwortung jedes Individuums und fördert ein tiefes

Verständnis für die menschliche Natur und die Beziehung zu Gott. Die theologische Betonung der *Fitra* soll gelehrt werden.

Fitra ist das natürliche, innewohnende Verständnis für Gott, das jeder Mensch von Geburt an hat. Dieser Zugang betont die angeborene spirituelle Natur des Menschen und ermutigt dazu, die Verbindung zu Gott zu pflegen und zu entwickeln. Diese Beziehung ist individuell zu gestalten und jeder Mensch ist frei und verantwortlich für die Art und Weise, wie er diese Verbindung herstellt. Die Theologie ist aufgerufen, diese Individualität zu fördern und im europäischen Kontext in den Vordergrund zu stellen.

5.3.3.2 Komparativer Zugang

Die komparative Theologie hat es zum Ziel, durch den Dialog mit anderen Religionen die eigene Religion zu erforschen und weiterzuentwickeln. Anders als die vergleichenden Religionswissenschaften ist der Zugang dabei nicht neutral, sondern geht von einer bestimmten Konfession (in unserem Fall dem Islam) aus. Von zentraler Bedeutung ist es dabei, den Vergleich zwischen Religionen nicht von einem apologetischen Standpunkt mit dem Ziel, die scheinbare Überlegenheit der eigenen Religion zu beweisen, durchzuführen, sondern den Unterschieden positiv und wertschätzend zu begegnen (vgl. Stosch, 2017, S. 136).

Vergleiche zwischen Religionen wurden und werden oft vermieden, um keine Konflikte aufzubringen – im interreligiösen Dialog werden daher oft eher die Gemeinsamkeiten thematisiert. Sofern jedoch ein Konsens über die Streitkultur und die damit verbundenen Regeln herrscht, kann der Austausch über Unterschiede durchaus sehr positiv verlaufen und eine Bereicherung für alle Beteiligten bieten (vgl. Stosch 2022, S. 96 ff.).

Ein komparativer Zugang in der islamischen Theologie in Europa ermöglicht es, den Islam einerseits in einen breiteren religiösen und kulturellen Kontext zu stellen und anderseits die Potenziale der innermuslimischen Vielfalt zu reflektieren und erkennen. Eine komparative Betrachtung der Religion war schon der muslimischen Gelehrsamkeit wichtig. Auch heute wird in Studiengängen der Islamischen Theologie über den komparativen Zugang auf zwei Ebenen geforscht: zwischen den Religionen und innerhalb der muslimischen Normenlehre. Zusätzlich ist der komparative Zugriff ein fixer Bestandteil der Kalam-, Dogmaund Denkschulen.

Durch den innerislamischen komparativen Zugang wird der innerislamische Dialog gestärkt und die Theologie in einer ambiguen und facettenreichen Tradition neu belebt. Im Folgenden werden einige Bereiche genannt, für die ein komplementärer Zugang sinnvoll ist.

Sunniten und Schiiten: Diese beiden Hauptzweige des Islam weisen Unterschiede in vielen Interpretation des Islam, auf dogmatischer und exegetischer Ebene sowie in der Normenlehre auf. Die vergleichende Theologie untersucht Gemeinsamkeiten und Unterschiede zwischen den Sunniten und Schiiten und kann als friedensfördernde Theologie in Europa wirken.

Kalam und Hadith-Gelehrte: Kalam bezeichnet das islamische Denken und die Philosophie, während die Hadith-Gelehrten sich auf die Überlieferungen und Aussagen des Propheten Muhammad konzentrieren. Im Rahmen eines komparativen Zugangs können nicht nur die unterschiedlichen Ansichten, sondern auch die verschiedenen Herangehensweisen dieser Gruppen untersucht werden.

Naql und ʿAql: Naql bezieht sich auf die Texte, die im Koran und in den Hadithen stehen, während ʿAql die rationale und hermeneutische Theologie darstellt. Hier wird erforscht, wie die beiden Ansätze miteinander interagieren und welche Lösungen sie für Fragen des europäischen Islam und des muslimischen Lebens liefern.

Riwaya und Diraya: Riwaya bezeichnet die Überlieferung der religiösen Lehren und Praktiken, während Diraya das Verständnis und die intellektuelle Analyse dieser Lehren darstellt. Die Verbindung zwischen Überlieferung und Verständnis im Islam sind hier Gegenstand der Forschung.

Rechtsschulen (*Maḏahib*): Die Komparative Theologie analysiert die Unterschiede und Gemeinsamkeiten zwischen den verschiedenen islamischen Rechtsschulen wie Hanafi, Maliki, Shafi'i und Hanbali in einzelnen Fragen und untersucht, inwiefern die Zugehörigkeit zu einer gewissen Rechtsschule die theologische Interpretation beeinflusst. Dies bildet eine Grundlage, um die vorhandenen Optionen zu überblicken. Daraus ergeben sich im besten Fall Zugänge und Analysen, die die Perspektive eines europäischen Islam fördern und die intellektuellen Fähigkeiten der Theolog:innen erweitern. Es eröffnet auch neue Wege, Antworten auf die Herausforderungen der Zeit zu finden.

Die interne vergleichende Theologie spielt eine wichtige Rolle in der islamischen Gelehrsamkeit, da sie dazu beiträgt, ein besseres Verständnis für die Vielfalt und Komplexität des Islam zu entwickeln.

Die theologische Forschung und Lehre sollten nicht isoliert erfolgen, sondern im Rahmen eines interreligiösen und interkulturellen Dialogs, der die Gemeinsamkeiten und Unterschiede zwischen verschiedenen Glaubensrichtungen, Konfessionen, Positionen und Kulturen untersucht.

Der interreligiöse Zugang in der islamischen Theologie in Europa ermutigt dazu, Brücken zu anderen religiösen Gemeinschaften zu bauen und den interreligiösen Dialog zu fördern. Dieser Zugang fördert das Verständnis der gemeinsamen Werte und ethischen Prinzipien zwischen den

Religionen und trägt dazu bei, Vorurteile und Missverständnisse abzubauen.

Die islamische Theologie kann somit eine führende Rolle bei der Förderung des interreligiösen Friedens und der Zusammenarbeit spielen.

5.3.3.3 Sozialethischer und menschenorientierter Zugang

Der sozialethische und menschenorientierte Zugang zur islamischen Theologie in Europa betont die Bedeutung von sozialer Gerechtigkeit, Solidarität und Mitgefühl und folgt dabei rationalen und aufklärerischen Prinzipien. Im Gegensatz zu Ideologien, die den Islam politisieren, steht er für Respekt und Gleichheit aller Menschen, unabhängig von ihrer religiösen Überzeugung, ihrem Geschlecht, ihrer Herkunft und anderen persönlichen Eigenschaften. Der sozialethische Zugang betont die Wichtigkeit der Ethik und fördert gewaltfreie Konfliktlösungen.

Die islamische Theologie hat in Bezug auf einen menschenorientierten theologischen Ansatz bereits einiges erreicht. Sie hat noch konzeptionelle und hermeneutische Aufgaben vor sich, damit der Islam nicht als „Problemfall" und „Sorgenkind-Religion" Europas, sondern als Bereicherung für das Friedensprojekt Europa wirkt. Die Muslim:innen erhalten dadurch auch bessere Anerkennungschancen.

5.3.3.4 Intertheologie

Um die Interaktion oder den Dialog zwischen verschiedenen theologischen Traditionen und Denkschulen voranzutreiben, braucht es eine Intertheologie. Der Begriff selbst ist relativ jung, das, was er beschreibt, jedoch nicht. Der Begriff beschreibt „Theologie – im Sinne eines reflexiven Nachdenkens über den eigenen Glauben – als eine gemeinsame Errungenschaft von Judentum, Christentum und Islam" (Sievers und Specker 2020, S. 8). Die Aufgabe einer Intertheologie ist höchst herausfordernd, verspricht aber gerade dort, wo sie von den drei Religionen gemeinsam behandelt wird, eine echte Vertiefung des interreligiösen Miteinanders (vgl. Sievers und Specker 2021, S. 172), was für die Theologie des europäischen Islam von großer Bedeutung ist. Dieser Zugang ist der islamischen Gelehrsamkeit bekannt und hat den Islam bereits in seiner Geschichte bereichert, indem er auf die jüdische und christliche Theologie aufbaute und mit ihnen ins Gespräch trat.[18] Ein Beispiel für die Übernahme von Traditionen aus anderen Kulturen – in diesem Fall aus der syrisch-römischen – ist das Recht des sogenannten „Resterben" (vgl. Sievers und Specker 2020, S. 7 f.). Der Resterbe ist ein Verwandter des Verstorbenen, der nach der Verteilung des Vermögens entsprechend der Regelungen des Koran den Rest erhält. Hier wurden also die im Koran festgeschriebenen Regeln um ein Gesetz aus dem Syrisch-Römischen Rechtsbuch erweitert (vgl. ebd., S. 7 f.).

Der Koran unterstreicht die Intertheologie und verweist an verschiedenen Stellen darauf (vgl. Koran 5:5, 42:13 und 4:163). Der Koran ist „Kein einseitiges Diktat Gottes, sondern eine Einladung zum Gespräch",[19] Inhalte

---

[18] Der Islam hat in der frühe Medina-Phase beispielsweise viele Konzepte des „jüdischen Rechts" zu Gänze übernommen und sie anschließend weiterentwickelt.

[19] Mohammed, Abualwafa. 2023c. Martin Buber: eine muslimische Perspektive - zur Bedeutung von Gespräch und Dialog im Koran und in der islamischen Mystik. In *Der Glaube der Propheten:* Prophetie und Propheten aus Sicht Martin Bubers und der Religionswissenschaft, Hrsg. Wilhelm Schwendemann, Bernd Feininger und Mechthild Ralla, 195–224. Bodenburg: Edition AV.

5 Der europäische Islam – Konturen und Zukunft

des Christentums und Judentums sind im Laufe der Entstehungsgeschichte des Islam in den Koran miteingeflossen (vgl. Mohammed 2021, S. 161).

Es gibt einige Narrative, die sowohl in der Bibel als auch im Koran Erwähnung finden, so etwa das von Noah und der Sintflut. Auch Maria, die in der Bibel als Mutter Gottes verehrt wird, nimmt im Koran eine wichtige Stelle ein, nach ihr ist eine lange Sure des Koran benannt (vgl. Koran Sure 19 – Maria). Abraham als Vater des Monotheismus und seine Bedeutung für Christentum, Judentum und Islam sind fördernde Elemente für die Intertheologie. Die vielen Parallelen zeigen, dass es in den drei großen monotheistischen Religionen durchaus viele Übereinstimmungen gibt.

Der Koran betont, dass die Verschiedenheit der Menschen und der vielfältige Austausch im Islam als gottgewollt gelten: „Und hätte dein Herr es gewollt, so hätte Er die Menschen alle zu einer einzigen Gemeinde gemacht; doch sie wollten nicht davon ablassen, uneins zu sein." (Koran 11:119).

Interreligiöser Dialog und interreligiöse Bildung können im intertheologischen Kontext einen konstruktiven Bezugsrahmen gewinnen, in dem es um Inhalte und die Weiterentwicklung der jeweiligen Theologie geht. Die interreligiöse Bildung kann dazu beitragen, Vorurteile abzubauen und besonders jungen Menschen Orientierung in ihrem religiösen Leben zu geben (vgl. Mohammed 2023b, S. 100). Der echte Dialog bietet allen Beteiligten die Möglichkeit einer klareren Sicht auf die eigene Position, des Findens von Gemeinsamkeiten und der wertschätzenden Anerkennung von Unterschieden.

Im religiös pluralen Europa ist dieser Zugang von großer Bedeutung. Er stärkt die islamische Theologie und bereichert sie durch Formulierungen, Sichtweisen und Lösungen. Er kann einen wichtigen Beitrag zum gesellschaftlichen Frieden leisten und für die Beteiligten zu einer persönlichen Bereicherung werden.

5.3.3.5 Apolitisch und zugleich staatstragend

Ein apolitischer und staatstragender Ansatz zur Theologie des europäischen Islam kann dazu beitragen, den Islam als eine Religion zu präsentieren, die sich in die europäische Gesellschaft einbringt und ihre Werte und Prinzipien im Einklang mit den Gesetzen und demokratischen Prozessen lebt. Die islamische Theologie und insbesondere die islamische Normenlehre (fiqh) fördern eine Verfassungsloyalität und liefern eine religiös begründete Würdigung der Verfassungsprinzipien (vgl. Bielefeldt 2003, S. 59 f.).

Verschiedene Initiativen und Chartas von Muslim:innen in Europa sind bereits unterzeichnet bzw. ins Leben gerufen worden.[20] Alle bisherige Chartas und Erklärungen bezeichneten den Respekt vor der Verfassung und den Gesetzen als Ausgangspunkt und notwendige Basis für das Zusammenleben. Doch auch umstrittene muslimische Organisationen versuchen, sich in den politischen Debatten als verfassungsloyal zu präsentieren (vgl. Jung 2007).

Kompromissbereitschaft, Abstand zur Politik
Muslim:innen sollten in gesellschaftlichen Fragen Kompromissbereitschaft zeigen. Die Flexibilität, die zu den Rahmenbedingungen und Grundzügen der islamischen Normenlehre gehört, sollte hier zum Tragen kommen. Eine gewisse Distanz zur Politik ist wichtig (vgl. Moham-

---

[20] Dabei gab es staatliche Initiativen wie etwa in Frankreich, teilweise staatliche wie zum Beispiel in Bosnien und von muslimischen Organisationen ins Leben gerufene Aktionen wie beispielsweise die Imame-Erklärung in Österreich.

med 2019a), damit die Muslim:innen ihre Religion weiterentwickeln können und nicht nach kurzfristigen politischen Kalkülen handeln. Dafür ist Transparenz erforderlich – darauf wird in Abschn. 5.2 näher eingegangen.

Dieser Zugang ermöglicht es den Muslim:innen, als aktive Bürger:innen in Europa zu leben und sich gleichzeitig ihrer religiösen Identität bewusst zu sein.

Insgesamt können die hier genannten Zugänge und Ansätze dazu beitragen, die islamische Theologie in Europa auf eine Weise zu gestalten, die den Bedürfnissen und Werten der europäischen Muslim:innen und der Gesellschaft insgesamt entsprechen. Sie schaffen eine Grundlage für eine zeitgemäße und inklusive theologische Perspektive, die den Islam in Europa zu einer positiven und bereichernden Kraft für die Gesellschaft macht. Die Beteiligung und das Engagement von Theolog:innen, Gelehrten und Gemeinschaften sind erforderlich, um diese Vision in die Realität umzusetzen.

5.3.4 Zukunft: Mainstream-Chancen eines europäischen Islam

Die islamische Theologie in Europa hat zunächst versucht, eine zurückhaltende Antwort auf die Fragen der Integration und der europäischen Lebenswirklichkeit zu geben. Dabei hat sie vier Phasen durchlaufen und sich – meist ungeplant – auf zu dieser Zeit aktuelle Fragen konzentriert. Es wurden einzelne Punkte behandelt, es gab aber kein Gesamtkonzept für das muslimische Leben in Europa.

Das folgende Diagramm bietet eine Übersicht über die Entwicklung; anschließend werden die einzelnen Phasen detaillierter beschrieben (Abb. 5.3).

Der Ausgangspunkt waren Themen, die mit den religiösen Vorschriften Halal und Haram sowie der Normenlehre

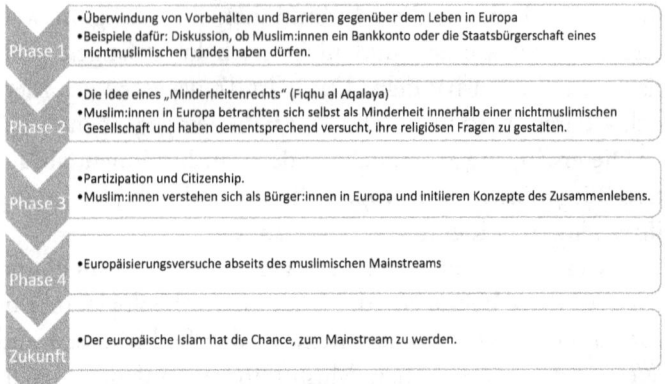

Abb. 5.3. Entwicklung der islamischen Theologie und Normenlehre in Europa

verbunden waren. Im Fokus stand die Frage, ob ein:e Muslim:in überhaupt in Europa leben darf bzw. ob das das Leben in Europa legitim ist.[21]

Im Zentrum der bejahenden Antworten auf das Leben in Europa und dass dieses mit dem muslimischen Glauben vereinbar sei stand die von arabischen Gelehrten entwickelte islamische Rechtstheorie der Fiqh al-aqallīyāt (Fiqh der muslimischen Minderheiten). Die ersten Grundlagen und Konturen eines Fiqh al-aqallīyāt hat der damalige Präsident des Fiqh Council of North America (FCNA), Tāhā Dschābir al-ʿAlwānī, im Jahr 1999 in einem Beitrag for-

---

[21] Im Wesentlichen gab es drei unterschiedliche Standpunkte zum Thema des Lebens in Europa: Es gab Muslim:innen, die das grundsätzlich akzeptierten, solche, die es ausnahmslos ablehnten, und solche, die es ablehnten, jedoch drei Ausnahmen machten: 1. bei medizinischer Notwendigkeit, 2. bei der Daʿwa, dem Aufruf zur Missionierung, und später 3. zur Sicherung des Lebensunterhalts, wenn es anderswo nicht möglich war. Die ablehnenden Standpunkte gelten heute als überholt und werden nur noch von wenigen Muslim:innen vertreten.

muliert (vgl. Al-ʿAlwānī 1999, o. S.) und weiterentwickelt. Weitere arabische Gelehrte, die in Fatwa-Räten in Europa und in den USA aktiv waren, haben ebenfalls Beiträge zu diesem Konzept publiziert.[22] Das Konzept beruht auf zwei Hauptelementen: Der Idschtihad und der Berücksichtigung des Kontexts (vgl. Schlabach 2009, S. 25 ff.). Das Konzept wurde von Muslim:innen und der Islamwissenschaft in Europa positiv aufgenommen (vgl. Albrecht 2010, S. 9). Angesichts der Entwicklung des muslimischen Lebens in Europa kann das Konzept mittlerweile aber als überholt angesehen werden.

Mit der Jahrtausendwende und dem Terroranschlag am 11.09.2001 wurde Misstrauen gegenüber den Muslim:innen in Europa spürbar. Es stellte sich in der öffentlichen Debatte die Frage der Loyalität der Muslim:innen zu den europäischen Ländern und in den darauffolgenden Jahren die Frage der Verfassungsloyalität von Muslim:innen. Dieser Entwicklung wollten die Muslim:innen mit dem Konzept des „Citizenship" entgegenwirken und so das Vertrauen der Europäer:innen zurückgewinnen.[23] Im Rahmen des Konzepts der „Mawatana"-Citizenship wurden die europäischen muslimischen Organisationen in den Fokus gestellt. In der Imame-Konferenz der IGGÖ präsentierte der Präsident der FIOE (Föderation islamischer Organisationen in Europa) Ahmed Al-Rawi „Die Charta der Muslime in

---

[22] Hier fallen insbesondere zwei Namen auf: ʿAbdallāh b. Maḥfūẓ b. Baiya und Yūsuf ʿAbdallāh al-Qaraḍāwī.

[23] Hier sei angemerkt, dass dies ein Citizenship-Konzept auf muslimischer Basis war, im Rahmen dessen versucht wurde, die Loyalität zur Verfassung und die Achtung von Gesetzen mit islamischen Quellen zu begründen. Dabei handelt es sich um Bemühungen innerhalb des Konzepts „islamische-europäische Identität", das sich auch bei der Citizenship-Frage vom Konzept des Euro-Islam, das eine „Leitkultur" und eine Art „Eurozentrismus" fordert, unterscheidet.

Europa" erstmals in Wien.[24] Die Charta wurde insgesamt sehr gut aufgenommen, über 400 muslimische Vereine unterzeichneten sie (vgl. Schmid 2012, S. 132). Trotzdem blieb die Wirkung der Charta in der Öffentlichkeit hinter den Erwartungen zurück, was darauf schließen lässt, dass sie nicht von der Mehrheit der europäischen Muslim:innen angenommen wurde. Das ist auch darauf zurückzuführen, dass die muslimischen Vereine keine tiefergehende Diskussion über und Auseinandersetzung mit der Charta anregten, sodass diese nicht bei der Mehrheit der Muslim:innen ankommen konnte (vgl. Mohammed 2018, S. 31).

Das Leben der ersten Muslim:innen in Medina und die sogenannte „Charta von Medina" sind die Antriebskraft des Citizenship-Konzepts und stehen im Mittelpunkt dieser Idee. In der Charta ist die Rede von Koexistenz.[25] Muslim:innen, die heute über die Theologie des Zusammenlebens schreiben, stellen die Grundwerte dieses Konzepts in den Mittelpunkt ihrer Thesen.[26] Diese Ideen bereiteten den Weg für neue humanistische und interreligiöse Ansätze in den letzten 10 Jahren. Diese Ansätze kamen im Gegensatz zu den ersten Phasen vorwiegend von Wissenschaftler:innen, die ihre Konzepte durch Erfahrung in den muslimischen Organisationen entwickelt haben und Zugang zu den europäischen Gesellschaften haben.[27]

---

[24] Die Islamische Glaubensgemeinschaft in Österreich veranstaltete in Zusammenarbeit mit dem österreichischen Außenministerium, der Stadt Wien und der Europäischen Islamischen Konferenz die „Konferenz Europäischer Imame und SeelsorgerInnen" 2006 in Wien.

[25] Weiterführende Informationen dazu: Elshahed, Elsayed. 2019. *Europa und seine Muslime:* Koexistenz im Schatten von Verschwörungstheorien. Göttingen : Böhlau Verlag.

[26] Weiterführende Informationen dazu: Hilberath, Bernd Jochen und Mahmoud Abdallah. 2017. *Theologie des Zusammenlebens:* Christen und Muslime beginnen einen Weg. Ostfildern: Matthias Grünewald Verlag.

[27] Beispiele dafür sind Mouhanad Khorchide und Tariq Ramadan.

5 Der europäische Islam – Konturen und Zukunft

Diese Ansätze werde heute in vielen Moscheen in Europa gepredigt.

Zu bemerken ist, dass die muslimischen Organisationen heute versuchen, sich in die Gesellschaft einzubringen. Nicht selten geschieht dies unter Druck der Öffentlichkeit; trotzdem ist es als positiv zu bewerten, denn sie übernehmen dabei Aspekte des europäischen Islam und vertreten diese öffentlich. Die Muslim:innen versuchen, sich unter dem Druck der Öffentlichkeit zu positionieren. Viele diese Positionen können aber erst überprüft werden, wenn kein Druck mehr besteht und die Entwicklung von den Muslim:innen selbst ausgeht.

Nach diesen Entwicklungen sind die Chancen groß, dass der europäische Islam Mainstream wird und dass die Muslim:innen von seinen Inhalten überzeugt werden.

Obwohl die Entwicklung wie beschrieben insgesamt in Richtung Offenheit und Integration verläuft, muss an dieser Stelle auch festgehalten werden, dass dies nicht von allen Muslim:innen in Europa mitgetragen wird und es nach wie vor Gruppen und Einzelpersonen gibt, die eine Entwicklung in die andere Richtung fordern. Immer wieder gibt es Berichte von Vorfällen, bei denen sich Muslim:innen öffentlich den Werten und Gesetzen der EU gegenüber ablehnend positionieren. Die neuesten Vorfälle dazu betreffen Demonstrationen in Hamburg, bei denen ein Kalifat in Deutschland gefordert wurde (vgl. Spiegel Panorama 2024). Berichte über solche Forderungen sind erschreckend und bereiten vielen Europäer:innen unabhängig von ihrer Religionsangehörigkeit Sorgen. Dabei muss beachtet werden, dass solches Gedankengut nur von einer kleinen Minderheit getragen wird und nicht den Einstellungen der Mehrheit der Muslim:innen entspricht. An der erwähnten Demonstration nahmen etwa 2.000 Personen teil, was nur ein kleiner Teil der muslimischen Einwohner:innen Hamburgs entspricht.

Es meldeten sich auch muslimische Vertreter:innen öffentlich gegen diese Forderungen zu Wort, so etwa der Rat der Islamischen Gemeinschaft in Hamburg (vgl. Evangelische Zeitung 2024).

Die Notwendigkeit zeitgemäßer theologischer Reflexion

Die Dynamik und die Entwicklung des Islam in Europa stellen Muslim:innen und die Theologie vor große Herausforderungen. Auch die Mehrheitsgesellschaft hat Anfragen an die Muslim:innen.

Um zeitgemäße Antworten zu liefern, sollte man sich nicht zwangsläufig auf die Suche nach neuen Ansätzen begeben, sondern sich die Mühe machen, sich mit der etablierten und seriösen Tradition der Gelehrsamkeit auseinanderzusetzen, ohne sie grundsätzlich zu glorifizieren oder abzulehnen. Die Ansichten der Gelehrten können akzeptiert, jedoch auch kritisch hinterfragt und gegebenenfalls zurückgewiesen, abgelehnt oder „verworfen" werden, wie es Imam Malik, der Gründe der malikitischen Rechtsschule, ausgedrückt hat.

Auch „kritische" oder „unbequeme" Themen sollen offen statt apologetisch diskutiert werden. Die islamische Gelehrsamkeit hat das vorgelebt und ausreichend Zugänge hinterlassen, die zeitgemäße und zugleich fundierte Lösungsansätze. Einige Positionen der klassischen Gelehrsamkeit lassen sich heute progressiv lesen.[28]

Ein Beispiel für Orientierungslosigkeit liefert die öffentliche Diskussion um die Thematik „Kopftuch" in

---

[28] Vgl. Exkurs: Kein Tabu in der Theologie: Frau als Imamin. (S. 124).

Österreich unter den offiziellen Vertreter:innen der Muslim:innen.

Im Jahr 2017 gab es im Zuge der Debatte um das Gesichtsverschleierungsverbot in Österreich eine Fatwa des Mufti[29] der Islamischen Glaubensgemeinschaft, in der das Tragen eines Kopftuches für Mädchen ab der Pubertät als religiöses Gebot zum Postulat gemacht wurde.

„‚Für weibliche Muslime ab der Pubertät ist in der Öffentlichkeit die Bedeckung des Körpers, mit Ausnahme von Gesicht, Händen und nach manchen Rechtsgelehrten Füßen, ein religiöses Gebot und damit Teil der Glaubenspraxis', heißt es in dem theologischen Gutachten von Mufti Mustafa Mullaoglu" (vgl. Der Standard 2017).

Als kritische Reaktion auf dieses Fatwa meldete sich die langjährige Frauenbeauftragte und Schulamtsleiterin der Islamischen Glaubensgemeinschaft Amina Baghajati. Sie „bestreitet, dass es sich beim Kopftuch um eine ‚Säule' des Islam handelt, selbst von einem ‚Gebot' zu sprechen, hält sie für problematisch." (vgl. Kocina 2017b). Ümit Vural, der jetzige Präsident der Islamischen Glaubensgemeinschaft sieht im Kopftuch ein Angebot, keine Verpflichtung. 2019 sagte er in einem Interview mit dem „Standard": „[...] aber wir treten für das Selbstbestimmungsrecht der Frau ein. Das [Kopftuch, Anm.] ist kein Gebot, sondern eher ein Angebot." (vgl. Rauscher 2019).

In der öffentlichen Debatte werden theologische Diskussionen leider immer wieder verkürzt geführt und für Lagerkämpfe und Machtdemonstrationen, aber auch als politisches Druckmittel auf Muslim:innen

---

[29] Über das Amt des Mufti und wie es funktionieren könnte findet man Impulse im Buch Mohammed, Abualwafa. 2018. *Imame predigen Interkulturalität*. Hamburg: tredition.

instrumentalisiert (vgl. BBC).[30] Dies verhindert konstruktive, am Menschen orientierte und tragfähige Lösungen.

5.4 Exkurs: Kein Tabu in der islamischen Theologie

Die Tabuisierung bestimmter Themen und die unreflektierte Ablehnung unterschiedlicher Positionen stehen der Entwicklung einer zeitgemäßen islamischen Theologie im Weg und widersprechen der islamischen Bildungskultur sowie der Tradition der Gelehrsamkeit. Das Tabuisieren und Aufzwingen von Themen führt ebenfalls zu Misstrauen und Vorurteilen gegenüber dem Islam und seiner Theologie in einer offenen wissenschaftlichen Kultur, in der die Freiheit der Wissenschaft geschützt wird.

Die Tradition der Gelehrsamkeit und die muslimische Bildungskultur zeichneten sich durch Meinungsvielfalt und Toleranz gegenüber Ambiguitäten aus und waren zugleich bodenständig und fundiert.

5.4.1 Der Diskurs der Gelehrsamkeit zur „Frau als Imamin"

Ein konkretes Beispiel, das die Ambiguitätstoleranz in der Diskussionskultur der muslimischen Gelehrsamkeit verdeutlicht, betrifft die Frage der Gebetsleitung, insbesondere wenn es um Männerdominanz in diesem

---

[30] Weiterführende Informationen dazu: BBC. 2003. Der Großimam von al-Azhar: Frankreich hat das Recht das Kopftuch zu verbieten. http://news.bbc.co.uk/hi/arabic/middle_east_news/newsid_3358000/3358203.stm Letzter Zugriff 06. Dezember 2023.

Bereich geht. Leider ist es heutzutage allgemein schwierig geworden, Themen in Zusammenhang mit Frauen und dem Islam zu diskutieren. Die Befürwortung einer „Unterwerfungs"-Ideologie ist auch unter muslimischen Frauen zu beobachten, Sie sind oft aus den Reihen des politisierten Islam, sprechen sich öffentlich gegen Diskriminierung und Rassismus aus, fügen sich aber widerspruchslos in die patriarchal zugewiesene Geschlechterrolle.

Diese Fehlentwicklung ist tiefgreifend, und deshalb ziehe ich das Thema der Frau als Imamin als Beispiel heran, um zu zeigen, dass die Schranken eher in den Köpfen liegen als in der Theologie. In der Frage der Gebets- und Gemeindeführung soll es um Kompetenzen und Fähigkeiten gehen und nicht um das Geschlecht (vgl. Mohammed 2018). Gleichzeitig möchte ich durch das Beispiel verdeutlichen, dass der Prozess der Aufklärung Zeit benötigt und die Akzeptanz durch die Menschen in den Gemeinden voraussetzt.

Wenn Menschen dann noch nicht bereit sind, eine qualifizierte Theologin als Imamin zu akzeptieren, sollte der Dialog in den Gemeinden intensiviert und an der Förderung von Akzeptanz gearbeitet werden. Dabei soll die Förderung sowohl durch Männer und als auch durch Frauen spürbar sein, um Chancengleichheit in den Gemeinden glaubhaft zu erleben. Auf diese Weise können nachhaltige Fortschritte und Entwicklungen erreicht werden.

Eine zentrale und maßgebende Rolle in der Auseinandersetzung mit dem Thema Gebetsleitung durch Frauen spielt ein Bericht in der Sunnah aus der Zeit der Propheten. In dem Hadith heißt es: Der Prophet Muhammad besuchte Umm Waraqa in ihrem Haus und ernannte für sie einen Muezzin, der für sie den Gebetsruf verkündete. Er befahl ihr, die Bewohner ihres Hauses im Gebet zu leiten (vgl. Abu Dawud Sunan: 591, Ahmad 28042).

Der Hadith und diese Geschichte beschäftigten die islamische Gelehrsamkeit in der Zeit der Formung und Etablierung der islamischen Normenlehre als Fachwissen und darüber hinaus. Es besteht Uneinigkeit über die Frage, ob eine Frau Männer im Gebet anführen kann bzw. ob sie überhaupt ein Gebet, auch wenn daran nur Frauen teilnehmen, leiten darf. Es gibt Stimmen unter den klassischen Gelehrten, die dies ohne Wenn und Aber für zulässig und selbstverständlich erachten. Andere Gelehrte und Rechtschulen akzeptieren die Leitung von Gebeten durch Frauen nur mit Einschränkungen, und wiederum andere sind nicht bereit, dies zuzulassen oder sich auch nur vorzustellen.

Zuerst soll betont werden, dass Frauen unter muslimischen Gelehrten und Lehrpersonen keine Seltenheit sind, auch wenn sie nicht die gleichen Chancen wie Männer hatten.[31] Frauen überlieferten die Hadithe des Propheten und einige von ihnen haben Titel, die den Frauen einen besonders hohen Rang wie etwa „Lehrerin der Männer" zuschreiben.[32] In der Bildungsarbeit in den Gemeinden in Europa sind Frauen in bestimmten Bereichen wie Frauen- und Kinderbildungsprogrammen sehr präsent, in der Bildung für Erwachsene und bei öffentlichen Vorträgen findet man jedoch nur wenige weibliche Lehrende. Die theologische Frage ist hier, ob eine Frau die Gebetsleitung innehaben „darf"?

Ibn Ruschd[33] rezipiert die Meinung der muslimischen Rechtsgelehrten über die Gebetsleitung durch die Frau: „Die vierte Frage betrifft die Meinungsverschiedenhei-

---

[31] Dies kann auf eine Reihe von historischen und kulturellen Gründen zurückzuführen sein.
[32] Wie Sabiyʿa bint al-Ḥārith al-Aslamīya oder Aischa b. Abu Bakr.
[33] In Europa als Averroes bekannt.

5 Der europäische Islam – Konturen und Zukunft

ten bezüglich der Imamah (dem Anführen des Gebets) durch Frauen. Die Mehrheit der Gelehrten[34] vertritt die Meinung, dass es nicht erlaubt ist, dass Frauen Männer im Gebet zu leiten. Es gibt jedoch Meinungsverschiedenheiten darüber, ob Frauen andere Frauen im Gebet leiten können. Al-Shafi'i hat dies erlaubt, während Malik es untersagt hat. Abu Thawr und At-Tabari[35] haben die Gebetsführung durch Frauen grundsätzlich erlaubt." (vgl. Ibn Ruschd 2004, S. 105).

Hier gibt Ibn Ruschd entsprechend der Tradition der Gelehrsamkeit alle Meinungen wieder, auch jene, die vom „Mainstream" abweichen. So werden die Möglichkeit und die Freiheit dafür geschaffen, dass jede:r seine:ihre fundierte theologische Meinung äußert. Es standen in vielen Fragen der Fiqh mehrere Positionen nebeneinander, die auch Widersprüche in sich tragen; durch diese gelebte und selbstverständliche Ambiguitätstoleranz wachsen der Islam und seine Gelehrsamkeit.

Ibn Ruschd scheint am Ende seiner Rezeption der verschiedenen unterschiedlichen Positionen mehr von den Argumenten von „At-Tabari und Abu Thawr" überzeugt zu sein als von dem Mainstream. Er bemerkt zu einigen Argumenten der „Mehrheit der Gelehrten", dass es diese Gegenmeinung schon zur Zeit des Propheten und der ersten Generationen der Muslim:innen gegeben habe, wie an

---

[34] In der Islamischen Theologie wird der Begriff „al- Ǧumhour" (dt. Mehrheit der Gelehrten) verwendet, um auf die Übereinstimmung oder Zustimmung einer großen Anzahl von Gelehrten bzw. Theologen zu einem bestimmten Thema oder einer Angelegenheit hinzuweisen.

[35] Anmerkung des Autors: Abū Ǧaʿfar Muḥammad b. Ǧarīr aṭ-Ṭabarī; (839–923) war ein bedeutender Koranexeget aus Bagdad, dem damaligen Zentrum der islamischen (abbasidischen) Zivilisation und Theologie. Ibrahim ibn Khalid al-Kalbi al-Baghdadi (764–854), bekannt als Abu Thawr, war ein hoch angesehener Rechtsgelehrter. Sein Wissen wurde von den Schafiʿi und Ahmed b. Ḥanbal geschätzt.

folgendem Zitat deutlich wird: „Obwohl dies auch von einigen der frühen Generationen überliefert wurde." (Ibn Ruschd 2004, S. 155).

Al-Sanʿānī rezeptiert in seinem Kommentar zu dem Fiqhwerk von Ibn Hadschar (Bulūġ al-Marām) [36] Subul as-Salām; Šarḥ Bulūġ al-Marām: „Es ist die Meinung der Hadawiyya, der Hanafiyya, der Shafiʻiyya und anderer, dass die Frau den Mann nicht im Gebet anführen soll. Al-Muzani und Abu Thawr haben jedoch die Imamah (das Leitendes Gebets, Anm.) durch eine Frau erlaubt, und At-Tabari hat sie für die Tarawih-Gebete[37] erlaubt, wenn niemand anwesend ist, der den Quran auswendig gelernt hat" (Al-Sanʿānī 1997, S. 370).

Was die Frage der Gebetsleitung durch eine Frau für Männer in den Tarawih-Gebeten betrifft, jedoch nicht in den Pflichtgebeten, so gibt es einige Hanbaliten, die dies erlauben. Ibn Qudamah[38] sagt: „Einige unserer Kollegen sagen, es ist erlaubt, dass Frauen Männer in den Tarawih-Gebeten anführen, und sie sollten sich hinter ihnen aufstellen, wie es überliefert wurde, dass der Gesandte Allahs, Allahs Segen und Frieden seien auf ihm, für sie einen Muezzin ernannt hat und ihr befahl, ihre Familie zu führen. Überliefert von Abu Dawud, und dies ist allgemein gültig in Bezug auf Männer und Frauen." (Al-Maqdisī 1997, S. 33).[39]

---

[36] Der berühmte Hadithgelehrte Ibn Hadschar al-ʿAsqalānī hat in seinem Werk die Hadithe von normativer Relevanz zusammengestellt. Sein Buch wird bis heute von Gelehrten kommentiert und an muslimischen theologischen Hochschulen studiert. Der Kommentar von al-Sanʿānī steht unter diesen Kommentaren an erster Stelle.

[37] Anmerkung des Autors zum Tarawih Gebet: Das Tarawih-Gebet ist freiwilliges gemeinschaftliches Nachtgebet während des Fastenmonats Ramadan.

[38] In seinem Referenz-Fiqhwerk al-Muġnī. Al-Maqdisī, Ibn Qudāma. 1997. Al-Mughnī. 3. Aufl. Bd. 3. Ryiad: Dār ʿĀlam al-Kitāb.

[39] Al-Maqdisī, Ibn Qudāma. 1997. Al-Mughnī. 3. Aufl. Bd. 3. Ryiad: Dār ʿĀlam al-Kitāb. S. 33.

5 Der europäische Islam – Konturen und Zukunft

Al-Baidawi schrieb in seinem Tafsirwerk „Al-Mudğarad al-Muḫtaṣar", dass Frauen das Leiten des Gebets auch außerhalb der Tarawih-Gebete nicht erlaubt ist. Er meint aber, dass, wenn eine Frau Koran-Kennerin ist, während die Männer Analphabeten sind, sie wie in vielen Fiqh-Schulen als Gebetsleiterin akzeptiert wird. Al-Zarkashi[40] stimmt dieser Ansicht zu (Al-Mardāwī 1995, S. 264).

Es wurde auch gesagt, dass einer Frau das Leiten eines Gebets erlaubt ist, wenn sie entweder verwandt oder alt ist, und der Großgelehrte) bevorzugt die Zulässigkeit, wenn sie alt ist. Er vertritt die Meinung, dass die allgemeine Zulässigkeit der Imamah durch die Überlieferung von Umm Waraqa sowohl in ihrer allgemeinen als auch in ihrer spezifischen Form bestätigt wird, und meint, dass diese von der Mehrheit akzeptiert wird.

Diese unterschiedlichen Statements zeigen, dass es einer großen Anzahl an Gelehrten um die Kompetenzen und nicht um das Geschlecht geht. Das kann heute gerne als progressive Meinung betrachtet werden, war aber eine ganz normale Debatte, die zur Tradition der Gelehrsamkeit gehört.

Einige Gelehrte (vor allem Hanbaliten) versuchten, diese Erlaubnis des Propheten zu umgehen:

Der Verfasser von Al-Inṣāf erwähnt, wie eine Frau Männer im Tarawih-Gebet (Nachtgebet während des Ramadan) leitet: „Der Nutzen liegt darin, dass wir gesagt haben, es sei zulässig, dass sie sie führt, denn sie steht hinter ihnen, um ihre Bescheidenheit zu wahren, und sie folgen ihr nach." Der Verfasser von An-Nisāf überliefert die Aussage eines Hanbaliten: „Und von ihm lassen sie sich leiten, wenn es nicht um das Rezitieren geht, und einer

---

[40] Ein hochanerkannter Koran- und Rechtsgelehrter. Sein Buch *Al-burhān fī ʿulūm al-Qurʾān* ist eines der zentralen Referenzwerke für die Koranwissenschaften.

von ihnen beabsichtigt, von ihr geführt zu werden" (Al-Mardāwī 1995, S. 264) [41].

5.4.2 Hauptmeinungen zu Frauen als Imamin im Gebet

Die Meinungen darüber, unter welchen Umständen eine Frau das gemeinschaftliche Gebet anführen kann, variieren also je nach Rechtsschule und Interpretation. Die Position der vier sunnitischen Rechtschulen und ihrer anerkannten Gelehrten lassen sich überblicksweise wie folgt zusammenfassen:

Bei den Malekiten dürfen Frauen das gemeinschaftliche Gebet nicht leiten.

Bei den Shafeiiten, Hanafiten und einem Teil der Hanbaliten dürfen Frauen andere Frauen im Gebet anleiten.

Viele Hanbaliten erlauben es Frauen, freiwillige Gebete anzuleiten (z. B. Tarawih), unabhängig davon, ob die Mitbetenden Frauen und Männer sind.

Gelehrte wie At-Tabari, Al-Muzani und Abu Thawr vertreten die Position, dass Frauen jede Art von Gebeten und unabhängig vom Geschlecht der Mitbetenden anleiten dürfen.

Dies zeigt, dass vermeintliche Tabuthemen bei eingehender Betrachtung in der muslimischen Gelehrsamkeit durchaus thematisiert sind und unaufgeregt besprochen werden können. Es gibt nicht ein abschließend gültiges Urteil, sondern mehrere Ansichten, die nebeneinander existieren.

---

[41] Al-Mardāwī, Abū al-Ḥasan. 1995. *Al-Inṣāf fī Maʿrifa al-Rāǧiḥ min al-Ḫilāf.* Bd. 2. Beirut: Dār Iḥyāʾ al-Turāṯ al-ʿArabī, S. 264.

6

Conclusio und Ausblick

Das vorliegende Buch [be]gründet einen europäischen Islam anhand verschiedener Zugänge.

- Eine Zusammenschau in Europa zu wenig bekannter, historischer Begegnungen,
- die Diskussion verschiedener Ansätze für den Islam in Europa aus der jüngeren Vergangenheit,
- die Begründung zentraler gemeinsamer Werte: Menschenwürde, Freiheit und Demokratie
- und ein argumentativer Ausblick auf theologische und gesellschaftliche Ressourcen für einen europäischen Islam

zeigen auf, wo auf der Basis von demokratischer Grundordnung und Eigenverantwortung ein besseres Miteinander denkbar ist. Dafür legt das Buch programmatische

Vorschläge aus einer konstruktiven muslimischen Perspektive vor.

Die zentralen Thesen sind:

Europa und der Islam sind kein Gegensatz. Es ist wichtig, diese Feststellung zu unterstreichen. Dadurch kann einer ideologischen Instrumentalisierung beider Begriffe entgegengewirkt und der Frieden gesichert werden.

Der Islam ist pluralitätsfähig. Und zwar von jeher und so wie er ist. Abschwächung oder Verfremdung sind nicht nötig, sehr wohl aber ein sorgsames theologisches Studium, eine zeitgemäße verantwortungsvolle Interpretation der islamischen Quellen und ein Aufarbeiten und offenes Kritisieren von traditionalistischen und patriarchalen Praktiken, die als islamisch wahrgenommen oder tituliert werden.

Nur durch die Eigenverantwortung der Muslim:innen in Europa wird es nachhaltig einen zukunftsfähigen Islam geben. Muslim:innen sollen ihre Zukunft in Europa eigenverantwortlich gestalten, auch wenn das der längere Weg ist, auch wenn das herausfordernd ist. Gesellschaftliche Teilhabe, Transparenz und die Reflexion der eigenen Traditionen und Glaubenspraxis können den Islam zu einem wertvollen Teil Europas werden lassen.

Es ist meiner Überzeugung nach absolut notwendig, dass die Muslim:innen selbst, aus eigener Initiative, und unter Partizipation von möglichst vielen, ihre eigenen Konzepte entwerfen.

Für Versäumnisse und Fehlentwicklungen der letzten Jahre auf Gemeindeebene können nicht nur die Muslim:innen ursächlich verantwortlich gemacht werden, auch wenn sie in erster Linie die Verantwortung dafür tragen; es sind auch gesamtgesellschaftliches Symptome. Ursachen dafür sind auch der Mangel an Bewusstsein und Ressourcen sowie eine spaltende und diskriminierende Politik.

6 Conclusio und Ausblick

In den vergangenen 20 Jahren gab es aber auch positive Entwicklungen, die zeigen, dass Muslim:innen und ihre Gemeindestrukturen langsam in Europa ankommen wollen. Auch wenn einige dieser Entwicklungen unter politischem Druck entstanden sein mögen, sind sie jedenfalls positiv zu bewerten. Sie können die Ausgangsbasis für nachhaltige, von Muslim:innen getragene Reformen sein. Für ein Gelingen sind sowohl das Engagement der Muslim:innen als auch die Akzeptanz und Wertschätzung dieses Engagements in den europäischen Gesellschaften nötig.

Die in Europa lebenden Muslim:innen gehören selbstverständlich zu Europa. Das Buch versucht, ein verbindendes Konzept und ein europäisches Wir zu stiften, in dem sich Muslim:innen als Bürger:innen Europas und integraler Bestandteil der Gesellschaft wahrnehmen, agieren und so wahrgenommen werden. Es ist klar, dass dieses Angebot von Kräften abgelehnt wird, die damit kalkulieren, einen Keil in die Gesellschaft zu treiben.

Das Buch spricht in erster Linie Muslim:innen in Europa an, transparent und verfassungstreu zu agieren. Sie sollten nicht in eine Opferhaltung rutschen, sondern offen für Verbesserungsvorschläge und Impulse sein. Kritikfähigkeit und zugleich Selbstvertrauen werden Muslim:innen eine vollwertige Partizipation an der Demokratie ermöglichen. Gleichzeitig ist es auch ein Aufruf an alle Menschen in Europa, sich aktiv am Abbau muslimfeindlicher Vorurteile zu beteiligen und sich gegen antimuslimischen Rassismus und Diskriminierung einzusetzen, um ein positives Zusammenleben möglich zu machen.

Diese Haltungen können auch durch das Wissen über gemeinsame Momente in der Geschichte genährt werden. Zahlreiche Forschungsergebnisse verdeutlichen, dass der Islam ein historischer Teil Europas ist. Historiker:innen betrachten den Islam als einen Geburtshelfer Europas. Die

Narrative vom jüdisch-christlichen Abendland und vom Wettbewerb der Kulturen greifen zu kurz und sind historisch nicht haltbar.

Zudem ist der Islam bei genauer Betrachtung seiner Hauptquellen von seiner theologischen Anlage her pluralitätsfähig. Jedes Individuum soll die eigene Beziehung zu Gott und seine Religiosität selbst gestalten. In der islamischen Glaubenslehre gibt es weder religiöse Institutionen noch Gelehrte, die dazwischenstehen oder in diese Beziehung normativ eingreifen. So hat jede:r einzelne Gläubige zugleich viel Freiheit und eine große Verantwortung in der Gestaltung der eigenen Religiosität. Muslim:innen sind also in der Lage, aus ihrer religiös gegebenen Position heraus Verantwortung zu übernehmen.

Es stellt sich nun die Frage, unter welchen Bedingungen die Erkenntnisse des Buches entfaltet und umgesetzt werden können und an welche Adressat:innen sich die Gestaltung eines europäischen Islam richtet.

Im folgenden Ausblick werden Handlungsempfehlungen für die verschiedenen Akteur:innen vorgeschlagen, die einen Beitrag zu einem europäischen Islam bzw. zur Friedenssicherung und zum sozialen Zusammenhalt in Europa leisten können.

6.1 Nutzen des Buches & Handlungsempfehlungen

Die Umsetzung dieser Handlungsempfehlungen erfordert eine enge Zusammenarbeit zwischen den verschiedenen Akteur:innen. Hier einige Empfehlungen und Appelle:

6.1.1 An die Gemeinden und Vertreter:innen der Muslim:innen

Das Buch betont die Vielfalt des Islam und die Pluralität der muslimischen Gemeinschaften in Europa. Es stützt sein Konzept und seinen Friedensansatz auf diese Grundlage.

- **Institutionalisierung und Förderung demokratischer Strukturen**

Muslim:innen sollen ihre Gemeindestrukturen in Richtung Förderung von transparenten, demokratischen Strukturen in der Gemeinde, die die Beteiligung aller Mitglieder ermöglichen, überdenken.

Heute wird Transparenz auf allen gesellschaftlichen und öffentlichen Ebenen angestrebt und ist teilweise sogar gesetzlich verankert. Es ist ein Zeichen der Reife des Gemeindelebens, wenn finanzielle und strukturelle Transparenz gewährleistet sind, dies entspricht zugleich den europäischen Werten.

Transparenz gelingt durch eine offene und klare Kommunikation über strukturelle, finanzielle und inhaltliche Angelegenheiten sowie über Aktivitäten und Entscheidungen der Gemeinde. Informationen über Gemeindeaktivitäten sollten für die Gemeindemitglieder und die Gesellschaft verfügbar sein.

- **Eigenfinanzierung ist ein entscheidender Schritt zu Eigenverantwortung und Eigenständigkeit**

Die Distanzierung von ausländischen und ideologischen Einflüssen ist für die Förderung der Eigenständigkeit und Selbstbestimmung der Gemeinde wichtiger denn je.

Eine solche Unabhängigkeit erfordert den Aufbau von internen Mechanismen zur Überprüfung und Kontrolle, um sicherzustellen, dass die Gemeinde frei von externen ideologischen Einflüssen agiert.

Durch innereuropäische Stiftungen und Projekte kann die finanzielle und ideologische Unabhängigkeit der Gemeinden von ausländischen Einflüssen gestärkt werden. Die Förderung von Projekten, die die Gemeinde eigenständig finanziert, schafft eine nachhaltige finanzielle Basis für einen zukunftsfähigen Islam auf dem Boden europäischer Werte.

- **Jugendförderung und -beteiligung:**

Die Einbeziehung von Jugendlichen in den Gemeinden ist eine Bereicherung und Verjüngung für das Gemeindeleben. Das erfordert die Schaffung von speziellen Rahmenbedingungen und das Angebot von Veranstaltungen, die den Bedürfnissen und Anliegen der Jugendlichen in der Gemeinde gerecht werden.

Die Jugendlichen sollten dabei selbst Freiheiten für die Gestaltung ihrer Aktivitäten haben.

- **Frauenförderung und Chancengleichheit**

Frauen sollen durch gleichberechtigte Zusammenarbeit in den muslimischen Gemeinden ermutigt werden, sichtbarer Teil des Gemeindelebens zu sein und Führungspositionen zu übernehmen. Sie müssen wissen, dass ihnen die Türen hierfür wirklich offenstehen.

Auf allen Ebenen der Gemeinden soll es selbstverständlich sein, dass Frauen führen, leiten und gestalten und dass dafür Räume und Voraussetzungen geschaffen werden. Dies ist insbesondere auch ein Appell an die muslimischen Frauen, sich in diesen Prozess einzubringen und diese Räume aktiv einzufordern. So könnten Frauen eine wichtige Rolle für die Spiritualität in der Gemeinde und das gesamtgesellschaftliche Bild des Islam spielen.

- **Innermuslimische Kooperation und Dialog sind unerlässlich**

Die Zusammenarbeit zwischen verschiedenen muslimischen Gruppen und Gemeinden ist wichtig, um den Austausch innerhalb der muslimischen Gemeinschaft zu fördern. Dafür braucht es Dialogstrukturen und eine Kultur der diskursiven Auseinandersetzung, die es ermöglichen, unterschiedliche Ansichten, Standpunkte und Meinungen unter den Muslim:innen konstruktiv zu diskutieren.

6.1.2 An die Imam:innen & Religionslehrer:innen

Vermittler:innen des Islam sind aufgerufen, unsere Religion im europäischen Kontext zu reflektieren. Die bunte Vielfalt unserer Gesellschaften ist beim Predigen, Unterrichten und Beraten mitzudenken. Das theologische und pädagogische Angebot sollte menschenorientiert sein. Dies erfordert auch, alle Mitglieder der Gesellschaft in unserem Handeln zu berücksichtigen und Sensibilität für andere Weltanschauungen und Lebensweisen zu entwickeln.

In Unterricht, Predigt und Beratung braucht es den Mut und die Demut, die Grenzen des eigenen Wissens anzuerkennen. Außerdem ist die Bereitschaft, sich für Menschenrechte und Gleichstellung einzusetzen, unerlässlich. Ein Ausdruck davon wäre etwa das Verwenden gendergerechter Sprache in mündlichen und schriftlichen Beiträgen. Eine wichtige Aufgabe der muslimischen Imam:innen und Lehrer:innen im Sinne des europäischen Islam ist auch die gezielte Förderung der Zugehörigkeit zu Europa.

Radikalen Tendenzen sollten Imam:innen und Lehrer:innen entgegenwirken, indem sie präventive Aufklärungsarbeit leisten und, wenn nötig, Maßnahmen zur Deradikalisierung ergreifen.

6.1.3 An die Politik

Das in den allgemeinen Menschenrechten formulierte Recht auf Gedanken-, Gewissens-, Religions- und Weltanschauungsfreiheit hat in die Verfassungen der europäischen Staaten auf unterschiedliche Art Eingang gefunden. Das Verhältnis von Staat und Religion soll von den Prinzipien Rechtsstaatlichkeit und Religionsfreiheit geprägt sein. Unabhängig davon, ob der Islam in einem Land eine staatlich anerkannte Religion ist oder nicht, sind Politik und Rechtsprechung verpflichtet, Religionsfreiheit sicherzustellen. Einerseits bedeutet dies das Recht auf freie Ausübung der Glaubenspraxis auf Basis der rechtsstaatlichen und demokratischen Ordnungen zu garantieren. Andererseits müssen gewaltbereite und terroristische Strömungen, die Religionen ideologisch missbrauchen, die Gesellschaft destabilisieren wollen und Menschenleben bedrohen, mit rechtsstaatlichen Mitteln bekämpft werden, um Frieden und Sicherheit für alle Menschen aufrechtzuerhalten.

Leider gibt es in den allermeisten europäischen Ländern Parteien und politische Kräfte, die diese verantwortungsvolle Rolle nicht übernehmen, sondern im Gegenteil danach streben, aus den Herausforderungen rund um das Thema Islam politischen Profit zu schlagen und damit ihrerseits eine Destabilisierung der Gesellschaft vorantreiben. Kurzfristiger Stimmenfang und populistische Scheinlösungen liefern keine tragfähigen Antworten.

In der Politik braucht es also ein Umdenken. Für eine friedliche Zukunft und Demokratie in Europa sind Kompetenzen zum differenzierten Umgang mit der Vielfalt muslimischen Lebens in Europa von Seiten politischer Akteur:innen erforderlich. Politik soll den Mut haben, Probleme und Fehlentwicklungen auf nicht-populistische Weise zu thematisieren und muss bestrebt sein, gemeinsam mit den Muslim:innen zukunftsfähige Konzepte zu entwerfen. Basis für diese Bemühungen ist die Erkenntnis, dass Islam und Europa keine Gegensätze sind und der europäische Islam wertvoller Teil des demokratischen Europa sein kann.

Die Themenbesetzung in diesen Fragen darf weder aufseiten der Politik noch auf muslimischer Seite den jeweils radikalen Kräften überlassen werden. Bildung und Aufklärung sind sowohl im staatlichen Schulwesen als auch im muslimischen Gemeindeleben zu fördern, denn es ist Muslim:innen ein zentrales Anliegen, in ihrer europäischen Heimat in Sicherheit und Freiheit leben zu können.

6.1.4 An Wissenschaft, Theologie & Religionspädagogik

In der Tradition der islamischen Gelehrsamkeit wird mit dem Begriff Idschtihad die Strategie bezeichnet, für neue Herausforderungen Überlegungen und Lösungsansätze, die *out of the box* gedacht sind, anzubieten. Dies ist eine äußerst zukunftsoffene und den Prinzipien der modernen Wissenschaften entsprechende Haltung.

Al-Schafi'is Modifikation seiner im Irak entstandenen Rechtslehre nach dem Umzug nach Ägypten ist ein bekanntes Beispiel aus der islamischen Tradition. Er ist einer der einflussreichsten muslimischen Großgelehrten.

Der bereits vom Propheten selbst geförderten Haltung des Idschtihad sollten heute auch Theolog:innen und Islamforscher:innen an europäischen Universitäten folgen, um für die Herausforderungen des muslimischen Lebens auf dem europäischen Kontinent Ansätze zu generieren, statt sich nur an althergebrachten Konzepten aus völlig anderen Lebenswirklichkeiten zu orientieren.

Es genügt nicht, traditionelle Referenzwerke bloß sprachlich zu übersetzen. Vielmehr sind ihre jeweiligen Zugänge und Methoden ins Hier und Jetzt zu übertragen, um eine methodisch fundierte Orientierung für die Fragen der Gegenwart zu bieten. Die Berücksichtigung aktueller methodologischer Entwicklungen könnte dabei wertvolle Symbiosen mit Ansätzen der traditionellen islamischen Gelehrsamkeit eingehen.

Die islamisch-theologischen und religionspädagogischen Wissenschaften an den europäischen Universitäten können so zukunftsweisende Ausbildungsprogramme für Imam:innen, Seelsorger:innen und Religionslehrer:innen (weiter)entwickeln. Ebenso wichtig ist die auf aktueller Forschung basierende Ausarbeitung von Schulbüchern und Unterrichtsmaterialien für Schule und Gemeinde.

Das Wirksamwerden von Erkenntnissen einer solchen modernen islamischen Gelehrsamkeit für den Alltag der europäischen Muslim:innen könnte ein wichtiges Charakteristikum des europäischen Islam sein.

6.2 Schlussbemerkung

Der europäische Islam ist ein unbelasteter Begriff und europäische Muslim:innen können die Chance nutzen, diesen Begriff aktiv zu gestalten, indem sie sich mit Impulsen und Visionen, wie in diesem Buch, auseinandersetzen und eine breite Debatte darüber in Gemeinden und Gesellschaft führen.

Dem Autor geht es letztendlich nicht um einen Begriff – und er besteht nicht auf der Bezeichnung „der europäische Islam" –, sondern vielmehr um den Inhalt. Islam und Europa stellen keine Gegensätze dar. Der Islam war, ist, und wird auch in Zukunft ein Teil Europas sein. Die europäischen Muslim:innen können mit einem europäischen

Islam für sich und ihre europäischen Gesellschaften Verantwortung übernehmen, um nicht länger Spielball politischer Mächte zu sein, sondern sich als Individuen und Gemeinschaften weiterzuentwickeln.

Wir können uns dabei an dem Grundsatz des Propheten Muhammad orientieren: „Der Beste unter den Menschen ist derjenige, der für seine Mitmenschen am nützlichsten und dienlichsten ist." (at-Tabarānī. al-Muʿǧam al-ausaṭ. Beirut: Dār al-fikr).

Literatur

Abu Dawud, Sulaiman ibn al-Asch'ath. 2009. kitāb as-Sunan (bekannt als Sunnan Abu Dawud). Beirut: Al-risāla Verlag.

Abulafia, David. 2014. The End of Muslim Sicily. In *Muslims Under Latin Rule*, Hrsg. James M. Powell, 103-134. Princeton: Princeton University Press.

Agentur der Europäischen Union für Grundrechte. 2006. Muslime in der Europäischen Union: Diskriminierung und Islamophobie. https://fra.europa.eu/sites/default/files/fra_uploads/156-Manifestations_DE.pdf. Letzter Zugriff 02. Dezember 2023.

Akademie für Dialog und Evangelisation. 2024. Stille schenken. https://www.stilleschenken.com/#dica_divi_carouselitem_0. Letzter Zugriff 26. Jänner 2024.

Al-Aqad, Abass M. 2013. *Aṯar al-ʿArab fī al-ḥaḍāra al-Ūrūbbīya*. 2.Aufl. Kairo: Kalimat Verlag.

Al-Araji, Alaeldin. 2015. *The Arab between Revolution ad Devolution*. London: E-Kutub.

Al-Aṣmaʿī, ʿAbd-al-Malik b. Ibn-Quraib: Das Gedicht: Ṣawut Safir al-bulbuli: https://www.aldiwan.net/poem26279.html. Letzter Zugriff 25. August 2023.

Al-Baihaqī, Abū Bakr Aḥmad b. al-Ḥusain b. ʿAlī. 2003. *al-sunan al-kubrā*. Beirut: Dār al-kutub al-ʿilmīya.

Al-Buchari, Muhammad ibn Ismail. 2008. „*al-dschāmi' as-Saḥīḥ*" (bekannt als Sahih al-Buchari). Riyad: Nationale König Fahd Verlag.

Al-Khalili, Jim. 2010. *Pathfinders*. The Golden Age of Arabic Science. London: Allen Lane. Deutsche Ausgabe: al-Khalili, Jim. 2011. *Im Haus der Weisheit*. Die arabischen Wissenschaften als Fundament unserer Kultur (trans: Vogel, S.). Frankfurt am Main: S. Fischer.

Al-Maqdisī, Ibn Qudāma. 1997. *Al-Mughnī*. 3. Aufl. Bd. 3. Ryiad: Dār ʿĀlam al-Kitāb.

Al-Mardāwī, Abū al-Ḥaṣan. 1995. *Al-Inṣāf fī Maʿrifa al-Rāḏiġ min al-Ḫilāf*. 2. Bd. Beirut: Dār Iḥyāʾ al-Turāṯ al-ʿArabī.

Al-Munged, Mohamed Saleh. 2000. Fatwa zu Frage: Darf ein Muslim „ungläubige Politiker" wählen? Der Islam – Frage und Antwort. https://islamqa.info/ar/answers/3062/ هل-يجوز-تصويت-المسلمين-للكفار-الاخف-شرا

Al-Nawawī, Abū Zakariyyā Yaḥyā. 1998. *Riyāḍ al-Ṣāliḥīn*. Beirut: Al-risāla Verlag.

Al-Sanʿānī, Muḥammad b. Ismāʿīl. 1997. *Subul al-Salām*; Šarḥ Bulūġ al-Marām. Bd. 2. Kairo: Dār al-Ḥadīṯ.

Al-Tayyeb, Ahmad. 2017. Groß-Scheich Ahmad al-Tayyeb im Interview im Gespräch mit Sebastian Engelbrecht und Abdul-Ahmad Rashid: „Das islamische Denken kann man reformieren, aber nicht den Islam selbst." Deutschlandfunk. https://www.deutschlandfunk.de/gross-scheich-ahmad-al-tayyeb-im-interview-das-islamische-100.html. Letzter Zugriff 26. November 2023.

Al-Zarkaši, Badr al-Dīn. 1957. *al-Burhān fī ʿulūm al-Qurʾān*. Kairo: Dār al-turāṯ.

Al-ʿAlwānī, Taha G. 1999. *Madḫal ilā fiqh al-aqallīyāt*. al-Fikr al-Islāmī al-Muʿāṣi 5. https://doi.org/10.35632/citj.v5i19.1775

Literatur   211

Al-ʿAsqalānī, Ibn Ḥağar. 2001. *Fatḥ al-Bārī fī šarḥ ṣaḥīḥ al-Buḫārī*, Bd. 11. Beirut: Dār al-maʿrifa.

Albrecht, Sarah. 2010. *Islamisches Minderheitenrecht*: Yūsuf al-Qaraḍāwīs Konzept des "fiqh al-aqallīyāt". Würzburg: Ergon-Verlag.

Albrecht, Sarah. 2016. *Wie »islamisch« ist Europa?* – Muslimische Perspektiven auf die Vereinbarkeit islamischer Normen mit dem Leben in westlichen Gesellschaften. Gütersloh: Bertelsmann Stiftung.

Alkan, Güler. 2011. *Zum Heiraten gezwungen*. Der Standard. https://www.derstandard.at/story/1313025391231/zwangsehe-zum-heiraten-gezwungen. Letzter Zugriff 16. November 2023.

Allenbach, Brigit und Martin Sökefeld. 2010. *Muslime in der Schweiz*. Zürich: Seismo Verlag, Sozialwissenschaften und Gesellschaftsfragen.

Altenbockum, Jasper von. 2018. *In der bunten Republik*. Frankfurter Allgemeine Zeitung. https://www.faz.net/aktuell/politik/inland/urteil-zu-scharia-polizei-bundesgerichtshof-korrigiert-landgericht-wuppertal-15388225.html. Letzter Zugriff: 25. September 2023.

Amir-Moazami, Schirin. 2015. *Politisierte Religion*: Der Kopftuchstreit in Deutschland und Frankreich. Bielefeld: transcript Verlag.

Amtsblatt der europäischen Union. 2012. *Charta der Grundrechte der Europäischen Union*. https://eur-lex.europa.eu/legal-content/DE/TXT/PDF/?uri=CELEX:12012P/TXT. Letzter Zugriff 26. September 2023.

Asad, Muhammad. 2009. *Die Botschaft des Korans*: Übersetzung und Kommentar. Düsseldorf: Patmos.

Aschauer, Wolfgang. 2020. *The drivers of prejudice with a special focus on religion*—insights into anti-Muslim sentiment in Austrian society. Österreichische Zeitschrift für Soziologie 45: 183–212.

Aslan, Ednan. 2015. *Die Grundlagen eines Islam europäischer Prägung*. Die Presse. https://www.diepresse.com/4735808/die-grundlagen-eines-islam-europaeischer-praegung. Letzter Zugriff 11. September 2023.

Aslan, Ednan. 2016. *Ein Islam europäischer Prägung*. Konrad-Adenauer-Stiftung. https://www.kas.de/c/document_library/get_file?uuid=3cf99555-d1f1-23d5-3370-c160ddd22335&groupId=270955. Letzter Zugriff 01. Oktober 2023.

At-Tirmidhi, Abu 'Isa Muhammad ibn 'Isa. 2009. *al-dschāmi' as-Saḥīḥ fī s-sunan* (bekannt als Sunnan At-Tirmidh). Beirut: Dār al-ġarb al-islāmī.

ATIB. 2023. Türkisch-islamische Union für kulturelle und soziale Zusammenarbeit in Österreich. https://atib.at/. Letzter Zugriff 04. März 2024.

Auswärtiges Amt. 2023. Indonesien: Politisches Porträt. https://www.auswaertiges-amt.de/de/service/laender/indonesien-node/innenpolitik/212438. Letzter Zugriff 01. Oktober 2023.

Avon, Dominique. 2015. Islam und Muslime im europäischen Kontext. Reden eines medienwirksamen Menschen (1993-2013): Tariq Ramadan. In: *Muslimische Identitäten in Europa*. Dispositive im gesellschaftlichen Wandel, Hrsg. Dominique Avon, Sabine Schmitz und Tuba Isik, 267–298. Bielefeld: transcript Verlag.

Barth, Armin. 2013. *Algorithmik für Einsteiger*: Für Studierende, Lehrer und Schüler in den Fächern Mathematik und Informatik. 2. Aufl. Wiesbaden: Springer.

Barz, Heiner. 2019. Islam und Bildung: Bemerkungen zu einem ambivalenten Verhältnis. 251–272. In: *Islam und Bildung*, Hrsg. Heiner Barz und Klaus Spenlen. 2. Aufl. Wiesbaden: Springer.

Bauer, Thomas. 2018. *Warum es kein islamisches Mittelalter gab*: Das Erbe der Antike und der Orient. München: C.H. Beck.

BBC. 2003. Der Großimam von al-Azhar: Frankreich hat das Recht das Kopftuch zu verbieten. http://news.bbc.co.uk/hi/arabic/middle_east_news/newsid_3358000/3358203.stm. Letzter Zugriff 06. Dezember 2023.

Ben-Abdeljelil, Jameleddine. 2005. Ibn Ruschds Philosophie interkulturell gelesen. Bd. 4 der Reihe *Interkulturelle Bibliothek*, Hrsg. Yousefi, Hamid Reza, Klaus Fischer, Ram Adhar Mall, Jan D. Reinhardt und Ina Braun. Nordhausen: Traugott Bautz.

Benz, Wolfgang. 2011. *Vorurteile gegen Muslime* – Feindbild Islam. In *Vorurteile*, Hrsg. Anton Pelinka, 205-220. Berlin/Boston: De Gruyter.

Best, Volker, Frank Decker, Sandra Fischer und Anne Küppers. 2022. *Demokratievertrauen in Krisenzeiten*: Wie blicken die Menschen in Deutschland auf Politik, Institutionen und Gesellschaft?. https://library.fes.de/pdf-files/pbud/20287-20230505.pdf. Letzter Zugriff 03. Dezember 2023.

Bielefeldt, Heiner. 2003. *Muslime im säkularen Rechtsstaat*: Integrationschancen durch Religionsfreiheit. Bielefeld: transcript.

Bielefeldt, Heiner. 2012. Muslimfeindlichkeit: Ausgrenzungsmuster und ihre Überwindung. In: *Muslimfeindlichkeit – Phänomen und Gegenstrategien*: Beiträge der Fachtagung der Deutschen Islam Konferenz am 4. und 5. Dezember 2012 in Berlin. Hrsg. Bundesministerium des Innern im Auftrag der Deutschen Islam Konferenz. Berlin: Bundesministerium des Innern.

Birke, Burkhard. 2010. Frankreich und der Islam. Deutschlandfunk. https://www.deutschlandfunk.de/frankreich-und-der-islam-100.html. Letzter Zugriff 26. November 2023.

Bischof, Karin, Brigitte Halbmayr, Kerstin Lercher, und Barbara Liegl. 2007. Integration als kommunales Politikfeld: Entstehungsbedingungen, Problemlagen und Modelle. SWS-Rundschau 47: 164-185.

BMEIA. 2015. Islam europäischer Prägung. Muslime und Musliminnen in der Mitte der Gesellschaft. https://www.bmeia.gv.at/fileadmin/user_upload/Zentrale/Integration/Veranstaltungen/Ergebnisdokument_Tagung_Islam_europaeischer_Praegung.pdf. Letzter Zugriff 01. Oktober 2023.

Bobzin, Hartmut. 2017. *Der Koran*. Aus dem Arabischen neu übertragen und erläutert. München: C. H. Beck.

Böhling, Susanne. 2013. Ein Muslim auf dem Jakobsweg. https://www.wz.de/nrw/moenchengladbach/ein-muslim-auf-dem-jakobsweg_aid-29973991Letzter Zugriff 22. August 2023.

Borgolte, Michael. 2011. Der Islam als Geburtshelfer Europas. *Aus Politik und Zeitgeschichte* 13-14: 41-46. Herausgegeben von der Bundeszentrale für politische Bildung.

Brandt, Matthias. 2017. Deutsche wollen keinen Diktator. https://de.statista.com/infografik/11563/befuerwortung-eines-starken-fuehrers/. (letzter Zugriff: 25.09.2023).

Brandt, Susanne. 2014. Kriegskoalitionen. In *Enzyklopädie Erster Weltkrieg*, Hrsg. Hirschfeld, Gerhard, Gerd Krumeich und Irina Renz., 248–251. Paderborn: Schöningh.

Broch, Thomas. 2016. Franz von Assisi und der Friedensgruß. Kirche im SWR. https://www.kirche-im-swr.de/?page=manuskripte&id=22265. Letzter Zugriff 24. November 2023.

Bundeskanzleramt Österreich. 2015. Gesamte Rechtsvorschrift für Islamgesetz 2015, Fassung vom 26.10.2023. https://www.bundeskanzleramt.gv.at/dam/jcr:b0e9ec60-d69f-46bc-9f54-f39d41fff355/islamgesetz_2015_-_gesetzestext.pdf. Letzter Zugriff 26. Oktober 2023.

Bundeskanzleramt. 2015. Islamgesetz 2015 – Zusammenfassung. file:///C:/Users/User/Desktop/islamgesetz_2015_-_zusammenfassung%20(2).pdf. Letzter Zugriff 29. September 2023.

Bundeskanzleramt. 2019. Integrationsgesetz. https://www.bundeskanzleramt.gv.at/agenda/integration/integrationsgesetz.html. Letzter Zugriff 24. November 2023.

Bundeskanzleramt. 2020. Anti-Terror-Paket gegen Extremismus. https://www.oesterreich.gv.at/nachrichten/allgemein/Anti-Terror-Paket-gegen-Extremismus.html. Letzter Zugriff 29. September 2023.

Bundeskanzleramt. 2023. Integrationsvereinbarung 2017. https://www.oesterreich.gv.at/themen/leben_in_oesterreich/aufenthalt/3/Seite.120500.html. Letzter Zugriff 28. September 2023.

Bundesministerium Bildung, Wissenschaft und Forschung. 2023. ECTS-System. https://www.bmbwf.gv.at/Themen/HS-Uni/Anerkennung/ECTS-System.html. Letzter Zugriff 24. November 2023.

Bundesministerium des Innern (Hrsg.). 2015. *Gemeinsame Werte als Grundlage des Zusammenlebens*. Standpunkte der Deutschen Islam Konferenz. Berlin: Bundesministerium des Innern.

Bundesministerium des Innern im Auftrag der Deutschen Islam Konferenz. 2012. *Muslimfeindlichkeit – Phänomen und Gegenstrategien*: Beiträge der Fachtagung der Deutschen Islam Konferenz am 4. und 5. Dezember 2012 in Berlin. Berlin: Bundesministerium des Innern.

Bundesministerium des Innern und für Heimat. 2023a. *Muslimfeindlichkeit – Eine deutsche Bilanz*. Berlin: Bundesministerium des Innern und für Heimat.

Bundesministerium des Innern und für Heimat. 2023b. Warum Integration so wichtig ist. https://www.bmi.bund.de/DE/themen/heimat-integration/integration/integration-bedeutung/integration-bedeutung-node.html. Letzter Zugriff 24. November 2023.

Bundesministerium des Innern und für Heimat. 2023c. Bundesinnenministerium vereinbart mit der Türkei die Beendigung der Imam-Entsendung. https://www.bmi.bund.de/SharedDocs/pressemitteilungen/DE/2023/12/imam-ausbildung.html. Letzter Zugriff 29. Februar 2024.

Bundesministerium für wirtschaftliche Zusammenarbeit und Entwicklung. 2023. Frieden. https://www.bmz.de/de/service/lexikon/frieden-14384. Letzter Zugriff 24. November 2023.

Bundeszentrale für politische Bildung. 2019. Europäische Werte. https://www.bpb.de/kurz-knapp/zahlen-und-fakten/europa/70652/europaeische-werte/. Letzter Zugriff 24. November 2023.

Caravias, Claudius. 2008. *Die Moschee an der Wien*: 300 Jahre islamischer Einfluss in der Wiener Architektur. Eichgraben: Luna-Verlag.

Cardini, Franco. 1999. *Europa e Islam*: Storia di un Malintenso. Rom/Bari: Laterza. Deutsche Ausgabe: Cardini, Franco. 2000. Europa und der Islam: Geschichte eines Mißverständnisses (trans: Seuß, R.). München: C. Beck.

Catanzaro, Christl und Rainer Oechseln (Hrsg). 2023. *Bodenständiger Islam*: Theologische Beiträge aus Bosnien. Berlin/Tübingen: Schiler & Mücke.

Ceylan, Rauf. 2008. *Islamische Religionspädagogik in Moscheen und Schulen*. Hamburg: Verlag Dr. Kovac.

CFCM. 2021. Charte des principes pour l'Islam de France. https://cdnuploads.aa.com.tr/uploads/userFiles/a0375fc1-552e-4508-bc69-6dc1b8417822/Charte-des-principes-17.01.2021-1-.pdf. Letzter Zugriff 02. November 2023.

Colombo, Emanuele und Paul Shore. 2023. *Jesuits and Islam in Europe*. Leiden: Brill.

Council of European Muslims (CEM). www.eumuslims.org. Letzter Zugriff 12. Dezember 2023.

Dahrendorf, Ralf. 2003. A Definition of Democracy. Bundeszentrale für politische Bildung. https://www.bpb.de/kurzknapp/lexika/politiklexikon/17321/demokratie/. Letzter Zugriff 25. September 2023.

Dassetto, Felice, Silvio Ferrari und Brigitte Maréchal. 2007. Islam in der Europäischen Union: Was steht für die Zukunft auf dem Spiel? Europäisches Parlament. https://www.europarl.europa.eu/RegData/etudes/etudes/join/2007/369031/IPOL-CULT_ET(2007)369031_DE.pdf. Letzter Zugriff 01. September 2022.

Debeuf, Koert. 2017. Der Großvater der Aufklärung war ein Muslim. https://de.qantara.de/inhalt/der-andalusische-philosoph-averroes-der-grossvater-der-aufklaerung-war-ein-muslim?nopaging=1. Letzter Zugriff 28. August 2023.

Der Spiegel. 2019. Gericht spricht Scharia-Polizei schuldig. https://www.spiegel.de/politik/deutschland/wuppertal-gericht-spricht-scharia-polizei-schuldig-a-1269527.html. Letzter Zugriff 03. Dezember 2023.

Der Standard. 2017. Kopftuch: Islamische Glaubensgemeinschaft rät Frauen zur Verhüllung. https://www.derstandard.at/story/2000053650450/kopftuch-islamische-glaubensgemeinschaft-raet-frauen-zur-verhuellung. Letzter Zugriff 03. November 2023.

Der Westen. 2016. Islam-Experte Bassam Tibi: "Der Euro-Islam ist gescheitert." e_ https://www.derwesten.de/politik/islam-experte-bassam-tibi-der-euro-islam-ist-gescheitert-id12069234.html. Letzter Zugriff 23. November 2023.

Deutsche Welle. 2016. Apfelstrudel – ein Wiener Klassiker. https://www.dw.com/de/apfelstrudel-ein-wiener-klassiker/a-19381752. Letzter Zugriff 19. November 2023.

Deutschlandfunk 2024. Friede von Karlowitz 1699: „Wendepunkt der europäischen Geschichte. https://www.deutschlandfunk.de/26-01-1699-mit-dem-frieden-von-karlowitz-endet-der-grosse-tuerkenkrieg-dlf-ba67409d-100.html. Letzter Zugriff 18. Juni 2024.

DITIB. 2024. Türkisch-islamische Union der Anstalt für Religion. https://www.ditib.de/. Letzter Zugriff 04. März 2024.

Duden. 2023a. Demokratie, die. https://www.duden.de/rechtschreibung/Demokratie. Letzter Zugriff 25. September 2023.

Duden. 2023b. Sekte, die. https://www.duden.de/rechtschreibung/Sekte. Letzter Zugriff 09. November 2023.

Dündar, Can. 2023. Türkischer Wahlkampf in Deutschland: In Berlin gibt es derzeit keine Bilder für ihn. Die Zeit. https://www.zeit.de/kultur/2023-01/recep-tayyip-erdogan-wahlkampf-deutschland-akp-mustafa-ac-kgoez. Letzter Zugriff 27. September 2023.

Economic Intelligence Unit. 2023. Democracy Index 2022. Frontline Democracy and the Battle for Ukraine. Democracy-Index-2022_FV2.pdf (eiu.com) Letzter Zugriff 06. Juni 2024.

Eichhorst, Kristina. 2019. Friedensstörer. In *Handbuch Frieden*, Hrsg. Hans J. Gießmann und Bernhard Rinke. Wiesbaden: Springer VS.

Ekinci, Ekrem Bugra. 2017. Die jüdische Gemeinde im Osmanischen Reich. Daily Sabah. https://www.dailysabah.com/deutsch/kolumne/ekrem-bugra-ekinci/2017/10/13/die-juedische-gemeinde-im-osmanischen-reich. Letzter Zugriff 05. Dezember 2023.

El-Gibali, Alaa. 1996. *Understanding Arabic:* Essays in Contemporary Arabic Linguistics in Honor of El-Said Badawi. Kairo: American Univ. in Cairo Press.

El-Mafaalani, Aladin und Ahmet Toprak. 2011. *Muslimische Kinder und Jugendliche in Deutschland*. Lebenswelten – Denkmuster – Herausforderungen. Sankt Augustin/Berlin: Konrad-Adenauer-Stiftung e.V.

Elshahed, Elsayed. 2019. *Europa und seine Muslime*: Koexistenz im Schatten von Verschwörungstheorien. Göttingen: Böhlau Verlag.

Engelhardt, Jan Felix. 2017. *Islamische Theologie im deutschen Wissenschaftssystem*: Ausdifferenzierung und Selbstkonzeption einer neuen Wissenschaftsdisziplin. Wiesbaden: Springer Fachmedien.

Ernst Klett Verlag. 2016. *Geschichte und Geschehen Oberstufe*: Antike und Mittelalter. Die Expansion des Islam. Stuttgart: Ernst Klett Verlag. Unterrichtsmaterial: https://view.officeapps.live.com/op/view.aspx?src=https%3A%2F%2Fwww2.klett.de%2Fsixcms%2Fmedia.php%2F229%2Fab_443211_6n25hq_expansion_islam.ppt&wdOrigin=BROWSELINK. Letzter Zugriff 21. Jänner 2024.

Europäische Kommission. 2015. Mitteilung der Kommission an das europäische Parlament, den Rat, den europäischen Wirtschafts- und Sozialausschuss und den Ausschuss der Regionen. Die Europäische Sicherheitsagenda. https://eur-lex.europa.eu/legal-content/DE/TXT/PDF/?uri=CELEX:52015DC0185. Letzter Zugriff 24. November 2023.

Europäische Kommission. 2023. Conditions for Membership. https://neighbourhood-enlargement.ec.europa.eu/enlargement-policy/conditions-membership_de. Letzter Zugriff 24. November 2023.

Europäische Union. 2012. Charta der Grundrechte der Europäischen Union. https://eur-lex.europa.eu/legal-content/DE/TXT/PDF/?uri=CELEX:12012P/TXT. Letzter Zugriff 24. November 2023.

Europäische Union. 2023a. Die wichtigsten Errungenschaften und konkreten Vorteile der Europäischen Union. https://european-union.europa.eu/priorities-and-actions/eu-priorities/achievements_de. Letzter Zugriff 24. November 2023.

Europäische Union. 2023b. Ziele und Werte. https://european-union.europa.eu/principles-countries-history/principles-and-values/aims-and-values_de. Letzter Zugriff 28. November 2023.

Europäisches Parlament. 2012. Friedensnobelpreis 2012 für Europäische Union. https://www.europarl.europa.eu/news/de/headlines/eu-affairs/20121012STO53551/friedensnobelpreis-2012-fur-europaische-union. Letzter Zugriff 24. November 2023.

Evangelische Zeitung. 2024. Schura distanziert sich von Gruppe „Muslim Interaktiv". Schura distanziert sich von Gruppe "Muslim Interaktiv" | Evangelische Zeitung (evangelischezeitung.de). Letzter Zugriff 18. Juni 2024.

Faroqui, Suraiya. 2021. *Geschichte des Osmanischen Reichs*. 8. Aufl. München: C.H. Beck.

Feld, Helmut. 1994. *Franziskus von Assisi und seine Bewegung*. Darmstadt: Wissenschaftliche Buchgesellschaft.

Fellner, Sebastian. 2024. Ministerin Raab soll mit Experten die „Österreichische Leitkultur" definieren. https://www.derstandard.at/story/3000000213510/raab-soll-mit-experten-die-oesterreichische-leitkultur-definieren. Letzter Zugriff 18. Juni 2024.

Foroutan, Naika und Isabel Schäfer. 2009. Hybride Identitäten – Muslimische Migrantinnen und Migranten in Deutschland und Europa. Das Parlament. https://webarchiv.bundestag.de/archive/2010/0325/dasparlament/2009/05/Beilage/002.html Letzter Zugriff 12. September 2023.

Frieters-Reermann, Norbert. 2010. Herausforderungen der gegenwärtigen Friedensbildung und Friedenspädagogik. In ZEP: *Zeitschrift für internationale Bildungsforschung und Entwicklungspädagogik*, 33. Jahrgang. Heft 4, 4-12. https://doi.org/10.25656/01:9611.

Fritzsche, Peter. 2016. *Menschenrechte*. Eine Einführung mit Dokumenten. 3. Aufl. Paderborn: Ferdinand Schöningh.

Frutuoso, Guilherme. 2023. Nicht jeder muss dran glauben. Frankfurter Allgemeine Zeitung. https://www.faz.net/aktuell/gesellschaft/jugend-schreibt/portugiesischer-jakobsweg-18883829.html. Letzter Zugriff 08. Dezember 2023.

Funke, Christian. 2023. Schura. Konrad-Adenauer-Stiftung. https://www.kas.de/de/web/extremismus/islamismus/schura. Letzter Zugriff 13. November 2023.

Galgano, Mario und De Carolis, Alessandro. 2020. Pabst Franziskus unterzeichnet neue Enzyklika „Fratelli tutti" am 3. Oktober in Assisi. Vatican News. https://www.vaticannews.va/de/papst/news/2020-09/papst-unterzeichnet-neue-enzyklika-fratelli-tutti-oktober-assisi.html. Letzter Zugriff 28. August 2023.

Gerlach, Julia. 2016. *Auf dem Weg zu einem europäischen Islam – oder ist dieser längst Realität?* Gütersloh: Bertelsmann Stiftung.

Gielkens, Leo. 2007. *Mehr als Sieg und Niederlage*: Mediation als Erziehung zum Gewaltverzicht in der Jugendpastoral. Münster: LIT Verlag.

Gordons, Noah. 2011. *Der Medicus*. München: Wilhelm Heyne Verlag.

Gruber-Lavin, Oliver. 2015. *Menschenrechte von New York bis Kairo*: Eine Einführung in die Menschenrechte und die islamischen Gegenentwürfe, Nordstadt.

Guénois, Jean-Marie und Paul Gonzalés. 2021. En pratique, la Charte des principes de l'islam de France s'appliquera-t-elle vraiment ? Le Figaro. https://www.lefigaro.fr/actualite-france/en-pratique-la-charte-des-principes-de-l-islam-de-france-s-appliquera-t-elle-vraiment-20210125. Letzter Zugriff 01. November 2023.

Güngör, Kenan, Martina Zandonella, Bernhard Hoser und Valentin Sützl. 2019. Junge Menschen mit muslimischer Prägung in Wien. Zugehörigkeiten, Einstellungen und Abwertungen. Wien: ÖIF.

Haas, Hein de. 2009. Die marokkanische Auswandererbevölkerung. Bundeszentrale für politische Bildung. https://www.bpb.de/themen/migration-integration/laenderprofile/57709/die-marokkanische-auswandererbevoelkerung/. Letzter Zugriff 28. September 2023.

Habermalz, Christiane. 2016. Botschafter eines friedlichen Islams. Deutschlandfunk. https://www.deutschlandfunkkultur.de/gross-imam-al-tayyeb-im-bundestag-botschafter-eines-100.html. Letzter Zugriff 26. November 2023.

Hashas, Mohammed. 2018. *The Idea of European Islam*. Religion, Ethics, Politics and Perpetual Modernity. Boca Raton: Routledge.

Heidemann, Stefan. 2022. Der mittelalterliche Islam war viel moderner, als viele heute denken. https://www.spiegel.de/geschichte/warum-der-mittelalterliche-islam-erstaunlich-modern-war-geschichte-podcast-a-eeb49dce-734c-41c8-a3c8-8c221cf672e8 Letzter Zugriff 23. November 2023.

Heimannsberg, Joachim. 1997. *Brockhaus! Was so nicht im Lexikon steht*: Kurioses und Schlaues aus allen Wissensgebieten. Leipzig: Brockhaus.

Hervieu-Léger, Danièle. 2003. Der Wandel der religiösen Landschaft Europas im Spiegel des Islam: Der Fall Frankreich. In *Der Islam in Europa. Der Umgang mit dem Islam in Frankreich und Deutschland*, Hrsg. Alexandre Escudier, 26–45. Göttingen: Wallstein Verlag.

Heyden, Katharina. 2018. Die legendäre Begegnung zwischen Franz von Assisi und Sultan Melek al-Kamil oder: Von der geschichtsprägenden Absicht in Geschichten. *Mediaevistik* 31: 185-212.

Hilberath, Bernd Jochen und Mahmoud Abdallah. 2017. *Theologie des Zusammenlebens*: Christen und Muslime beginnen einen Weg. Ostfildern: Matthias Grünewald Verlag.

Hildebrandt, Thomas. 2007. Neo-Muʿtazilismus? Intention und Kontext im modernen arabischen Umgang mit dem rationalistischen Erbe des Islam. (Islamic Philosophy, Theology and Science LXXI). Leiden: Brill.

Hildebrandt, Thomas. 2007. Neo-Muʿtazilismus?: Intention und Kontext im modernen arabischen Umgang mit dem rationalistischen Erbe des Islam. Bd. 71 der Reihe *Islamic Philosophy, Theology and Science*, Hrsg. Hans Daiber. Leiden/Boston: Brill.

Hillenbrand, Carole. 2022. *Islam and the Crusades*: Collected Essays. Edinburgh: Edinburgh University Press.

Hohmann, Michael und Pierre Monnet. 2021. *Café Europa*: Vorträge und Debatten zur Identität Europas. Göttingen: Wallstein Verlag.

Ibn Ašūr, Muḥammad al-Ṭāhir. 2008. *Tafsīr al-taḥrīr wa al-tanwīr*. Tunis: al-Dār al-tunsya lī al-našr. Bd. 21.

Ibn b. Ḥanbal, al-imām Aḥmad. 2001. *Al-Musnad*. Beirut: Al-risāla Verlag.

Ibn Isḥāq, Muḥammad. 2014. *Das Leben des Propheten*. 5. Aufl. Trans. G. Rotter. Kandern im Schwarzwald: Spohr Verlag.

Ibn Ruschd, Muḥammad b. Aḥmad. 2004. *Bidayat al-Muǧtahid wa Nihayat al-Muqtaṣid*. 1. Bd. Kairo: Dār al-Ḥadīṯ.

Ichner, Bernhard und Stefanie Rachbauer. 2017. Muslime fordern von Parteien klare Statements zum Islam. Der Kurier. https://kurier.at/chronik/oesterreich/muslime-befragen-spitzenkandidaten-zum-islam/286.239.310. Letzter Zugriff 24. November 2023.

IGGÖ. 2020. IGGÖ ad Coronavirus: Aussetzung der Gemeinschafts- und Freitagsgebete in Moscheen. OTS. https://www.ots.at/presseaussendung/OTS_20201116_OTS0130/iggoe-ad-coronavirus-aussetzung-der-gemeinschafts-und-freitagsgebete-in-moscheen. Letzter Zugriff 24. November 2023.

IGGÖ. 2021. Novellierung des Islamgesetzes. https://www.derislam.at/2021/07/07/novellierung-des-islamgesetzes/. Letzter Zugriff 29. September 2023.

IGGÖ. 2023. IGGÖ – Die islamische Glaubensgemeinschaft in Österreich. https://www.derislam.at/iggoe/. Letzter Zugriff 28. November 2023.

Islamiq. 2021. „Französischer Islam": Was steht in der Grundsatzcharta?. https://www.islamiq.de/2021/01/25/franzoesischer-islam-was-steht-in-der-grundsatz-charta/. Letzter Zugriff 24. November 2023.

Islamische Glaubensgemeinschaft in Österreich (IGGÖ). www.derislam.at. Letzter Zugriff 12. Dezember 2023.

Islamische Zeitung. 2020. Der „Wein" des Islam. https://islamische-zeitung.de/der-wein-des-islam/. Letzter Zugriff 22. August 2023.

Jahn, Egbert. 2019. Politische Streitfragen. Band 5: Krieg und Kompromiss zwischen Nationen und Staaten. Wiesbaden: Springer VS.

Jestl, Stefan und Marina Tverdostup. 2023. The labour market entry and integration of refugees and other migrants in Austria. Wien: Wiener Institut für internationale Wirtschaftsvergleiche.

Jobard, Fabien. 2017. Ausnahmezustand und Anti-Terror-Recht in Frankreich. *Bürgerrechte und Polizei* 112: 42-49.

Jung, Dorothea. 2007. Einer für alle. Deutschlandfunk. https://www.deutschlandfunk.de/einer-fuer-alle-108.html. Letzter Zugriff 05. November 2023.

Kaleta, Philip, Anna Reimann und Severin Weiland. 2016. Die AfD-Positionen zum Islam im Faktencheck. Der Spiegel. https://www.spiegel.de/politik/deutschland/afd-was-stimmt-an-den-thesen-zum-islam-a-1087824.html. Letzter Zugriff 29. September 2023.

Karić, Enes. 2023. *Bodenständiger Islam in Europa:* Theologische Beiträge aus Bosnien. Tübingen: Schiler & Mücke Verlag.

Kermani, Navid. 2020. *Morgen ist da*: Reden. München: C.H. Beck.

Khadduri, Madjid. 2012. Maslaha. In *Encyclopedia of Islam*. 2. Aufl., Hrsg. Bearman, Peri J., Thierry Bianquis, Clifford E. Bosworth, Emeri J. van Donzel und Wolfhart P. Heinrichs. Leiden: Koninklijke Brill NV.

Khalfaoui, Mouez. (2020). Current Muslim Understandings of Classical Family Law in a Modern Secular Context: Germany as a Case Study. In *Journal of Muslim Minority Affairs*, 40, 117-127.

Khalfaoui, Mouez. 2022. *Islamisches Recht, Scharia und Ethik*: Eine europäische Perspektive. Baden-Baden: Nomos.

Khorchide, Mouhanad. 2009. *Der islamische Religionsunterricht zwischen Integration und Parallelgesellschaft*. Wiesbaden: Springer Verlag.

Khorchide, Mouhanad. 2017. Islam europäischer Prägung – eine islamwissenschaftliche Perspektive. In: *Islam europäischer Prägung*, Hrsg. Österreichischer Integrationsfonds, 11-28. Wien: ÖIF.

Khosrokhavar, Farhad. 2017. Der Islam in Frankreich und Großbritannien. In *Islam europäischer Prägung*, Hrsg. Österreichischer Integrationsfonds, 127-152. Wien: ÖIF.

Kislinger, Ewald. 2013. Von der Provinz zum Machtzentrum und zurück. Sizilien unter Byzantinern, Arabern, Normannen, Staufern und Anjoou (535–1282). In *Wolfgang Gruber und Stephan Köhler* (Hrsg): Sizilines Geschichte: Insel zwischen den Welten. Wien: Mandelbaum Verlag, 49–67.

Kocina, Erich. 2007. Österreichs Muslime: Kampf um Einfluss tobt. Die Presse. https://www.diepresse.com/341692/oesterreichs-muslime-kampf-um-einfluss-tobt. Letzter Zugriff 26. November 2023.

Kocina, Erich. 2017a. Der Islam und Österreich: Die muslimische Volkszählung. Die Presse. https://www.diepresse.com/5289499/der-islam-und-oesterreich-die-muslimische-volkszaehlung. Letzter Zugriff 11. Oktober 2023.

Kocina, Erich. 2017b. Islam-interner Konflikt um Kopftuchgebot. Die Presse. https://www.diepresse.com/5179731/islam-interner-konflikt-um-kopftuchgebot. Letzter Zugriff 03. November 2023.

Kokott, Juliane. 2005. Laizismus und Religionsfreiheit im öffentlichen Raum. *Der Staat* 44: 343-365.

Koren, Nina. 2021. Warum die Beziehungen zwischen der Türkei und Österreich so vergiftet sind. Kleine Zeitung. https://www.kleinezeitung.at/politik/aussenpolitik/5981743/Der-Fluch-Erdogans_Warum-die-Beziehungen-zwischen-der-Tuerkei-und. Letzter Zugriff 19. November 2023.

Kreiser, Klaus. 2008. *Der Osmanische Staat*. 1300–1922 (= Oldenbourg Grundriss der Geschichte, Bd. 30), 2. Aufl. München: Oldenbourg.

Krohn, Knut. 2021. Einigung über Grundsatz-Charta für den Islam in Frankreich. Stuttgarter Zeitung. https://www.stuttgarter-zeitung.de/inhalt.muslime-in-frankreich-einigung-ueber-grundsatz-charta-fuer-den-islam-in-frankreich.a878381f-c0e6-47e8-b55a-12e5d5bb3b8b.html. Letzter Zugriff 24. November 2023.

Kurier. 2017. Geert Wilders: Islam schlimmer als Nationalsozialismus. https://kurier.at/politik/ausland/rechtspopulist-geert-wilders-islam-aus-den-niederlanden-vertreiben/246.159.229. Letzter Zugriff 29. September 2023.

Kurier. 2024. Kritik an Leitkultur. Vom „dummen Begriff" und anderen Problemlagen. https://kurier.at/politik/inland/kritik-an-leitkultur-vom-dummen-begriff-und-anderen-problemlagen/402839641. Letzter Zugriff 18. Juni 2024.

Lähnemann, Johannes. 2021. *Interreligiöse Verständigung und Bildung 1980-2020*: Eine Bilanz im Spiegel der Nürnberger Foren zur Kulturbegegnung. Berlin: EB Verlag.

Lange, Dirk, Holger Onken und Andreas Slopinski. 2013. *Politisches Interesse und Politische Bildung*: Zum Stand des Bürgerbewusstseins Jugendlicher und junger Erwachsener. Wiesbaden: Springer Fachmedien.

Le Bon, Gustave. 2013. *La Civilisation des Arabes*. Trans. A. Zatar. Kairo: Dar Hindawi

Leitlein, Hannes. 2020. Politischer Islam: Muslime in Mithaftung. Die Zeit. https://www.zeit.de/gesellschaft/2020-11/politischer-islam-straftatbestand-sebastian-kurz-diskriminierung-demokratie-gedankenfreiheit-oesterreich. Letzter Zugriff 27. September 2023.

Lüders, Michael. 2012. Heilige Krieger. Die Zeit. https://www.zeit.de/zeit-geschichte/2012/02/Islam-Europa-Geschichte/komplettansicht. Letzter Zugriff 06. Dezember 2023.

Maier, Lothar. 2002. Schlaglichter auf die Geschichte Rumäniens. Ost West europäische Perspektiven 3: 175-185.

Maisenbacher, Jan. 2021. Demokratie und Islam: Die Beteiligung von Musliminnen in Deutschland. *Forschungsjournal sozialer Bewegungen* 34: 501-509.

MAPPAUSTRIA. 2024. Ägyptischer Club in Wien. https://mappaustria.com/d-i.html?utm_content=gyptischer-club-wien-i7133214. Letzter Zugriff 04. März 2024.

Maurer, Manfred. 2010. Islamische Gemeinde zwingt Lehrer zum Mitgliederkeilen. Volksblatt, 10. Oktober.

Merz, Friedrich. 2000. Einwanderung und Identität. Welt. https://www.welt.de/print-welt/article540438/Einwanderung-und-Identitaet.html. Letzter Zugriff 29. September 2023.

Meyerhof, Max. 1935. Ibn an-Nafis und seine Theorie des Lungenkreislaufs. Bd. 4 der Reihe *Quellen und Studien zur Geschichte der Naturwissenschaft und Medizin*. Berlin: Springer.

Mitterauer, Michael. 2009. Demokratie im Islam: Parlament und Schura. Die Furche. https://www.furche.at/gesellschaft/demokratie-im-islam-parlament-and-schura-1264897. Letzter Zugriff 13. November 2023.

Mittnik, Philipp. 2019. Staatskunde bringt noch keine politische Bildung. Der Standard. https://www.derstandard.at/story/2000108667675/staatskunde-bringt-noch-keine-politische-bildung. Letzter Zugriff 28. September 2023.

Mohammed, Abualwafa. 2018. *Imame predigen Interkulturalität*. Hamburg: tredition.

Mohammed, Abualwafa. 2019a. Die islamische Transparenzfrage. Wiener Zeitung. https://www.wienerzeitung.at/h/die-islamische-transparenzfrage. Letzter Zugriff 20. November 2023.

Mohammed, Abualwafa. 2019b. Österreich und seine Muslime. Wiener Zeitung. https://www.wienerzeitung.at/h/osterreich-und-seine-muslime. Letzter Zugriff 26. November 2023.

Mohammed, Abualwafa. 2020a. *Der Koran und seine Bedeutungsebenen für das Hier und Jetzt*: Zeitgemäße theologisch-didaktische Annäherungen am Beispiel des Begriffs Dschihad. Wiesbaden: Springer Verlag.

Mohammed, Abualwafa. 2020b. Zwischen der Angst vor dem Islam und um den Islam. Wiener Zeitung. https://www.wienerzeitung.at/h/zwischen-der-angst-vor-dem-islam-und-um-den-islam. Letzter Zugriff 06. Dezember 2023.

Mohammed, Abualwafa. 2021. Mit der Korandidaktik zum abrahamitischen Trialog in Schule und Bildungsarbeit. *Wort und Antwort:* Dominikanische Zeitschrift für Glauben und Gesellschaft. 62/4: 160–166.

Mohammed, Abualwafa. 2023a. Die Konzeption der Menschenwürde im Koran. Ein theologisch-anthropologischer und pädagogischer Approach (183–199). In *Humanität als religionspädagogisches und -didaktisches Leitmotiv*, Hrsg. Sandra Anusiewicz-Baer, Christian Hild und Abdel-Hafiez Massud. Stuttgart: Kohlhammer.

Mohammed, Abualwafa. 2023b. Die Zukunft der Interreligiösen pädagogischen Kooperation am Beispiel der Arbeitsgruppe Interreligiöse Bildung — Friedenspädagogik bei Religions for Peace Deutschland. *Hikma*. Zeitschrift für islamische Theologie und Religionspädagogik 14: 89-103.

Mohammed, Abualwafa. 2023c. Martin Buber: eine muslimische Perspektive – zur Bedeutung von Gespräch und Dialog im Koran und in der islamischen Mystik. In *Der Glaube der Propheten*: Prophetie und Propheten aus Sicht Martin Bubers und der Religionswissenschaft, Hrsg. Wilhelm Schwendemann, Bernd Feininger und Mechthild Ralla, 195–224. Bodenburg: Edition AV.

Mohammed, Abualwafa. 2024b. Die europäische Werte und Maqāsid al-Qurʾān – Ein Rahmen für eine zeitgemäße digitale Fatwa in Europa. Im Tagungsband der internationalen Online-Konferenz des Zentrums für Islamische Theologie der Universität Münster (ZIT) und des Zentrums für Islamische Theologie der Universität Tübingen (ZITh) "Religiöse und kulturelle Transformationen zwischen Theorie und Praxis" in Orient-Institut Studies – OIS Bd. 8. 357-379. Bonn / Kairo: Orient-Institut Beirut (Max weber Stiftung, Bonn) Read Sea Verlag Kairo.

Mokrosch, Reinhold. 2010. Friedenserziehung in der Schule. In *Loccumer Pelikan*. Religionspädagogische Magazin für Schule und Gemeinde, 11–15. 1. Aufl. Münster: Comenius-Institut.

Molnár, Monika. 2013. *Der Friede von Karlowitz und das Osmanische Reich*. In: Frieden und Konfliktmanagement in interkulturellen Räumen: Das Osmanische Reich und die Habsburgermonarchie in der Frühen Neuzeit, 197–220. Stuttgart: Steiner.

Molthagen, Dietmar. 2015. Vorwort des Herausgebers. In: *Handlungsempfehlungen zur Auseinandersetzung mit islamistischem Extremismus und Islamfeindlichkeit*. Arbeitsergebnisse eines Expertengremiums der Friedrich-Ebert-Stiftung, Hrsg. Friedrich-Ebert-Stiftung. Wien: Friedrich-Ebert-Stiftung.

Moran, Matthew. 2017. Terrorism and the banlieues: The Charlie Hebdo Attacks in Context. *Modern and Contemporary France* 25: 315-332.

Mückl, Stefan. 2021. *Religionsfreiheit in Seuchenzeiten*. Berlin: Duncker & Humblot.

Mühlstedt, Corinna. 2019. Zwischen Mördern und Mystikern: Franz von Assisi und Sultan al-Kamil begegnen sich. Deutschlandfunk. https://www.deutschlandfunk.de/franz-von-assisi-und-sultan-al-kamil-begegnen-sich-zwischen-100.html#:~:text=Der%20Gr%C3%BCnder%20des%20Ordens%20wird,allerdings%20zun%C3%A4chst%20mit%20wenig%20Erfolg. Letzter Zugriff 22. August 2023.

Murtaza, Mohammed Sameer. 2016. Eine Ethik der Gewaltlosigkeit – Ein Ansatz des syrischen Gelehrten Jawdat Saʾid.

In *Gewaltfreiheit, Politik und Toleranz im Islam*, Hrsg. Jörgen Klußmann, Muhammad Sameer Murtaza, Holger-C-Rohne und Yahya Wardak, 123–139. Wiesbaden: Springer Verlag.

Muslim, Abu l-Husain Muslim ibn al-Haddschadsch. 1955. *al-dschāmi' as-Sahīh* (bekannt als Sahih Muslim). Beirut: dār iḥyā' al-turāṯ al-'arabī.

Nafisa – Initiative muslimischer Frauen und Wissenschaftlerinnen. 2020. Durch den Seiteneingang ins Hinterzimmer? Frauen in Moscheen (Dokumentation): https://www.youtube.com/watch?v=2St92xCdo1E. Letzter Zugriff 25. Februar 2024.

Nagler, Michael und Egon Spiegel. 2008. *Politik ohne Gewalt*: Prinzipien, Praxis und Perspektiven der Gewaltfreiheit. Berlin: LIT-Verlag.

Nauerth, Thomas. 2021. Gewaltfreiheit als Stil einer Politik des Friedens?: Erfolge, Akteure und Perspektiven. In *Gewaltfreie Zukunft? Gewaltfreiheit konkret!*: Ethische und theologische Impulse: Dokumentation des pax christi-Kongresses 2019, Hrsg. Stefanie A. Wahl, Stefan Silber und Thomas Nauerth, 106-124. Münster: Aschendorff Verlag.

Naurath, Elisabeth. 2019. Darf religiöse Bildung politisch sein?. In *rpi-Impulse* 3, 6–9. Marburg: Religionspädagogisches Institut der EKKW und der EKHN.

Neumann, Katharina. 2019. *Medien und Islamismus*: Der Einfluss von Medienberichterstattung und Propaganda auf islamistische Radikalisierungsprozesse. Wiesbaden: Springer Fachmedien.

Nicklas, Hans. 1993. Erziehung zur Friedensfähigkeit. In *Spektrum der Wissenschaft*, 6/1993. Heidelberg: Spektrum der Wissenschaft Verlagsgesellschaft.

Niehaus, Ita. 2022. Unsichere Zukunft trotz guter Ausbildung. Deutschlandfunk. https://www.deutschlandfunkkultur.de/imam-ausbildung-erfahrung-100.html. Letzter Zugriff 05. November 2023.

Öser, Christian. 2019. Integration: Positionen der Parteien. ORF. https://wien.orf.at/stories/3013555/. Letzter Zugriff 27. September 2023.

Oswalt, Stefanie. 2021. Die Blütezeit der Wissenschaften in der islamischen Welt. Deutschlandfunk. https://www.deutschlandfunkkultur.de/muslimische-universalgelehrte-die-bluetezeit-der-100.html. Letzter Zugriff 23. August 2023.

Pabst Franziskus und Al-Tayyeb, Ahmad. 2019. Die Brüderlichkeit aller Menschen. Dicastero per la Comunicazione – Libreria Editrice Vaticana. https://www.vatican.va/content/francesco/de/travels/2019/outside/documents/papa-francesco_20190204_documento-fratellanza-umana.html. Letzter Zugriff 01. September 2023.

Pant, Hans Anand. 2016. Einführung in den Bildungsplan 2016. In *Bildungsplan 2016*, Hrsg. Ministerium für Kultus, Jugend und Sport Baden-Württemberg. Lehrkräftebegleitheft. Stuttgart: Ministerium für Kultus, Jugend und Sport Baden-Württemberg.

Papst Franziskus. 2020. *Fratelli tutti:* Über die Geschwisterlichkeit und die soziale Freundschaft. Enzyklika. Freiburg, Basel und Wien: Herder.

Parlament Österreich. 2021. Novelle zum Islamgesetz soll mehr Transparenz bringen und Vollzug verbessern. https://www.parlament.gv.at/aktuelles/pk/jahr_2021/pk0702. Letzter Zugriff 29. September 2023.

Perrault, Guillaume. 2013. L'Alsace-Moselle garde le Concordat. Le Figaro. https://www.lefigaro.fr/politique/2013/02/21/01002-20130221ARTFIG00751-l-alsace-moselle-garde-le-concordat.php. Letzter Zugriff 23. November 2023.

Pfeiler, Wolfgang. 1993. Kaffee. In *Etymologisches Wörterbuch des Deutschen*, digitalisierte und von Wolfgang Pfeifer überarbeitete Version. https://www.dwds.de/wb/etymwb/Kaffee. Letzter Zugriff 24. November 2023.

Pongratz, Elisabeth. 2021. Eine Pilgerreise der Versöhnung. Tagesschau. https://www.tagesschau.de/ausland/asien/irak-papst-103.html. Letzter Zugriff 01. September 2023.

Potz, Richard. 2010. Das Islamgesetz 1912 und der religionsrechtliche Diskurs in Österreich zu Beginn des 20. Jahrhunderts. In: Potz, Richard ; Olechowski, Thomas ; Neschwara, Christian ; Lengauer, Alina (Hg.): *Grundlagen der öster-*

reichischen Rechtskultur, Hrsg. Richard, Thomas Olechowski, Christian Neschwara und Alina Lengauer. 385–408. Wien: Böhlau Verlag.

Poyet, Stanislas. 2021. Document – Charte des principes pour l'Islam de France rédigée CFCM. Le Figaro. https://www.lefigaro.fr/actualite-france/document-charte-des-principes-pour-l-islam-de-france-redigee-par-le-cfcm-20210120. Letzter Zugriff 24. November 2023.

Preiser-Kapeller, Johannes. 2014. 614, das Kreuz und der Islam: Der letzte Weltkrieg der Antike. Die Presse. https://www.diepresse.com/3873746/614-das-kreuz-und-der-islam-der-letzte-weltkrieg-der-antike. Letzter Zugriff 22. 08. 2023.

Qutub, Sayid. 1975. *Ḫaṣā'iṣ at-Taṣawwur al-Islāmī wa-Muqawwamātuhu*. 5. Aufl. Kairo: Dar al-Schoruk.

Rademacher, Stefan. 2014. Das Stichwort Sekte: Der Begriff und seine problematische Verwendung. *Spiritual Care: Zeitschrift für Spiritualität in den Gesundheitsberufen* 3: 78–80.

Ramadan, Tariq. 2001. *Muslimsein in Europa:* Untersuchung der islamischen Quellen im europäischen Kontext. Köln: MSV Verlag.

Ramadan, Tariq. 2005. In Europa zu Hause sein. Partizipation statt Separation: Die europäischen Muslime müssen lernen im Westen zu leben, ohne ihren Glauben zu verleugnen. *Internationale Politik* 60: 53-57.

Ramcharan, Bertrand. 2008. 60 Jahre Allgemeine Erklärung der Menschenrechte: Die Aufgaben, die noch vor uns liegen. *Vereinte Nationen* 56: 201-204.

Rauscher, Hans. 2019. Präsident der IGGÖ: "Wir Muslime sind hier angekommen". Der Standard. https://www.derstandard.at/story/2000111073882/praesident-der-oeigg-wir-muslime-sind-hier-angekommen. Letzter Zugriff 03. November 2023.

Riedl, Gerda. 2012. *Modell Assisi*: christliches Gebet und interreligiöser Dialog in heilsgeschichtlichem Kontext. Berlin / New York: W. de Gruyter.

Riexinger, Max. 2019. Islam, Demokratie und Rechtsstaat: Versuch einer Entwirrung. In *Reformation im Islam*, Hrsg. Jörgen E. Klußmann, Michael Kreutz und Aladdin Sarhan, 61-75. Wiesbaden: Springer Fachmedien.

Rifai, Sulaiman Lebbe. 2021. The Concept of Public Interest in Islamic Law. SSRN. https://papers.ssrn.com/sol3/papers.cfm?abstract_id=3786961. Letzter Zugriff 6. November 2023.

Rill, Bernhard. 1995. *Sizilien im Mittelalter*: Das Reich der Araber, Normannen und Staufer. Stuttgart/Zürich: Belsen.

Rohe, Matthias. 2019. Islam in den säkulären Rechtsstaaten Europas. In *Religion und Gesellschaft*: Sinnstiftungssysteme im Konflikt, Hrsg. Friedrich Wilhelm Graf und Jan-Uwe Hartmann. Berlin/München/Boston: Walter de Gruyter GmbH.

Rösslhumer, Maria. 2022. Femizide und Gewalt gegen Frauen in Österreich. https://www.gewaltinfo.at/themen/2022_08/femizide-und-gewalt-gegen-frauen-in-oesterreich.php. Letzter Zugriff 26. Oktober 2023.

Röther, Christian. 2016. Der liberale Muslim Bassam Tibi. „Für mich ist das Grundgesetz so wichtig wie der Koran". Deutschlandfunk. https://www.deutschlandfunk.de/der-liberale-muslim-bassam-tibi-fuer-mich-ist-das-100.html. Letzter Zugriff 29. September 2023.

Ruch, Christian. 2021. *Jeden Tag neu beginnen*. Der Jakobsweg als Symbol für die Pilgerschaft des Lebens. Leidfaden 10/2: 26–29.

Rudolph, Ulrich. 2004. *Islamische Philosophie*. Von den Anfängen bis zur Gegenwart. München: C.H. Beck.

Saad, Sara. 2019. Absolventen der Al-Azhar und die Franziskanermönche feiern den 800. Jahrestag der Begegnung von Sultan al-Kamil und Franz von Assisi. Gomhuria Online. https://www.gomhuriaonline.com/Gomhuria/346754.html. Letzter Zugriff 01. Dezember 2023

Sahin, Ertugrul. 2017. *Europäischer Islam*: Diskurs im Spannungsfeld von Universalität, Historizität, Normativität und Empirizität. Wiesbaden: Springer Fachmedien.

Said, Jawdat. 1993. *Maḏhab ibn Adam al-awwal*: Mushkilat al-ʿunf fi al-ʿamal al-islami. 5. Aufl. Beirut: Dar al-Fikr.

Said, Jawdat: In einem Streitgespräch zur Theorie der Gewaltlosigkeit. Eine Diskussion auf Al-Jazeera TV, online unter https://www.youtube.com/watch?v=Jy8vCmHaiWE. Letzter Zugriff 25. August 2023.

Sator, Andreas. 2018. Österreich sucht eigenen Islam – muss aber bei null anfangen. Der Standard. https://www.derstandard.at/story/2000083443263/oesterreich-sucht-einen-eigenen-islam-muss-aber-bei-null-anfangen. Letzter Zugriff 03. November 2023.

Schiller, Thomas. 1997. *NS-Propaganda für den Arbeitseinsatz*. Hamburg: LIT Verlag.

Schimmel, Annemarie. 2014. *Sufismus*: Eine Einführung in die islamische Mystik. München: C.H. Beck.

Schlabach, Jörg. 2009. *Scharia im Westen*: Muslime unter nichtislamischer Herrschaft und die Entwicklung eines muslimischen Minderheitenrechts für Europa. Berlin: Lit-Verlag.

Schlager-Weidinger, Thomas u.a. 2023. Koranschulen/Moscheeunterricht in Oberösterreich. Hrsg. Thomas Schlager-Weidinger, im Auftrag der Integrationsstelle des Landes OÖ. Linz: Österreichischen Integrationsfonds (ÖIF) und der Johannes Kepler Universität (JKU). https://www.integrationsfonds.at/mediathek/mediathek-publikationen/publikation/studie-koranschulen-moscheeunterricht-in-ooe-17194/ Letzter Zugriff 09. Juni 2024.

Schmid, Hansjörg. 2012. *Islam im europäischen Haus* : Wege zu einer interreligiösen Sozialethik. Freiburg im Breisgau und Wien: Herder.

Schmidinger, Thomas. 2005. Politischer Islam. https://homepage.univie.ac.at/thomas.schmidinger/php/lehre/Lehrveranstaltungsmitschrift_WS2004.pdf. Letzter Zugriff 03. November 2023.

Schmidinger, Thomas. 2007. Tariq Ramadan und die Muslim-Brüder in Europa. *Zukunft* 4: 42-47.

Schmidinger, Thomas. 2009. Anas Schakfeh: Der alte Mann und die Macht. Die Presse. https://www.diepresse.com/456264/anas-schakfeh-der-alte-mann-und-die-macht. Letzter Zugriff 26. November 2023.

Schmidt-Haberkamp, Barbara. 2011. *Europa und die Türkei im 18. Jahrhundert*. Göttingen: V&R unipress [u.a.].

Schmidt, Maximilian. 2021. Die Entwicklung des Patriarchats und wo Sie es heute noch finden können. Gleichstellung im Blick. https://www.gleichstellung-im-blick.de/die-entwicklung-des-patriarchats-und-wo-sie-es-heute-noch-finden-koennen/. Letzter Zugriff 24. November 2023.

Schneckener, Ulrich. 2003. Warum manche den Frieden nicht wollen. Eine Soziologie der „Störenfriede". Diskussionspapier Forschungsgruppe globale Fragen. https://www.swp-berlin.org/publications/products/arbeitspapiere/DiskP2003_01_skr_sicher.pdf. Letzter Zugriff 03. Dezember 2023.

Schönbohm, Jörg. 2006. Preußens Erbe – Brandenburgs Zukunft. Konrad Adenauer Stiftung. https://www.kas.de/de/veranstaltungsberichte/detail/-/content/preussens-erbe-brandenburgs-zukunft-1. Letzter Zugriff 24. November 2023.

Schweizer, Gerhard. 2016. *Islam verstehen:* Geschichte, Kultur und Politik. Stuttgart: Klett-Cotta

Schweizerische Bundesamt für Statistik. 2024. Religionen . https://www.bfs.admin.ch/bfs/de/home/statistiken/bevoelkerung/sprachen-religionen/religionen.html. Letzter Zugriff 11. Juni 2024.

Sejdini, Zekirija, Martina Kraml und Matthias Scharer. 2017. *Mensch werden*: Grundlagen einer interreligiösen Religionspädagogik und -didaktik aus muslimisch-christlicher Perspektive. Stuttgart: Kohlhammer.

Sejdini, Zekirija. 2015. Das österreichische Islamgesetz. Europäische Prägung. https://www.herder.de/hk/hefte/archiv/2015/5-2015/europaeische-praegung-das-neue-oesterreichische-islamgesetz/. Letzter Zugriff 12. September 2023.

Seuss, Christine und Silvonei Protz. 2019. Franz von Assisi und der Sultan: „Die Logik des Konflikts überwinden.". Vatican News. https://www.vaticannews.va/de/welt/news/2019-10/heiliges-land-franziskus-assisi-sultan-interreligioeser-dialog.html. Letzter Zugriff 31. August 2023.

Sievers, Mira und Tobias Specker. 2020. Intertheologie: Verflechtungen zwischen Judentum, Christentum und Islam. *GEORG. Magazin der Hochschule Sankt Georgen* 2: 7-9.

Sievers, Mira und Tobias Specker. 2021. Intertheologie: Jenseits von Gemeinsamkeiten und Unterschieden. *Wort und Antwort. Dominikanische Zeitschrift für Glauben und Gesellschaft* 62: 167-173.

Sirseloudi, Matenia und Sybille Reinke de Buitrago. 2016. *Konfrontative Feindbilder und ihre Entstehungsbedingungen*. Eine empirische Analyse entlang der Konfliktlinien „links- versus rechtsextremistisch" sowie „muslimfeindlich versus militant salafistisch". Veröffentlicht durch das Bundeskriminalamt.

Sold, Manjana. 2020. Online-Radikalisierung und Online-Propagandierung. Bundeszentrale für politische Bildung. https://www.bpb.de/lernen/bewegtbild-und-politische-bildung/reflect-your-past/313941/online-radikalisierung-und-online-propagandierung/. Letzter Zugriff 23. November 2023.

Sons, Sebastian. 2014. Saudi-Arabiens Arbeitsmarkt: Sozioökonomische Herausforderungen und steigender Reformdruck. Bundeszentrale für politische Bildung. https://www.bpb.de/shop/zeitschriften/apuz/194436/saudi-arabiens-arbeitsmarkt-soziooekonomische-herausforderungen-und-steigender-reformdruck/. Letzter Zugriff 29. September 2023.

Spiegel Panorama. 2024. Wieder Islamistendemo in Hamburg. Hamburg: Erneute Islamisten-Demo mit 2300 Teilnehmern – DER SPIEGEL. Letzter Zugriff 06. Juni 2024.

Statista. 2022a. Der Stand der Demokratie. https://de.statista.com/infografik/20599/economist-democracy-index/. Letzter Zugriff 25. September 2023.

Statista. 2022b. Ranking der 10 stabilsten Staaten nach dem Fragile States Index 2022. https://de.statista.com/statistik/daten/studie/525096/umfrage/top-10-staaten-im-fragile-states-index-in-europa/. Letzter Zugriff 24. November 2023.

Statista. 2023a. Anzahl der Ausländer in Deutschland nach Herkunftsland von 2020 bis 2022. https://de.statista.com/statistik/daten/studie/1221/umfrage/anzahl-der-auslaender-in-deutschland-nach-herkunftsland/. Letzter Zugriff 28. September 2023.

Statista. 2023b. Anzahl der Ausländer in Österreich nach den zehn wichtigsten Staatsangehörigkeiten zu Jahresbeginn 2023. https://de.statista.com/statistik/daten/studie/293019/umfrage/auslaender-in-oesterreich-nach-staatsangehoerigkeit/. Letzter Zugriff 28. September 2023.

Statista. 2023c. Die 20 Länder mit dem größten Bruttoinlandsprodukt (BIP) pro Kopf im Jahr 2022. https://de.statista.com/statistik/daten/studie/166224/umfrage/ranking-der-20-laender-mit-dem-groessten-bruttoinlandsprodukt-pro-kopf/. Letzter Zugriff 23. August 2023.

Statista. 2023d. Fänden Sie die folgenden Regierungsformen gut für Österreich? https://de.statista.com/statistik/daten/studie/936985/umfrage/beste-regierungsform-in-oesterreich/. Letzter Zugriff 29. November 2023.

Statista. 2023e. Ranking der 20 Länder mit der höchsten Demokratiequalität weltweit im Jahr 2022 nach dem Democracy Index. https://de.statista.com/statistik/daten/studie/1102530/umfrage/ranking-der-demokratischsten-laender-nach-dem-democracy-index/. Letzter Zugriff 25. September 2023.

Statistik Austria. 2023. Gewalt gegen Frauen. https://www.statistik.at/statistiken/bevoelkerung-und-soziales/kriminalitaet-und-sicherheit/gewalt-gegen-frauen. Letzter Zugriff 24. November 2023.

Steinberg, Rudolf. 2017. Religiöse Symbole im säkulären Staat: Kann das multireligiöse Deutschland von der Französischen Laicité lernen? *Der Staat* 56: 157-192.

Stielike, Laura. 2023. Diaspora. In *Umkämpfte Begriffe der Migration*, Hrsg. Inken Bartels, Isabella Löhr, Christiane Reinecke, Philipp Schäfer und Laura Stielike, S. 91–105.

Stosch, Klaus von. 2017. *Komparative Theologie als Wegweiser in der Welt der Religionen*. Paderborn: Brill/Schöningh.

Stosch, Klaus von. 2022. Komparative Theologie als interreligiöse Streitkultur: Chancen und Grenzen von Dialog und Vergleich. In *Kulturen des Streits*: Deutungsmachtkonflikte zwischen Konsens und Zerwürfnis, Hrsg. Martina Kumlehn und Stephanie Wodianka. 95-108. Bielefeld: Transcript Verlag.

Takim, Abdullah. 2016. *„Und meine Barmherzigkeit umfaßt alle Dinge"* (Koran 7:156): Das islamische Menschenbild und die Seelsorge im Islam. https://www.deutsche-islam-konferenz.de/SharedDocs/Anlagen/DE/Downloads/Sonstiges/20160307_vortrag_takim_seelsorge.pdf?__blob=publicationFile&v=1 Letzter Zugriff 29. Februar 2024.

Takim, Abdullah. 2023. Innerislamische Pluralität und die islamischen Wissenschaftsdisziplinen: Eine ideengeschichtliche Annäherung. In *Diversität im Islam*: Die vergessene Botschaft, Hrsg. Zekirija Sejdini und Julia Eitzinger, 59-98. Wiesbaden: Springer Fachmedien.

Tetzlaff, Rainer. 2005. Europas islamisches Erbe. Orient und Okzident zwischen Kooperation und Konkurrenz. Heft 138, IFSH Hamburger Beiträge. Hamburg: Institute for Peace Research and Security Policy (IFSH). Abrufbar unter: http://ifsh.de/pdf/publikationen/hb/hb138.pdf Letzter Zugriff 06. Juni 2024.

Thalhammer, Anna. 2019. FPÖ-Programm: Keine Integration für Flüchtlinge. Die Presse. https://www.diepresse.com/5285049/fpoe-programm-keine-integration-fuer-fluechtlinge. Letzter Zugriff 26. September 2023.

Tibi, Bassam. 2009. *Euro-Islam : die Lösung eines Zivilisationskonflikts*. Darmstadt: Primus.

Tibi, Bassam. 2016. *Europa ohne Identität?* Europäisierung oder Islamisierung. Stuttgart: ibidem Verlag.

Tibi, Bassam. 2020. *Euro-Islam statt Islamismus*. Ein Integrationskonzept. Stuttgart: ibidem Verlag.

Tibi, Bassam. 2022. *Von Damaskus in die deutsche Ghurba*. Migration und Integration veranschaulicht am Beispiel meines Lebens. Stuttgart: ibidem Verlag.

Tomaselli, Elisa. 2023. Zwangsehen bei Jugendlichen: Wenn Mädchen heiraten müssen. Der Standard. https://www.derstandard.at/story/2000145816930/zwangsehen-bei-jugendlichen-wenn-maedchen-heiraten-muessen. Letzter Zugriff 16. November 2023.

Toynbee, Arnold. 1963. (Nachdruck von 1934). *A Study of History*, Bd. 2, London: Oxford University Press.

Ulusoy, Betül. 2019. Allahs Kampf gegen das Patriarchat. https://betuelulusoy.com/2019/03/08/allahs-kampf-gegen-das-patriarchat/ Letzter Zugriff 25. Februar 2024.

Universität Graz. 2020. Gefragt wie nie: Islam-Bildung. https://www.uni-graz.at/de/neuigkeiten/gefragt-wie-nie/. Letzter Zugriff 05. November 2023.

Universitätsmoschee Iqraa. Wieso braucht es die Universitätsmoschee? https://www.facebook.com/UniMoschee/videos/899882203811802/. Letzter Zugriff 28. Februar 2024.

Vatican News. 2021. Papst spricht beim ersten Welttag der Geschwisterlichkeit. https://www.vaticannews.va/de/papst/news/2021-02/papst-spricht-beim-ersten-welttag-der-geschwisterlichkeit.html. Letzter Zugriff 29. Oktober 2023.

Veiel, Axel. 2009. Sarkozy wünscht sich unauffällige Muslime. Neue Zürcher Zeitung. https://www.nzz.ch/sarkozy_wuenscht_sich_unauffaellige_muslime-ld.942063. Letzter Zugriff 26. November 2023.

Vereinte Nationen. 1948. Allgemeine Erklärung der Menschenrechte. https://www.un.org/Depts/german/menschenrechte/aemr.pdf. Letzter Zugriff 06. Dezember 2023.

Verfassungsgerichtshof Österreich. 2020. Verhüllungsverbot an Volksschulen ist verfassungswidrig. https://www.vfgh.gv.at/medien/Verhuellungsverbot_an_Volksschulen_ist_verfassungswid.de.php. Letzter Zugriff 01. November 2023.

Vöcking, Hans. 2018. Französischer Islam oder Islam in Frankreich. Herder. https://www.herder.de/hk/hefte/archiv/2018/6-2018/franzoesischer-islam-oder-islam-in-frankreich-neuausrichtung-der-religionspolitik-unter-emmanuel-macron/. Letzter Zugriff 26. November 2023.

Voges, Katja. 2021. *Religionsfreiheit im christlich-muslimischen Dialog:* Optionen für ein christlich motiviertes und dialogorientiertes Engagement, Zürich: Theologischer Verlag Zürich.

Vorländer, Hans. 2017. Grundzüge der athenischen Demokratie. Bundeszentrale für politische Bildung. https://www.bpb.de/shop/zeitschriften/izpb/demokratie-332/248544/grundzuege-der-athenischen-demokratie/-. Letzter Zugriff 12. Oktober 2023.

Wardak, Yahya. 2015. Abdul Ghaffar Khan: Wie ein Weggefährte Gandhis die Gewaltlosigkeit im Islam begründet. In *Gewaltfreiheit, Politik und Toleranz im* Islam, Hrsg. Jörgen Klußmann, Muhammad Sameer Murtaza, Holger-C. Rohne und Yahya Wardak, S. 141–149. Wiesbaden: Springer Verlag.

Watt, W. Montgomery. 2010. *Der Einfluss des Islam auf das europäische Mittelalter*. 2. Auflage. Trans. H. Fließbach. Berlin: Verlag Klaus Wagenbach

Weigel, Michaela. 2015. Die Allgegenwart des Islams. Frankfurter Allgemeine Zeitung. https://www.faz.net/aktuell/politik/ausland/europa/muslimische-froemmigkeit-in-frankreichs-banlieues-13877575.html. Letzter Zugriff 26. November 2023.

WELT. 2018. Friedensvertrag markiert Niedergang des Osmanenreichs. https://www.welt.de/geschichte/article172629502/Tuerken-und-Oesterreicher-schliessen-Frieden.html#:~:text=Friedensvertrag%20markiert%20Niedergang%20des%20Osmanenreichs&text=Der%20Friedensschluss%20von%20Karlowitz,schwer%20geschlagene%20Sultan%20Selim%20III. Letzter Zugriff 01. Dezember 2023.

Weltkirche. 2019. Als Franz von Assisi den Sultan traf. https://weltkirche.katholisch.de/artikel/36135-als-franz-von-assisi-den-sultan-traf. Letzter Zugriff 25. November 2023.

Wernicke, Christian. 2019. Sven Lau soll gegen „Scharia-Polizei" aussagen. Süddeutsche Zeitung. https://www.sueddeutsche.de/politik/scharia-polizei-wuppertal-salafisten-1.4454858. Letzter Zugriff 25. September 2023.

Wien Geschichte Wiki. 2019. Strudel. https://www.geschichtewiki.wien.gv.at/Strudel#:~:text=Der%20Strudel%20verdankt%20seinen%20Namen,Ungarn%2C%20von%20dort%20nach%20Wien. Letzter Zugriff 22. August 2023.

Wien Museum. 2023. Die ältesten Wiener Kaffeehäuser. https://sammlung.wienmuseum.at/alben/93jcnqn7p7mgyik23-die-aeltesten-wiener-kaffeehaeuser/. Letzter Zugriff 24. November 2023.

Williamson, Lucy. 2020. France Islam. Muslims under pressure to sign French values charter. BBC. https://www.bbc.com/

news/world-europe-55132098. Letzter Zugriff 24. November 2023.

Wilson, Samuel M. 2022. Gerbert de Aurillac: A Scientific Light in the Dark Ages: His work and his teaching influenced the European thinkers that followed in the Renaissance. *Natural History*.

Wittinger, Michaela. 2008. *Christentum, Islam, Recht und Menschenrechte.* Wiesbaden: VS Verlag für Sozialwissenschaften.

WKO. 2023a. Länderprofil Indonesien. https://wko.at/statistik/laenderprofile/lp-indonesien.pdf. Letzter Zugriff 29. September 2023.

WKO. 2023b. Länderprofil Saudi-Arabien. https://wko.at/statistik/laenderprofile/lp-saudi-arabien.pdf. Letzter Zugriff 29. September 2023.

Wonisch, Kerstin. 2018. Innerislamischer Rechtspluralismus und die Flexibilität der Scharia. In *Islam, Recht und Diversität*: Handbuch, Hrsg. Stephan Hinghofer-Szalkay und Herbert Kalb, 142-170. Wien: Verlag Österreich.

World Values Survey Association. 2020. Q250: Importance of Democracy. Online unter WVS Database (worldvaluessurvey.org). Letzter Zugriff 06. Juni 2024.

Yilmaz, Alara. 2020. Wahlrecht für alle: Demokratiepolitisch wünschenswert? Der Standard. https://www.derstandard.at/story/2000139769182/pass-egal-wahl-endet-mit-rekord-beteiligung. Letzter Zugriff 11. Oktober 2023.

Yousefi, Hamid Reza. 2016. *Einführung in die islamische Philosophie*: Die Geschichte des Denkens von den Anfängen bis zur Gegenwart. Paderborn: Wilhelm Fink.

Zaffi, Davide. 2006. Das Millet-System im Osmanischen Reich. In *Zur Entstehung des modernen Minderheitenschutzes in Europa*, Hrsg. Pan, Christoph und Beate Sibylle Pfeil, 132–155. Wien: Springer Verlag.

Zandonella, Martina. 2021. *Demokratie Monitor 2021.* Wien: Sora.

ZDF. 2023. Stimmen der Deutsch-Türken: Deutliche Mehrheit in Deutschland für Erdogan. https://www.zdf.de/nachrichten/politik/tuerken-deutschland-erdogan-tuerkei-wahl-100.html. Letzter Zugriff 28. September 2023.

Zentralrat der Muslime in Deutschland. 2002. Islamische Charta. https://zentralrat.de/3035.php. Letzter Zugriff 19. September 2023.

Zulehner, Paul. 2016. *Muslimas und Muslime in Österreich im Migrationsstress*. Wiesbaden: Springer Verlag.

GPSR Compliance
The European Union's (EU) General Product Safety Regulation (GPSR) is a set
of rules that requires consumer products to be safe and our obligations to
ensure this.

If you have any concerns about our products, you can contact us on

ProductSafety@springernature.com

In case Publisher is established outside the EU, the EU authorized
representative is:

Springer Nature Customer Service Center GmbH
Europaplatz 3
69115 Heidelberg, Germany

www.ingramcontent.com/pod-product-compliance
Lightning Source LLC
LaVergne TN
LVHW020343260326
834688LV00045B/1496